중국인 학습자를 위한
한국어 시간 은유 표현 교육 연구

중국인 학습자를 위한 한국어 시간 은유 표현 교육 연구

1판 1쇄 발행 2025년 10월 30일

지 은 이 | 陳永霞(진영하)
펴 낸 이 | 김진수
펴 낸 곳 | 한국문화사
등 록 | 제1994-9호
주 소 | 서울시 성동구 아차산로49, 404호(성수동1가, 서울숲코오롱디지털타워3차)
전 화 | 02-464-7708
팩 스 | 02-499-0846
이 메 일 | hkm7708@daum.net
홈페이지 | http://hph.co.kr

ISBN 979-11-6919-360-3 93710

한국문화사 국제 한국학 총서

중국인 학습자를 위한 한국어 시간 은유 표현 교육 연구

陳永霞 著

한국문화사

머리말

시간 은유 표현은 일상 언어에서 널리 사용되지만 중국인 학습자들은 이미 형성된 시간에 대한 인지가 한국인과 다름으로 인해 시간 은유 표현을 이해하고 산출하는 데 많은 어려움이 있다. 이러한 문제의식에서 출발하여 본 연구는 중국인 학습자들이 시간 은유 표현을 이해하고 산출하는 양상을 살펴보고, 이를 바탕으로 중국인 학습자를 위한 효과적인 시간 은유 표현 교육 방안을 마련하는 것을 목적으로 한다.

우선 본 연구는 이론적 검토를 통해 개념적 은유의 개념 및 유형을 조망하고 개념적 은유의 범언어적 보편성 및 문화적 특수성을 규명하고자 하였다. 또한 개념적 은유를 제2언어 교육에 적용하는 데 있어 그 효과를 검증하는 선행연구를 검토하여 개념적 은유의 교육 효율성을 밝히며, 효율성이 확인됨에 따라 함께 규명해야 하는 '제2언어 학습자가 갖춰야 하는 은유 능력이 무엇인가'에 대해서도 선행 연구 검토를 통해 그 범주를 명료히 하였다.

시간 은유 표현을 교육하려면 교육용 시간 은유 표현을 선정하는 것이 선행되어야 한다. 본 연구에서는 말뭉치 기반 접근법과 통계 도구 t 검정을 활용하여 33개 교육용 시간 은유 표현을 도출하였다. 학습자의 시간 은유 표현 이해 및 산출에 영향을 미치는 변인으로는 여러 가지가 있을 수 있겠지만 그중 대표적인 한 가지 변인으로 시간 은유 유형이 예상될 수 있을 것이다. 이에 따라 본 연구에서는 선정된 교육용 시간 은유 표현에 나타난 은유 의미 구성 원리를 분석하여 이들 표현의 은유 유형을 이동화, 자원화, 공간화 은유로 분류하였다. 중국인 학습자들은 한국어 시간 은유 표현을 이해하고 산출하는 데 이미 형성된 모국어 시간 인지와 언어 지식의 영향을 받을 수밖에 없다. 그러므로 한중 시간 은유 표현의 대응 유형은 학습자의 시간 은유 표현 이해 및 산출에 영향을 미치는 다른 변인으로 예측될 수 있다. 이에 본 연구는 대응되는 한중 시간 표현을 문자적 의미, 개념적 은유라는 세 가지 측면에서 대응 표현을 분석하여 네 가지 대응 유형을 도출하였다.

한편으로 교재는 학습자에게 주된 언어적 입력이기 때문에 학습자의 시간 표현 이해 및 산출에 큰 영향을 미칠 것이라 예상할 수 있다. 이뿐만 아니라 실제 교육 방안을 마련하기에 앞서 현재 사용되고 있는 교재를 통한 교육 실태를 파악하는 것은 매우 중요하다고 볼 수 있다. 따라서 본 연구는 한국에서 개발된 교재 4종과 중국에 개발한 교재 2종을 선정하여 이들 교재 어휘 목록에서의 시간 은유 표현 제시양상과 교재 전체 학습 내용에서의 제시양상을 고찰하였다.

본 연구에서는 이상과 같은 선행 작업을 바탕으로 본격적인 학습자 이해 및 산출에 대한 분석을 실시하였다. 중국인 초·중·고급 학습자 109명, 한국어 모어 화자 31명을 대상으로 이해 테스트와 산출 테스트를 실시하였으며 테스트 결과에 대한 분석을 진행하였다. 우선 학습자 이해 및 산출에 영향을 미치는 변인이 무엇인지를 고찰하였는데 숙달도와 한중 대응 유형이 유력한 변인인 것으로 나타났다. 또한 학습자의 시간 은유 표현 이해 지식과 산출 지식의 크기를 비교하여 이해와 산출 모두에 어려움이 없는 표현, 산출에만 어려움이 있는 표현, 이해와 산출 모두에 어려움이 있는 표현을 도출하였다. 이와 같은 표현 분류는 이해와 산출 학습으로 구분된 차별화된 학습의 필요성을 암시하며, 시간 은유 표현의 난이도를 암시하기도 한다. 한편, 앞서 언급한 변인 외에도 학습자가 개별적인 시간 표현을 이해하고 산출하는 데 또 다른 영향 요인들이 존재할 수 있다. 따라서 이러한 세부적인 영향 요인을 밝히기 위해 개별 시간 표현의 오류 양상을 분석하여 오류 원인을 세분화하고자 하였다.

마지막으로 이러한 논의를 토대로 중국인 학습자를 위한 시간 은유 표현 교육 내용과 방안을 설계하였다. 먼저 시간 은유 표현 능력의 범주 설정에 따라 시간 은유 표현 교육의 목표를 상정하였다. 그리고 난이도와 t 점수(t score), 그리고 교육의 효율성을 고려하여 시간 은유 표현에 대하여 위계화하였으며, 교육 내용 설계시의 방향을 제시하였다. 또한 OHE(Observation-Hypothesis-Experimental) 모형을 활용하여 구성된 수업 모형과 각 단계에서 실시할 수 있는 교육 활동을 제시하였다.

2025년 10월

진영하

목차

표 목차

그림 목차

01

서론

1. 연구의 필요성 및 목적

전통적으로 은유는 언어의 문제라고 생각해 왔는데 1980년에 출간된 레이코프와 존슨(Lakoff & Johnson)의 『삶으로서의 은유』는 개념적 은유라는 개념을 제기하면서 은유는 단순히 수사적인 요소라기보다는 추상적인 목표영역을 근원영역에 의해 이해하도록 해 주는 인지 과정이라는 관점으로 전환되었다.[1] 추상적인 목표영역 중에 시간 영역은 대표적인 것이다. 시간은 눈에 보이는 구체적이고 물리적인 실체가 아니기에 그 자체의 개념 구조[2]를 가지고 있지 않다. 따라서 시간은 개념적 구조를 제공받아야 개념화[3]될 수 있는데, 이러한 개념 구조를

1 물론 개념적 은유가 항상 구체적 영역에서 추상적 영역으로 진행되는 것은 아니다. 후술하겠지만 때때로 개념적 은유는 구체적 영역에서 구체적 영역으로 진행될 수도 있다.

2 개념 구조(conceptual structure)는 의미 구성을 위하여 조립된 지식 표시이다(임지룡·윤희수 역, 2017: 245).

3 개념화(conceptualization)란 한 대상을 해석하거나 표현하는 정신적 행위를 말한다.

제공하는 주된 인지적 도구는 바로 개념적 은유이다. 즉 시간은 대부분의 경우 개념적 은유에 의해서 이해된다는 것이다.[4] 예컨대 개념적 은유 [시간은 공간이다]의 경우에 공간 영역의 구조가 시간 영역에서 사용된다. 따라서 시간은 공간과 비교되고 그것에 비추어 이해된다.

개념적 은유는 사고 영역에 존재하기 때문에 소통을 하기 위해서는 그것을 언어화해야 한다.[5] 개념적 은유에 의한 시간 개념을 언어로 표현한 것이 바로 시간 은유 표현[6]이다. [시간은 공간이다] 은유에서 비롯된 '시간이 길다', '시간을 채우다'와 같은 표현이 그 예이다. 시간은 우리의 삶과 밀접한 관계를 맺고 있기 때문에 낱말 '시간'은 일상생활에서 높은 빈도로 사용되는 명사 중의 하나[7]이고 시간 은유 표현은 역시 일상 언어생활 속에 매우 널리 퍼져 있다.

이와 같이 일상에서 널리 쓰이는 은유 표현은 그 언어를 사용하는 모어 화자에게는 그다지 새롭고 창조적인 것이 아니며, 매우 익숙한 표현이기 때문에 은유인지 아닌지를 쉽게 알아차리기 어렵다. 그리고 모어 화자는 기본 의미를 연상하지 않고서도 은유 표현을 아주 쉽게 이해하고 사용할 수 있다(Gibbs, 1994). 그러나 제2언어 학습자의 은유 표현 처리는 다르다. Littlemore(2010)와 Siyanova-Chanturia 외(2011)에 따르면 언어에 내재된 은유성이 모어 화자보다 학습자에게서 더 두드러지기 때문에, 학습자는 은유 표현의 의미를 해석하려는 시도를 더 많이 하게 된다.[8]

---

4 이와 관련하여 Evans(2004)에서는 은유적 언어에 의존하지 않고 시간 개념을 기술하는 방법을 찾기가 어렵다는 것을 입증한 바가 있다.

5 이러한 점에서 볼 때, 개념적 은유는 사고에 내재적이므로 언어에도 내재적인 것이다(임지룡·김동환 역, 2020: 729).

6 기술 편의상 '시간 은유 표현'을 '시간 표현'으로 칭하겠다.

7 본 연구에서 대상으로 삼는 1837만 어절 규모를 갖춘 모어 화자 말뭉치에서 '시간'은 '사람', '일', '문제', '생각'에 이어 다섯 번째로 많이 출현한 명사이다.

개념적 은유는 경험[9]을 기반으로 하기 때문에 은유 의미 해석 과정에서 학습자는 이미 형성된 시간 경험과 사회문화적 배경지식이 동원될 것이다. 그러나 학습자는 시간 경험과 사회문화적 배경지식이 모어 화자와 다소 다르기 때문에 은유 표현을 해석하는 과정에서 오류를 동반하기 쉽다. 이와 관련하여 진영하(2020ㄴㄷ)에서는 한중 언어에서 시간 은유가 다른 경우가 많고, 또 같은 시간 은유일지라도 각 언어에서 언어화되는 방식에서 차이를 보이는 경우가 많아 중국인 학습자들이 시간 표현을 습득하는 데 어려움을 겪을 것이라고 예측한 바가 있다. 물론 이러한 차이가 습득의 어려움과 직결된다고 단순하게 생각할 수 있는 것은 아니다.[10] 그리고 이러한 차이뿐 아니라 학습자가 시간 표현을 이해하고 산출하는 데 또 다른 어려움들이 존재할 수 있다. 이에 본고에서는 중국인 학습자들이 한국어 시간 은유 표현을 이해하고 산출하는 데 어떠한 양상을 보이는지 살펴봄으로써 효율적인 시간 은유 표현 교육 방안을 얻고자 한다.

그러나 이 문제를 해결하기에 앞서 몇 가지 해결될 과제가 있다. 우선, 한국어교육용 시간 은유 표현 목록을 확보하는 것이 선행되어야 한다. 그리고 앞서 언급한 [시간은 공간이다] 은유, 이른바 공간화 은유

---

8 이외에 은유 표현보다 더 큰 범주인 연어 표현에 대한 모어 화자와 제2언어 학습자의 실시간 반응을 분석한 유덕근(2020)에서는 모어 화자는 연어를 하향식으로 선취하였으나 제2언어 학습자는 연어에 대해 특별한 반응을 보이지 않았다는 점을 발견하였으며, 이에 근거하여 연어가 일종의 어휘단위로서 모어화자의 머릿속 사전에 표상되는 반면에 제2언어 학습자는 연어 성분들을 분석적인 방식으로 통합한 것이라고 결론을 내렸다.

9 경험은 단순히 몸에 의해서뿐만 아니라 사회문화적으로도 형성될 수 있다(임지룡·김동환 역, 2013:340).

10 이와 관련하여 이종복·박현우 역(2014: 33)에서는 '차이'는 언어적인 개념인 반면에 '장애'는 심리학적인 개념이므로 학습 장애의 수준이 두 언어 간의 언어적 차이의 정도로부터 직접적으로 추론될 수 없다고 언급한 바가 있다.

외에 다른 유형의 은유가 존재할 것으로 생각된다. 따라서 확보된 교육용 시간 은유 표현의 은유 원리를 분석하여 이들 표현의 은유 유형을 밝히고자 한다. 한편으로, 중국인 학습자의 언어에서 나타나는 특정한 현상의 원인을 모국어 전이에 의한 현상으로 판단하기 위해서는 한중 시간 은유 표현에 대한 대조언어학적 고찰이 필요하다. 이에 본 연구는 한국어 시간 은유 표현에 대응되는 중국어 표현을 찾은 다음에 대응 표현의 대응 유형을 밝힐 것이다.

본고는 이상의 문제의식을 기반으로 다음과 같은 연구문제를 상정한다.

연구문제 1. 한국어교육용 시간 은유 표현으로는 어떤 것이 있으며 이들 표현의 시간 은유 유형으로는 어떤 것이 있는가?

연구문제 2. 한국어 시간 은유 표현에 대응되는 중국어 표현은 무엇이며 대응 유형으로는 어떤 것이 있는가?

연구문제 3. 중국인 학습자의 시간 은유 표현 이해 및 산출 양상은 어떠한가?

연구문제 4. 이상을 바탕으로 중국인 학습자를 위한 효율적인 시간 은유 표현 교육 내용과 방법은 무엇인가?

2. 선행 연구 검토

2.1. 은유 표현 교육 연구

개념적 은유는 인류의 기본적인 인지 과정이므로 사람들은 의식적으로든 무의식적으로든 일상생활에서 은유 표현을 아주 많이 사용하고 있다. 한국어 학습자들이 은유 표현을 알지 못하면 의사소통이 제대로 이루어지지 않을 수 있으므로 의사소통 능력 향상을 목적으로 하는 한국어교육에서 은유 표현은 중요한 교수 항목으로 인정되어야 한다. 이러한 문제 인식에서 출발한 한국어 은유 표현 교육 연구는 약 20편이 검색되었으며 연구 주제를 제시하면 아래 <표 Ⅰ-1>과 같다.

〈표 Ⅰ-1〉 한국어 은유 표현 교육 관련 연구

	연도	저자	연구 제목
1	2004	Angela Lee Smith	한국어 능력 향상을 위한 은유 교수
2	2006	최세원	한국어 교재의 명사 은유 표현 교육에 관한 연구
3	2008	전방	한국어교육의 은유 표현에 대한 연구
4	2011	김현정	외국인 학습자를 위한 한국어 은유 표현 교육 방안 연구
5	2011	나수경	매스미디어를 활용한 한국어 은유 표현 연구
6	2011	이연정	광고(广告)에 나타난 은유 표현(隐喻表现)의 한국어교육에서의 활용방안(活用方案) 연구
7	2011	이지용	개념적 은유를 활용한 한국어 수업 방안 연구
8	2012	전은지	한국어 은유의 교육 방법 연구: 사람의 성격 은유를 중심으로
9	2013	김순자·송원찬 (2013)	중국인 유학생을 대상으로 한 한국어 은유 표현 이해도 조사 및 한중 은유 표현 대조 연구
10	2013	임유미	인지의미론적 은유를 통한 한국어 은유 표현과 문화 항목의 통합교육
11	2016	전혜영	한국어 은유 표현의 교육

12	2016	윤영주	한국어학습에 있어서 문화 간 차이에 따른 개념적 은유 표현의 이해도에 관한 연구
13	2018	진청	드라마 <태양의 후예>에 나타난 은유적 표현 교육 방안 연구 : 한국어 의사소통능력 향상을 중심으로
14	2019	박은미	한국어 감정의 은유 표현 교육 방안 연구
15	2019	송유나	인지언어학적 관점에서의 '마음'과 '가슴'의 의미 관계 분석 연구
16	2019	왕흔	중국인 학습자를 위한 한국어 감정 은유 표현 교육 연구 : 부정적 감정을 중심으로
17	2019	이해영·정혜선	숙달도와 거주 경험에 따른 베트남인
18	2019	정유진	개념적 은유를 통한 한국어 어휘 교육 방안 연구: '마음' 관련 어휘를 중심으로
19	2020	이해영·Tran Thi Thu Phuong	은유 유형과 숙달도에 따른 베트남인 한국어 학습자의 한국어 은유 이해
20	2020	박은미·이병운	한국어 학습자를 위한 은유 표현 교육 연구

먼저 이들 연구의 연구 대상을 보편, 주로 감정이나 감각 표현 등의 심적인 표현에 주목한 연구가 많았다. 감정 은유 표현을 다룬 연구로 박은미(2019)에서는 '기쁨, 슬픔, 사랑, 화' 관련 은유 표현을 다루었으며 왕흔(2019)에서는 '화, 슬픔, 두려움, 미움' 등 부정적 감정 관련 은유 표현을 다루었다. 마음 은유 표현을 다룬 연구로 송유나(2019)와 정유진(2019)이 있고, 성격 은유 표현을 다룬 연구로 전은지(2012)가 있으며 사랑 은유 표현을 다룬 연구로 박은미·이병운(2020)이 있다.

그리고 학습자의 은유 습득과 관련된 연구를 보면 은유 이해도를 측정하는 연구가 대부분이었다. 김순자·송원찬(2013), 윤영주(2016), 이해영·정혜선(2019), 이해영・Tran Thi Thu Phuong(2020) 등은 그 예이다. 그중에서 김순자·송원찬(2013)에서는 중국인 유학생들이 동일한 개념적 은유라 하더라도 구체적인 은유 표현에 대한 이해도에서 차이를 보여 은유 표현은 언어 학습에 하나의 장벽으로 작용함을 확인하였다. 유영주(2016)에서는 중국인과 베트남인 학습자를 대상으로 문화 간 차이에 따른 개념적 은유에 대한 학습자들의 친밀도와 이해도를 분석하였다. 그 결과, 베트남인 학습자들이 특수적인 표현보다 보편적인 표현에 대해 높은 친밀도와 이해도를 보인 것으로 나타났다. 이해영·정혜선(2019)에서는 베트남인 학습자를 대상으로 숙달도와 거주 경험이 함축 이해도에 미치는 영향을 살펴봄으로써 베트남어에도 있는 은유 표현의 경우는 숙달도에 상관없이 높은 이해도를 보였으나, 베트남어에 없는 은유 표현의 경우는 학습자의 이해도가 낮았음을 발견하였다. 이해영 · Tran Thi Thu Phuong(2020)에서는 베트남인 학습자를 대상으로 은유 유형과 숙달도 차이에 따른 학습자의 은유 이해 양상을 살펴보았다. 그 결과, 은유 이해는 숙달도뿐만 아니라 은유의 유형에 영향을 받기도 하며, 은유에 나타난 함축 이해를 위해서는 등급화된 은유 표현에 대한 명시적 교육이 필요하다고 주장하였다.

한편으로, 교육 방안에 주목한 연구를 보면 검색된 연구물 가운데 가장 최초의 연구물로 확인된 Angela Lee Smith(2004)에서는 현장 교육자들이 실제로 수업에서 쉽게 활용할 수 있는 어휘 능력, 의사소통 능력, 쓰기/읽기 능력 향상을 위한 은유학습 자료를 제시였다는 점에서 실용적이다. 그 이후 최세원(2006)에서는 설문지 조사를 통해서 학습자가 이해하지 못한 명사 은유 표현에 대한 교육방안을 제시하였다. 전방(2008)에서는 은유 표현 교육이 의사소통 능력과 문화능력 그리고 문학능력까지 향상시키는 데 기여할 수 있기 때문에 은유 표현의 교육적 가치를 높이 평가하였으며 문화능력과 문학능력까지 포함된 통합적인 한국어 능력을 함양시키기 위한 한국어 은유 표현 교육 방안을 구축하였다. 이지용(2011)에서는 [정치는 전쟁이다] 은유를 예로 들면서 개념적 은유를 한국어 수업에 적용하는 수업 설계, 모형 및 실제를 제시하였다. 전혜영(2016)에서는 한국어의 일상 표현에 나타나는 은유를 유형별로 제시한 다음에 한국어 수업에서 은유를 가르치기 위한 구체적인 과제를 제시하였다. 또한, 일상적으로 흔히 접하는 매체를 활용하는 것을 은유 표현의 교육 방안으로 제안하는 연구도 있다. 이연정(2011)에서는 광고가 다양한 은유 표현으로 이루어져 있으므로 한국어 은유 표현 교육 자료로 활용할 가치가 높다고 역설하였으며 광고를 활용한 중급 이상의 단계에서의 은유 표현 수업 운영 방안을 마련하였다. 진정(2018)에서는 드라마 <태양의 후예>에 나타난 은유 표현을 추출하여 이에 대한 은유 표현 교육 방안을 제시하였다.

지금까지 그간의 은유 표현 교육 연구를 살펴봄으로써 아래와 같은 한계점을 발견할 수 있다. 연구 대상에 있어서는 주로 감정이나 감각 표현 등 심적인 표현에 집중하고 시간 표현에 대한 연구가 부족하며, 학습자의 은유 표현 습득 양상 고찰에 있어서는 학습자의 이해 양상을 밝히는 데에 편중되어 있고 은유 표현 산출 양상을 밝히는 것이 주목받지 못하고 있음[11]을 확인할 수 있다. 본 연구는 그간 연구 대상에서 소외받았던 시간 표현을 주목하여 학습자의 시간 표현 이해 양상뿐만

11 이러한 한계점은 한국어 은유 표현 습득 연구에만 있는 것이 아니며 임지룡·김동환(2020: 736)에서는 영어 은유 습득 연구에서도 은유 생산에 대한 상세한 조사가 미흡하다고 하였다. 그에 따르면 영어 학습자의 은유 생산 양상을 고찰한 첫 번째 연구는 비교적 늦은 2013년에야 발표된 Nacey(2013)이다. Nacey(2013)는 모어 화자의 말뭉치에 나타난 은유 표현과 L2 영어 학습자가 산출한 말뭉치에 나타난 은유 표현을 비교함으로써 학습자의 말뭉치에는 고의적 은유, 즉 L2에 없는 개념을 창조해서 특정 표현 의도를 가지고 생산한 은유가 존재함을 발견하였다.

아니라 산출 양상도 고찰한다는 점에서 선행연구에서 지니는 한계점을 어느 정도 극복할 수 있다고 본다.

2.2. 시간 은유 표현 연구[12]

비록 시간 은유 표현 교육 연구는 그 수가 많지 않지만, 시간에 대한 경험과 인지가 인지언어학에서 주목하는 인지 기제나 인지 전략 등과 밀접한 관련이 있으므로 한국과 중국의 인지언어학 학계에서 시간 표현을 고찰하여 시간 은유를 분석하는 연구는 아래 <표 Ⅰ-2>에서 보이는 바와 같이 많이 이루어진 편이다. 본 연구에서는 연구 주제와 연구 방법이라는 두 가지 측면에서 이들 연구를 살펴보고자 한다.

<표 Ⅰ-2> 시간 은유 관련 연구

	연도	저자	연구 제목
한국어 연구	1980	임지룡	국어에 있어서의 시간과 공간 개념
	1990	민현식	시간어와 공간어의 상관성(1): 품사 하위분류의 새로운 가능성과 관련하여
	1998	박정운	앞으로 한 달 뒤에 만납시다: 시간의 개념적 은유
	2002	임지룡	시간의 개념화 양상
	2006	길본일	시간 표현의 인지언어학적 연구
	2015	송현주	인지언어학적 어휘 연구를 위한 말뭉치 기반 접근: '시간'을 중심으로

12 시간 은유 표현은 어휘 형태로 된 표현과 시제, 상 등 문법 장치로 된 표현으로 나누어질 수 있는데 본 연구는 어휘 형태로 된 시간 은유 표현에 관한 연구이므로 문법 장치에 관한 선행 연구 검토를 생략하기로 한다.

	2015	홍달오	'시간+술어'구성 은유의 네트워크 특성에 관한 인지언어학적 고찰
중국어 연구	2009	이선희	현대중국어 '시간'의 개념화 양상
	2012	蔡淑美	现代汉语"前、后"时间指向的认知视角，认知机制及句法语义限制
	2012	肖燕	时间的概念化及其语言表征
한중 대조 연구	2015	풍정정	한국어 공간어 '앞/뒤'와 중국어 '前/后'의 시간 개념화 양상 대조 연구
	2020ㄱ	진영하	한중 신체어에 의한 시간 표현 대조 연구: 인지언어학적 접근을 중심으로
	2020ㄴ	진영하	말뭉치 기반 한중 시간 개념화 양상 대조 연구
	2020ㄷ	진영하	한중 시간 개념화 양상 대조: 의존 명사 '시간/小时' 관련 표현을 중심으로

먼저 연구 주제 측면에서 살펴보겠다. 한국어 시간 은유 관련 연구로는 박정운(1998), 민현식(1990), 임지룡(1980, 2002), 길본일(2006), 홍달오(2015), 송현주(2015) 등이 있다. 초기에는 시간의 공간화 은유를 주목한 연구가 주를 이루었다. 예컨대, 일찍이 임지룡(1980)에서는 시간 표현과 공간 표현에 공존하는 '앞, 뒤, 전, 후' 등 전후 개념어를 분석하여 공간 개념에서 시간 개념으로의 전이 현상을 분석하였다. 박정운(1998)에서는 인지의미론의 관점에서 전후 공간 개념을 통해 시간적 '먼저'와 '나중'이 개념화되는 양상을 살펴보았으며 사람 이동 은유를 이용하여 동사 '오다, 가다'의 문법화 현상을 해석하였다. 임지룡(1980)과 박정운(1998)에서는 전후 개념어만을 연구 대상으로 하였다면 민현식(1990)에서는 공간 개념어를 공간 체언, 공간 용언, 공간 수식어 등으로 품사를 분류한 다음에 이들과 시간어 사이의 상관관계

를 보다 포괄적으로 밝힌 연구라 할 수 있다.

그 이후에는 Lakoff & Johnson(1999)이 영어에서 시간을 공간, 이동, 자원 등을 통해서 개념화하고 표현하는 것을 주장하였는데 공간화 외에, 이동화, 자원화 등의 다양한 은유가 한국어의 시간 표현에 어떻게 나타나는지를 고찰하고자 하는 연구가 활발히 이루어지기 시작했다. 예컨대, 임지룡(2002)에서는 시간 은유를 공간화, 사물화, 자원화로 나누어 살펴보았다. 길본일(2006)에서는 시간의 공간화·사물화, 이동화, 자원화를 풍부한 용례를 통해서 상술하였으며 '머리, 눈' 등 신체어에 의한 한국어 시간 표현을 분석하여 시간의 신체화 양상을 밝혔다는 것이 이전의 선행 연구와는 다른 점이다. 송현주(2015)에서는 시간이 자원, 이동체, 공간, 무정물, 유정물로 개념화되는 양상을 분석하였다. 그리고 홍달오(2015)는 '시간+술어' 구성 은유가 이루는 네트워크 양상을 분석하였다는 점에서 새로운 시도라 할 수 있다.

한편, 중국어의 시간 은유를 살펴본 연구로는 이선희(2009), 蔡淑美(2012), 胥燕(2012) 등이 있다. 이선희(2009)에서는 중국어에서의 시간 은유 양상과 환유 양상을 분석하였으며 시간 은유를 '시간은 공간/사물/돈/유한한 자원/흐르는 물'의 다섯 가지로 나누어 살펴보았다. 蔡淑美(2012)에서는 '전'과 '후'가 포함된 중국어 시간 표현을 분석하여 중국어에서 [이동하는 사람] 은유보다는 [이동하는 시간] 은유가 더 선호되는 것을 밝혔다. 胥燕(2012)에서는 중국어와 영어의 시간 은유를 대조 분석하였으며 그 결과, 수직적 시간 은유가 중국어에서 더 선호되는 것으로 나타났다.

그간 한중 시간 은유를 대조 분석한 연구로는 풍정정(2015), 진영하(2020ㄱㄴㄷ)가 있다. 풍정정(2015)에서는 한국어 '앞/뒤'와 중국어 '前/后'와 관련된 시간 은유 표현을 대조하였으며 진영하(2020ㄱ)에서는 신체어가 포함된 한·중 시간 표현을 분석하여 양국 언어에서의 시간 신체화 양상을 대조하였다. 두 연구는 한·중 시간 은유 대조 연구의 공백을 다소나마 메웠다는 점에서 의미가 있지만, 시간 은유에 대한 전반적인 논의가 아닌 지엽적인 논의라는 점에서 다소 한계를 보인다. 이를 극복하기 위해 진영하(2020ㄴ,ㄷ)에서는 한중 시간 표현에 나타난 시간의 이동화, 공간화, 자원화 은유를 비교적 전면적으로 대조 분석하였다.

이어서 연구 방법 측면에서 이들 선행연구를 살펴보겠다. 언어 연구는 언어 자료에 대한 연구이며 이 언어 자료는 크게 두 가지로 나뉘는데 하나는 연구자의 머릿속에서 나오는 직관적 자료이고 다른 하나는 사람들이 구체적인 상황에서 사용한 실제적 자료, 즉 말뭉치이다(김용진, 2007:49). 따라서 언어 연구에는 연구자의 어감에 의한 내성적 방법(introspection)과 말뭉치 기반 접근법이라는 두 가지 방법이 있다.[13] 내성적 방법이란 주어진 은유가 어떤 현저한 예에 기초해서 존재해야 한다고 은유 연구자가 직관으로 이해하는 하향식 방식(김동환·이승주 역, 2020: 731)을 말하는 것이고 말뭉치 기반 접근법이란 귀납적인 실제 용례를 수집하고 분석하는 상향식 방법이다.

위에서 살펴보는 시간 은유 관련 단일 언어 연구와 대조 연구를 통해서 그간 시간 은유 연구 방법론의 변화를 엿볼 수 있다. 즉 연구의 처음에는 연구자 직관에 의지하여 시간 은유 표현을 식별하는 내성적

13 내성적 방법론과 말뭉치 기반 방법론의 채택은 근본적으로 문법을 결정적 문법(deterministic grammar)으로 보느냐 확률적 문법(probabilistic grammar)으로 보느냐에 달려 있다(McEnery 외, 2006). 결정적 문법관에서는 언어를 정적인 규칙으로 보므로 언어 연구는 내성적 방법을 통해서 언어의 규칙을 관찰하는 것이다. 이와 반대로 확률적 문법관에서는 언어를 규칙이 아닌 확률적 경향으로 보기 때문에 언어를 분석하는 데 통계적 정보가 필요한데 이는 말뭉치 분석을 통해서만 획득할 수 있다.

방법이 많이 활용되었다. 이른 시기에 이루어진 박정운(1998), 임지룡(2002), 길본일(2006), 이선희(2009) 등은 이러한 방법을 활용한 연구이다. 내성적 방법은 은유를 분석하는 데 중요하지만, 이러한 연구 방법이 언어생활의 실제를 있는 그대로 보여 주고 있는지에 대해서는 의문의 여지가 있다.[14] 언어 사용은 개인에 의해 정해지는 것이 아니라 담화 공동체에 의해 정해지는 것이기 때문이다.

이를 극복하기 위하여 말뭉치 기반 방법이 활용되기 시작하였다. 말뭉치 기반 방법은 다시 용례 색인 방법과 통계적 기법을 활용한 분석 방법으로 세분화된다. 용례 색인 방법은 진영하(2020ㄱ)에서처럼 통계적 기법 없이 말뭉치에서 주목할 만한 용례를 검색하고 분석하는 방법이다. 이러한 방법은 여전히 연구자의 직관에 의지하여 그 결과가 재현 가능한지[15]에 대한 의문을 제기한다. 보다 객관적이고 신뢰도가 높은 결과를 도출하기 위해서는 통계적 기법에 기반한 대규모 말뭉치 분석법을 활용하여야 한다. 이러한 방법을 활용한 연구는 비교적 규모가 큰 말뭉치에서 시간 표현이 나타나는 빈도를 사용하였다. 즉, 말뭉치에 나타난 시간 표현을 도출한 후에 출현 빈도가 높은 표현을 관습적인 은유 표현으로 삼아 분석을 진행하였다. 그러나 이 연구들에서는 얼마의 빈도를 보일 때 충분히 빈번하다고 말할 수 있는지에 대한 기준을 세우지 못해 연구자들은 무엇이 충분히 빈번한지에 대한 주관적 인상

---

14 Janda(2019)에서는 인지언어학적 연구에서 계량적 방법을 활용해야 한다고 주장하면서도 내성적 방법론의 중요성을 강조하였다. 그에 따르면 어떤 과학 연구에서든 내성적 방밥과 관찰 방법 간의 균형을 유지해야 한다. 즉, 내성을 통해서 가설을 설정하고 관찰을 통해서 가설을 검정한다. 결과가 언어 이론과 언어 사실에 함의하는 바를 분석할 때 다시 내성의 방법을 활용해야 한다.

15 재현 가능하다는 것은 연구자와 연구 자료가 바뀔지라도 연구 결과가 변하지 않는다는 것을 의미한다. 즉, 다른 연구자가 동일한 절차와 방법으로 동일한 실험을 반복해도 동일한 연구 결과를 얻는다는 것이다.

만을 사용하였다. 예컨대 홍달오(2015)에서는 빈도 순위 상위 20개의 시간 표현을, 송현주(2015)에서는 출현 빈도가 5번 이상인 시간 표현을, 진영하(2020ㄴㄷ)에서는 빈도 순위 상위 50개의 시간 표현을 관습적인 표현으로 도출하였다. 이는 빈도의 평가와 관련된 것인데 본 연구에서는 절대적 빈도뿐만 아니라 상대적 빈도(기대 빈도)를 고려한 t 점수를 활용하여 이러한 한계점을 보완하고자 한다. 또한, t 점수는 교육용 시간 표현 선정에도 활용될 수 있다. t 점수에 대해서는 Ⅲ장에서 다시 상술한다.

3. 연구 대상 및 방법

3.1. 연구 대상

본 연구에서는 어휘 형태로 된 시간 표현, 더 구체적으로 명사 '시간'이 포함된 시간 표현을 연구 대상으로 삼고자 한다.

우선 어휘 형태로 된 시간 표현을 연구 대상으로 선정하게 된 이유를 설명하겠다. 언어적 시간은 통사적 장치와 어휘적 장치에 의해 파악될 수 있다.[16] 전자는 문법 요소, 즉 어미로 실현되는 시제나 상 시간 표현이다. 그중에서 시제는 시간의 속성을 분절성으로 보아 그것이 언어에 반영되는 것으로 분석한 것이며, 상은 시간의 속성을 지속적인 것으로 판단하여 폭이 있는 구간으로 구성된 것으로 분석한 것이다(남기심, 1976: 209). 후자는 어휘 형태로 된 시간 표현이다. 어휘는 문장에서

16 민현식(1990: 47)에서도 한국에서 시간성은 주로 시간명사나 시간부사와 같은 시간어와, 용언의 선어말어미와 같은 시상 형태소를 통하여 실현된다고 주장한 바가 있다.

내용적 기능을 하므로 풍부한 내용적 의미를 제공하는 반면에 문법 요소는 문장에서 구조화 기능을 하므로 도식적 의미를 제공한다(임지룡·김동환 역, 2008: 20). 따라서, 문법 요소보다는 어휘 형태로 된 시간 표현에 반영된 시간 개념이 더 분명하다. 본 연구에서는 모국어의 시간 개념이 시간 표현 습득에 미치는 영향을 살펴보고자 하므로 개념이 더 분명한 어휘 형태로 된 시간 표현을 연구 대상으로 삼고자 한다.

이어서 명사 '시간'이 포함된 시간 표현을 연구 대상으로 삼게 되는 이유를 설명하겠다.

전술하였듯이 본 연구는 말뭉치 기반 접근법을 활용하여 시간 표현을 고찰하고자 하는데 말뭉치 기반 접근법을 활용하려면 검색어가 필요하다. Stefanowitsch(2006a:2-4)에서는 말뭉치에서 은유를 추출하는 5가지 방법을 소개하였다. 첫 번째는 수작업 검색이다. 즉, 연구자가 말뭉치를 읽어서 만나게 되는 모든 은유를 기록하는 방법인데 대규모 말뭉치를 대상으로 한 연구에서는 적용하기 어렵다는 것이 단점이다. 두 번째 방법은 근원영역과 관련된 어휘를 검색하는 것이고 세 번째 방법은 목표영역과 관련된 어휘를 검색하는 것이다. 네 번째 방법은 근원영역 관련 어휘와 목표영역 관련 어휘를 모두 검색하는 방법, 즉 두 번째와 세 번째 방법을 합친 것이다. 다섯 번째 방법은 '은유 표기(表记)', 즉 은유의 존재를 암시하는 언어 장치를 활용하는 방법이다. 여섯 번째 방법은 의미 분석 말뭉치를 활용하는 것이고 일곱 번째 방법은 사상(写像, mapping)이 분석된 말뭉치를 활용하는 것이다. Stefanowitsch(2006b)에서는 실증적 연구를 통해서 목표영역을 대표할 만한 언어 항목을 통해서 은유를 검색하는 세 번째 방법이 주요한 은유를 놓치지 않는다는 것을 검증하였다. 따라서 본고는 목표영역인 시간 영역과 관련된 언어 항목을 검색어로 정하고자 한다.

민현식(1990)에 따르면 [+시간성] 자질을 가진 시간어(时间语)로는 '때, 세월, 년, 월, 시간' 등 여러 가지가 있다. 이러한 시간어들이 들어간 은유 표현은 모두 시간 은유 표현이라고 할 수 있으며 또한 각각을 중심으로 이루어진 시간 은유 표현은 중첩되는 부분이 있기도 하고 다소 다른 표현 유형을 보이기도 한다. 이와 관련하여 홍달오(2015)에서는 '시간, 세월, 때+술어' 구성 시간 은유의 집합 도식을 아래 <그림 1>과 같이 제시한 바가 있다. <그림 1>에서 보이듯이 '가다, 넘기다, 되다' 등은 '시간', '세월', '때' 모두와 공기 가능하는 반면에, '많다, 때우다' 등은 '시간'과만 공기 가능하고 '노리다, 타다' 등은 '때'과만 공기 가능하며, '견디다, 쌓이다' 등은 '세월'과만 공기 가능하다.

〈그림 Ⅰ-1〉 '시간', '세월', '때' 시간 은유의 집합 도식(홍달오, 2015:18)

'시간, 세월, 때' 등의 시간어로 이루어진 은유 표현들은 모두 시간 은유 표현의 일부라 할 수 있다. 그러나 본 연구에서는 명사 '시간(时间)'이라는 낱말을 중심으로 시간 은유 표현을 연구하고자 한다. 달리 말하자면 본 연구에서는 명사[17] '시간(时间)'이 들어간 은유 표현을 특정하여 연구 대상으로 삼고자 한다. 그 이유는 두 가지를 들 수 있다. 첫째, '시간'은 1837만 어절의 규모를 지닌 말뭉치에서 다섯 번째로 많이 나타나는 명사이다. 즉 '시간'은 고빈도로 추출되는 기초 어휘로서 시간 영역과 관련된 대표적인 낱말이며 시간 은유의 중핵을 이룬다. 따라서 '시간'이 포함된 시간 은유 표현을 살펴봄으로써 시간 은유의 정형성을 확보할 수 있을 것이다(홍달오, 2015: 582). 위의 <그림 1>에서 보이듯이 '시간' 관련 은유 표현의 집합 크기(74개 표현)가 '때' 관련 은유 표현의 집합 크기(58)나 '세월' 관련 은유 표현의 집합 크기(59개 표현)보다 더 크다는 것이 이를 뒷받침해 준다고 할 수 있다. 한편으로 Evans(2004)에서는 영어의 'time'이 매우 다양한 시간 개념[18]을 망라하고 매우 다양한 유형의 시간 은유와 관련이 있음을 검증한

---

17 <표준국어대사전>에서는 낱말 '시간'의 품사를 일반 명사와 의존 명사로 나누어 등재하고 있는데, 그중에서 일반 명사 '시간'은 '어떤 시각에서 어떤 시각까지의 사이'나 '시간의 어느 한 시점' 등을 뜻하는 낱말이며, 의존 명사 '시간'은 '하루의 24분의 1이 되는 동안을 세는 단위'를 뜻하는 낱말이다. 후자가 포함된 시간 표현에 나타나는 시간 개념화 양상은 일정한 지속 시간을 개념화하는 양상, 즉 더 세분화된 개념화 양상이라고 할 수 있다. 진영하(2020ㄷ)에서는 두 품사의 '시간'이 포함된 시간 표현의 차이점을 간략하게 언급한 바가 있다. 그에 따르면 두 품사에 의한 시간 표현 중에서 일부 문자적 의미와 개념적 은유가 모두 같지만 은유적 의미가 다른 경우가 있다. 예컨대 '시간을 잡다'는 '시간을 정하다'의 뜻을 나타내는 반면에 '한 시간을 잡다'에서 쓰이는 '시간을 잡다'는 '시간을 사용하다'의 뜻을 나타낸다. 품사에 따른 시간 표현의 차이가 있기는 하나 크지 않다는 점에서 본 연구에서는 '시간'의 품사를 구분하지 않고 일반 명사와 의존 명사 '시간'을 구별하지 않고 모두 고찰하고자 한다.

18 'time'과 관련된 시간 개념으로는 '장기적 지속', '시간적 압축', '시간적 모체', '시간적 순간' 등이 있다(임지룡·김동환 역, 2012:441).

바가 있기도 하다. 둘째 이유는 첫째와 관련된 것인데 '시간'은 고빈도 어휘이므로 '시간'이 포함되는 시간 은유 표현은 일상 언어생활에서 사용 빈도도 높을 것이다. 이렇게 사용 빈도가 높은 시간 표현을 교육 내용으로 선정하는 것은 한국어교육에서의 '실제성' 원리에 부합한다.

따라서 본 연구에서는 '시간'이 들어간 용례의 문맥을 분석하여 용례에 나타난 시간 은유 표현을 연구 대상으로 삼고자 한다. 환유는 대체로 명사로 표현되지만 은유는 종종 동사와 형용사로 표현된다(김동환·이미영 역, 2016: 194)는 점에서 시간 은유 표현은 대체로 '시간+동사/형용사' 구성으로 나타날 것이다. 연구 대상을 더욱 구체적으로 지정하기 위하여 아래 예시(1)를 제시하고자 한다. 시간 은유는 시간이라는 추상적인 목표영역을 구체적이고 감각 가능한 근원영역을 통해 개념화하는 은유 기제이다. 그러나 시간 은유 기제는 '시간'이라는 낱말이 문장 구조에서 어떤 패턴으로 사용되느냐 하는 것과 상관성을 가지며 어떤 경우에는 은유 기제가 개입되지 않을 수도 있다(김진해, 2010: 160). 예컨대 아래 예문(1ㄱ)에서처럼 시간 개념 영역에 대한 은유적 이해가 없는 '일반명사+시간에'와 같은 구조에서는 은유의 기제가 보이지 않는다. 이와 대조적으로 아래 예문(1ㄴ ㄷ)에서의 '시간이 가다, 긴 시간'은 운동 영역이나 공간 영역과 같은 다른 개념 영역을 통해서 시간을 개념화하고 언어화한 표현이므로 본 연구에서는 이와 같은 표현을 모두 분석의 대상으로 삼는다.

(1) ㄱ. 공부 시간에 게임을 한다.
ㄴ. 텔레비전을 보느라 시간 가는 줄도 몰랐다.
ㄷ. 긴 시간 동안 꼼짝도 하지 않았다.

3.2. 연구 방법

본 연구는 아래 <표 Ⅰ-3>과 같이 크게 문헌 고찰을 통한 이론적 연구와 말뭉치 기반 접근법을 통한 교육용 시간 표현 선정 및 유형 분석 연구, 실험을 통한 학습자 이해 및 산출 양상 연구, 그리고 분석 결과를 바탕으로 하는 교육 방안 구축 연구와 같은 4단계로 범주화된다.

〈표 Ⅰ-3〉 연구 방법

<table>
<tr><th>연구 내용</th><th>하위 연구 절차</th><th>연구 자료 및 방법</th></tr>
<tr><td rowspan="4">1단계
이론 연구</td><td>개념적 은유의 개념, 보편성 및 문화적 특수성 검토</td><td rowspan="4">문헌 연구</td></tr>
<tr><td>개념적 은유의 교육 효과, 은유 능력 검토</td></tr>
<tr><td>시간의 본질 및 은유 유형 검토</td></tr>
<tr><td>모국어 개념 전이 가설 검토</td></tr>
<tr><td rowspan="4">2단계
교육용
표현 선정
및 유형
분석</td><td>교육용 시간 표현 선정</td><td>R 프로그램을 활용한 말뭉치 분석,
t 점수를 활용한 목록 선정</td></tr>
<tr><td>한국어 시간 표현 은유 유형 분석</td><td>문헌 연구</td></tr>
<tr><td>한·중 시간 표현 대응 유형 분석</td><td>한중 병렬 말뭉치 분석</td></tr>
<tr><td>교재 분석</td><td>교재 어휘 목록 분석,
교재 말뭉치 분석</td></tr>
<tr><td rowspan="3">3단계
학습자
양상 분석</td><td>시간 표현의 이해·산출에 영향을 미치는 변인 분석(예상 변인: 숙달도, 은유 유형, 대응 유형)</td><td rowspan="3">설문지 조사 및 통계 분석,
문헌 연구</td></tr>
<tr><td>시간 표현 이해와 산출의 지식 크기 비교</td></tr>
<tr><td>오류 원인 분석</td></tr>
<tr><td>4단계
교육 설계</td><td colspan="2">연구 결과를 바탕으로 시간 표현 위계화, 교육 내용 및 방법 구현</td></tr>
</table>

1단계는 전체 연구의 이론적 근거를 마련하는 단계이다. 본 연구는 시간 표현 교육에서 개념적 은유 이론을 활용한 명시적 교육이 필요하다는 입장을 견지한다. 따라서 우선 본 연구에서 사용하는 핵심 이론인 개념적 은유 이론에 대해서 개관할 것이다. 구체적으로 개념적 은유의 개념 및 유형, 개념적 은유의 범언어적인 보편성 및 문화적 특수성, 그리고 개념적 은유 이론을 제2언어 교육에 적용하는 데의 효율성에 대해서 검토한다. 교육 효율성이 확인됨에 따라 학습자가 어떠한 은유 능력을 갖춰야 하는지에 관한 문제에 직면하게 되므로 선행 연구를 검토하여 은유 능력을 규명하고자 한다. 이어서 본 연구의 연구 주제인 '시간'에 대해서 개관할 것이다. 시간은 물리학, 철학, 언어학 등 여러 학문의 관심 주제로서 시간이 어떻게 개념화되는지에 대해서 각 학문마다 서로 다른 견해를 보인다. 본 연구에서는 이러한 다양한 견해를 살펴본 다음에 특히 인지언어학적 관점에 입각하여 시간의 개념화에 대해서 검토하고자 한다. 마지막으로 습득 연구에서 쟁점이 되어 온 모국어의 전이에 대해서 살펴볼 것이다. 모국어의 전이를 언어의 전이로 보는 관점, 의사소통 전략으로 보는 관점, 개념의 전이로 보는 관점으로 분류할 수 있는데 본 연구에서는 특히 모국어의 개념 전이에 주목하여 검토하고자 한다.

2단계에서는 연구 문제 1인 교육용 시간 표현 선정 및 은유 유형 분석, 연구 문제 2인 한중 시간 표현 대응 유형 분석을 다룰 것이다. 시간 표현 교육 연구를 하는 데에 있어 교육용 시간 표현을 목록화하는 작업이 선행되어야 한다. 앞서 선행 연구 검토에서 밝혀졌듯이 그간 시간 표현 관련 연구는 주로 내성적 방법론에 근거하였으므로 모어 화자의 실제적인 사용 양상을 반영하지 못하였다는 한계가 있다. 그리고 인지언어학에서는 언어를 정적인 규칙의 체계로 보지 않고 구체적인 사용 문맥을 중요시하는 '역동적 용법 의존 모형(dynamic usage-based model)'을 취한다. 이에 본고는 모어 화자 말뭉치를 활용하여 교육용 시간 표현을 도출하고자 한다. 또한 앞서 언급하였듯이 말뭉치 기반 접근법을 활용하여 시간 표현을 목록화하는 선행연구도 있기는 하나, 빈도를 평가하는 기준이 통일되지 않아 각 연구에서 도출하는 시간 표현이 다르다는 한계가 있다. 그리고 무엇보다도 교육용 시간 표현을 선정하는 데에 있어 빈도 외에 유용성도 고려될 필요가 있다. 이러한 한계점을 보완하기 위해 본 연구에서는 t 점수 통계 도구를 활용하여 각 단어의 확률적 공기 강도를 추출하고, 일정 수준 이상의 공기 강도를 지닌 조합, 즉 매우 밀접한 연계성을 가진 조합을 빈도가 높고 유용성이 높은 시간 표현으로 정의하는 계량적 접근을 취할 것이다. 이상과 같이 도출된 교육용 시간 표현에 나타난 근원영역과 목표영역 간의 사상 관계를 분석하여 이들 표현의 은유 유형을 분류할 것이다. 기존 연구에서 시간 은유 유형을 대체로 '이동화', '자원화', '공간화'로 분류하였는데 본고에서는 이 분류 기준을 참고하고자 한다.

중국 국내 대학에서 한국어를 전공하는 학습자는 대부분 성인이다. 그러므로 학습자 대부분은 시간 인지와 이를 반영한 중국어 시간 표현에 관한 지식이 어느 정도 확립된 상태에서 한국어 시간 표현 학습에 임하게 되어 한국어 시간 표현을 습득하는 데 중국어의 영향을 받을 것으로 예상된다. 그러나 학습자 언어에 나타나는 특정한 현상의 원인을 모국어 전이에 의한 간섭 현상으로 판단하기 위해서는 한중 시간 표현의 차이를 조사해야 한다. 따라서 한중 병렬말뭉치를 활용하여 교육용 시간 표현에 대응되는 중국어 시간 표현을 도출한 다음에 문자적 의미, 은유적 의미, 개념적 은유라는 세 가지 측면에서 한중 대응 표현을 비교함으로써 대응 유형을 분석할 것이다.

2단계의 마지막 작업으로서 한국어 교재에서의 시간 표현 제시 양상을 분석함으로써 시간 표현의 교육 실태를 파악할 것이다. 이를 위해 한국에서 출판한 교재 네 종류와 중국에서 출판한 교재 두 종류를 선정하여 교재 어휘 목록과 교재 전체 학습 내용으로 구축한 교재 말뭉치에서 시간 표현의 제시 양상을 고찰하고자 한다.

3단계에서는 연구 문제 3인 중국인 학습자의 이해 및 산출 양상을 살펴보고자 한다. 이를 위해서 앞서 도출된 시간 표현이 사용되는 담화 상황을 설정하여 이해 및 산출 평가 문항을 구성한 후에 중국인 초급 학습자 39명, 중급 학습자 40명, 고급 학습자 30명, 모어 화자 31명을 대상으로 설문조사를 실시할 것이다. 분석할 때, 우선 학습자의 시간 표현 이해 능력과 산출 능력에 영향을 미치는 변인이 무엇인지를 찾아내고자 한다. 예상되는 변인으로는 숙달도, 은유 유형, 한중 대응 유형인데 이들 변인에 따라 학습자의 이해 정답률과 산출 정답률에 차이가 있는지를 살펴볼 것이다. 한편으로, 은유 습득에 있어 이해 지식과 산출 지식 사이에 격차가 분명히 존재할 것이다. 또한 Nation(2013)에서는 산출을 위해서는 이해를 위한 학습만으로는 충분하지 않은 경우가 많다는 점에서 교수학습에서 이해를 위한 학습과 산출을 위한 학습에 대한 구분이 중요하다고 주장하였다. 따라서 변인 분석 후에, 전체 표현의 이해 지식과 산출 지식을 비교한 다음에 개별 표현에 대한 이해 지식과 산출 지식을 비교함으로써 이해와 산출 각각에 어려움이 있는 표현을 도출하고자 한다. 그리고 앞서 언급한 변인과 이해 지식과 산출 지식의 격차뿐 아니라, 학습자가 개별적인 시간 표현을 이해하고 산출하는 데 또 다른 어려움들이 존재할 수 있다. 이러한 세부적인 어려움을 밝히기 위해서 3단계의 마지막에는 개별 시간 표현의 오류 양상을 분석하여 오류 원인을 세분화하고자 한다.

4단계에서는 앞서 1~3단계에서 얻은 시사점을 바탕으로 중국인 학습자를 위한 시간 은유 표현 교육 내용 및 방안을 고안하고자 한다. 구체적으로는 난이도와 t 점수를 바탕으로 시간 표현을 위계화한 후 교육 내용 설계의 방향 및 OHE 모형을 활용한 방안을 마련하고자 한다.

II

이론적 전제

1. 개념적 은유의 정의 및 유형

1.1. 개념적 은유의 정의

개념적 은유 이론에 따르면 은유는 목표영역이라는 한 경험영역을 근원영역이라는 또 다른 경험영역에 의해 추론하도록 해 주는 인지 과정이다. 일반적으로 근원영역은 실체가 있고 접근이 쉬운 개념 영역인 반해 목표영역은 실체가 없고 접근이 어려운 개념 영역이다. 즉, 개념적 은유는 인지적으로 접근이 쉬운 영역에 의해 인지적으로 접근이 어려운 영역이 개념화되는 것이다.[19] 두 개념 영역 사이에는 일련의

19 이와 관련하여 Kövecses(2002)에서는 개념적 은유가 일방향성을 지닌다고 하였다. 그러나 시적이나 수사적 효과를 내기 위해서 개념적 은유가 역 방향으로 발생하기도 한다. 그렇다 하더라도 구체적인 개념에서 추상적인 개념으로 이루어지는 은유의 개념화 기본 방향은 일상적이고 무표적인 경우에 적용된다(임지룡·김동환 역, 2020: 41)

대응 관계, 즉 사상(mapping)이 존재하며 근원영역은 사상의 풍부한 근원을 제공한다. 이러한 점에서 볼 때, 개념적 은유는 두 개념 영역들 간 사상의 체계적 집합이라고 할 수 있다. 예컨대 [시간은 자원이다]는 근원영역 자원과 목표영역 시간으로 구성된 은유로 시간의 특성을 자원으로 사상함으로써 시간을 자원에 비추어 이해하는 것이다.

(1) 가. 휴가 시간을 활용하여 책을 읽는다.
나. 이번 과제를 완성하려면 더 많은 시간이 필요하다.
다. 소중한 시간을 내주셔서 정말 감사합니다.

〈표 II-1〉 [시간은 자원이다]의 사상

근원영역: 자원	사상	목표영역: 시간
자원의 사용자	→	시간의 사용자
자원을 필요로 하는 목적	→	시간을 필요로 하는 목적
자원의 가치	→	시간의 가치

그렇다면 왜 특정한 근원영역과 특정한 목표영역 간의 사상이 일어나는가? 이는 두 영역 간에 사물이나 사건의 유사성이나 경험의 상관성이 있기 때문이다. 먼저 유사성을 살펴보겠다. 유사성은 다시 객관적인 실제 유사성(objectively real similarity), 지각된 유사성(perceived similarity), 총칭 층위 구조의 유사성(similarity in generic-level structure)으로 나뉜다(임지룡·김동환 역, 2020: 43). 객관적인 실제 유사성은 하얀 피부를 우유로 간주하는 '우유 피부'에서처럼 실제 눈으로 볼 수 있는 객관적인 유사함이다. 객관적인 실제 유사성에 의한 개념적 은유는 구체적인 영역에서 추상적 영역으로 진행되는 것은 아니며,

구체적 영역에서 구체적 영역으로 진행되는 것이다. 여기서 개념적 은유는 명칭론적 공백을 메우는 역할을 한다(김동환·이승주 역, 2020:339). 지각된 유사성은 실제 눈으로 확인될 수는 없으나 다른 감각으로 감지된 개념 영역 간의 유사성을 말한다. 예컨대 [인생은 도박이다]처럼 인생에서의 어떤 행동과 결과가 승패의 결과가 있는 도박으로 간주되는 경우이다. 총칭 층위 구조의 유사성이란 두 개념 영역이 총칭 층위의 구조를 공유하기 때문에 생긴 유사성을 말한다. 예컨대, [인간의 생애는 식물의 생명주기이다]에서 두 영역에 생명이 시작하는 실체가 있고, 그 실체는 성장하고 쇠퇴하며 사망하게 된다. 이러한 공유된 구조에 기초하여 식물 영역은 인간 영역으로 사상된다.

그러나 많은 경우에 두 영역 간에 유사성이 존재하지 않아도 개념적 은유는 성립된다. 이는 두 영역 간의 사상은 유사성뿐만 아니라 경험적 상관성에 의해 만들어지기도 하기 때문이다. 예컨대 [애정은 따뜻함이다] 은유에서 '애정'의 개념과 '따뜻함'의 개념 간에는 아무런 유사성이 없다. '애정'은 주관적이고 추상적인 개념인 반면에 '따뜻함'은 우리가 몸으로 경험하는 물리적 특성이기 때문이다. 그러나 우리는 애정을 따뜻함의 관점에서 생각하고 이야기하는 것은 우리의 경험의 상관성으로부터 자연스럽게 비롯한 것이다. 이러한 경험의 상관성은 사람들이 세계에서 행동함으로써, 반복적으로 발생하는 것으로서 언어가 시작되기 전에 인간 유아의 개념적 체계 속에 확립한다(Lakoff & Johnson, 1999). 앞서 언급한 예시에서 은유적으로 애정을 따뜻함으로 간주하는 것은 부모의 애정이 깃든 포옹과 그것에 수반되는 편안한 신체적 따뜻함 간의 어린 시절 경험에서의 상관성 때문이다(임지룡, 2008).

두 개념 영역 간의 유사성이나 경험적 상관성에 대한 인지는 모두 신체적 경험에 바탕을 둔다. 이는 인지언어학에서 주장하는 신체화 이론과 관련되는데 이 이론에 따르면 우리의 마음과 몸은 분리된 실체가 아니고 추상적 개념은 신체적 경험과 직접적으로 관련하여 이해된다. 여기의 신체적 경험은 단순히 몸에 의해 형성되는 것이 아니며 사회문화적으로도 형성될 수 있다(임지룡·김동환 역, 2013: 339-345). 즉, 개념적 은유는 문화적 실체이기도 하고, 인지적으로는 물론이고 문화적으로도 동기화될 수 있다는 것이다. 예컨대 옛날 중국에서는 사람이 모태 내에서 자랄 때, 맨 처음에 코가 형태를 이루기 시작한다고 믿었기 때문에 중국어에서 '코'가 '시작'의 의미를 은유적으로 나타낸다(진영하, 2020ㄱ: 337).

그런데 여기에서 개념적 은유와 언어적 은유, 즉 은유 표현을 구분할 필요가 있다. 개념적 은유는 추상적 개념을 이해하는 인지 과정인 반면에 은유 표현은 표면적인 언어적 현상이다. 다시 말하자면 개념적 은유가 사고에 존재하는 것이고 은유 표현은 개념적 은유를 언어로 표현하는 것이다. 예컨대, 시간이 자원을 통해서 이해되는 [시간은 자원이다] 개념적 은유는 시간에 대해 우리가 생각하는 사고방식 중의 하나이다. 우리는 시간을 사용하고, 시간의 가치를 평가하며, 시간을 다른 사람에게 줄 수도 있다. 우리는 이러한 생각들을 받아들일 때, 실제로 [시간은 자원이다] 은유에 의해 시간에 대해 생각하게 되며 시간을 표현하기 위해 자원에 관한 언어를 사용하게 된다. 이 은유를 언어로 표현하는 '시간이 소중하다, 시간을 낭비하다'는 은유 표현이다.

따라서 은유 표현은 개념적 은유를 표현하는 한편, 은유 표현을 통해서 사고로서의 은유를 관찰할 수 있도록 한다. 개념적 체계를 검토하기 위해 언어를 이용할 수 있다는 주장은 이미 여러 연구에서 밝혀진 바가 있다. 예컨대, Langacker(1987)에서는 언어가 개념적 구조와 동일시된다고 하였으며 Lakoff(1987)에서는 언어가 개념적 구조를 반영한다고 하였다. 또한, 임지룡·김동환 역(2008: 59)에서는 언어 체계 그 자체가 개념적 구조와 개념화를 직접적으로 탐구할 수 있도록 해 주는 일종의 수단이라고 주장하였다. 개념적 은유가 사고에 편재하므로 이를 언어화하는 은유 표현도 언어에 널리 퍼져 있다. 이와 관련하여 Shutova & Teufel(2020)에서는 일반적인 분야의 텍스트에서 평균적으로 세 개 문장에 은유 표현 하나가 있음을 발견하였다. 또 Steen 외(2010: 194-208)에서는 영어에서 학문적 담론에 사용되는 단어의 17.5%, 뉴스 텍스트의 15.3%, 소설의 10.8%, 구어 대화의 6.8%가 은유 표현이라는 것을 밝혔다.

한편으로 주어진 개념적 은유를 언어화하는 은유 표현은 두 개 이상일 수도 있는데 화자들은 특정한 은유 표현을 확실히 선호하는 경향을 보인다. 즉, 두 표현의 관습성에서 차이가 존재한다. Handl(2011)에서는 은유 표현의 관습성을 결정하는 것이 화자가 목표영역을 어떻게 지각하는지, 이에 따라 목표영역의 어떤 부분이 부각되는지, 즉 목표영역 속성의 현저성과 관련된다고 하였다. 예를 들어 [시간은 소중한 자원이다] 은유에서 '시간을 잃다'보다는 '시간을 낭비하다'가 더 빈번하게 사용된다. 이는 우리가 시간을 경솔하게 낭비한다는 생각이 단지 우연히 시간을 잃는다는 생각보다 더 일반적이기 때문이다. 달리 말하자면, 시간을 낭비하거나 잃은 결과가 모두 바라던 물건을 소유하지 못하는 것이지만 낭비의 개념은 잃기의 개념보다 화자가 표현하고자 하는 바와 더 잘 부합하다. 이외에, 본 연구에서는 은유 표현에 쓰인 낱말 그 자체의 관습성도 전체 은유 표현의 관습성에 기여한다고 본다. 예를 들어 '시간이 경과하다'와 '시간이 지나다'는 모두 [이동하는 시간] 은유가 작용하여 '시간의 경과'를 나타내는 표현으로서 두 표현이 부각시키고자 하는 시간 속성의 현저성도 같으나, 진영하(2020ㄴ)에 따르면 3000개 '시간' 관련 말뭉치 용례에서 '시간이 지나다(빈도: 79)'가 '시간이 경과하다(빈도: 10)'보다 더 빈번하게 사용된다. 이는 '경과하다'는 문어에서 사용된다는 사용역의 한계로 인해 '지나다'보다 관습성이 떨어지기 때문인 것으로 본다.

1.2. 개념적 은유의 유형

개념적 은유의 연구 가치가 인증됨에 따라 그 현상을 설명하기 위한 유형론적인 검토가 활발히 이루어져 왔다. 아래 <표 Ⅱ-2>에서 보듯이 분류 기준에 따라 은유는 여러 유형으로 분류될 수 있다.

〈표 Ⅱ-2〉 개념적 은유의 유형

관련 연구	분류 기준	분류 결과
Lakoff & Johnson(1980)	인지적 기능	구조적 은유, 존재론적 은유, 방향적 은유
Kövecses(2005)	관습성	관습적 은유, 비관습적 은유
Handl(2011)		관습적 은유, 수정된 은유, 특이한 은유
Kövecses(2002)	일반성	총칭 층위 은유, 특정 층위 은유
Grady(1997)	복잡성	일차적 은유, 복잡한 은유

먼저, Lakoff & Johnson(1980)에서는 인지적 기능에 따라서 은유를 구조적 은유(structural metaphor), 존재론적 은유(ontological metaphor), 방향적 은유(orientational metaphor)로 분류하였다. 구조적 은유는 지식 구조가 풍부한 근원영역이 추상적인 목표영역에 지식 구조를 제공하여 목표영역을 구조화하는 것이다. 이러한 인지적 기능은 근원영역의 구성 요소와 목표영역의 구성 요소 간의 일련의 개념적

대응구조에 의해 이루어진다(임지룡, 2008: 170). 본 연구에서 고찰하고자 하는 이동화, 자원화, 공간화 은유 유형, 즉 [시간은 이동이다], [시간은 자원이다], [시간은 공간이다]라는 개념적 은유는 모두 구조적 은유에 해당된다.

존재론적 은유는 목표영역에 대하여 사물, 실체, 그릇 등과 같은 존재론적 지위를 부여하는 것(임지룡, 2008: 172)을 말하는데 그 실례로는 [화는 뜨거운 액체이다]가 있다. (1)의 표현은 [화는 뜨거운 액체이다] 은유를 통해서 그 존재를 인식하게 한다.

(1) [화는 뜨거운 액체이다]

ㄱ. 나도 모르게 분노가 가슴 밑바닥에서 끓어오르는 것을 느꼈다.

ㄴ. 나는 그의 비난에 그동안 참았던 분노가 폭발했다.

방향적 은유는 공간적 방향과 관련하여 하나의 전체적 개념 구조를 이루는 것을 말한다. 방향적 은유는 수직 방향과 수평 방향에서 잘 드러난다. 수직방향의 은유 예시로는 [위는 기쁨이다], [아래는 슬픔이다]가 있고 수평방향의 은유 예시로는 [가까움은 친밀함이다], [멂은 소원함이다]가 있다.

또 관습성(conventionality)[20]에 따라 은유가 분류될 수도 있다. 관습성에 따라 Kövecses(2005)에서는 은유를 관습적 은유와 비관습적 은유로 나눈 바가 있다. 관습적 은유는 [시간은 공간이다]처럼 무의식적이

20 전통적인 언어학에서 사용되는 '관습성'은 형태와 의미 간의 자의적 관계를 말하는데 이와 달리 인지언어학에서 사용되는 '관습성'은 개념적 은유나 은유 표현이 사용되는 동안 언어에서 고착되는 정도를 말한다. 따라서 관습화된 은유는 반복적인 사용을 통해서 언어 공동체에서 매우 깊이 고착화되어 그 의미가 자동화된 은유이다.

며 자동적으로 사용되는 것인 반면에 비관습적 은유는 민중들의 의식 속에 구성되고 것으로서 이해되는 데 어느 정도의 인지적 노력이 필요한 것을 말한다. 그러나 Handl(2011)에서는 개념적 층위와 언어적 층위 모두를 고려해야만 은유의 관습성을 기술할 수 있다고 주장하였다. 그는 두 층위의 관습성에 따라 은유를 특이한 은유, 수정된 은유, 관습적 은유로 구분하였다. 특이한 은유는 개념적 층위와 언어적 층위 모두에서 비관습적인 데 반해, 관습적 은유는 개념적 층위와 언어적 층위 모두에서 관습적인 것이다. 수정된 은유는 수정된 관습적 사상에 기초하여 형성된 것으로 개념적 층위에서 관습적이지만 언어적 층위에서 비관습적인 것이다.

그리고 일반성(generality)에 따라서 은유가 나누어지기도 한다. Kövecses(2002)에서는 은유를 일반성에 따라 총칭 층위의 은유와 특정 층위의 은유로 분류하였다. 그에 따르면 어떤 개념적 은유는 총칭 층위에 있는 반면에 어떤 개념적 은유는 특정 층위에 있다. 보편적인 경험에 의해 동기화되는 은유는 총칭 층위 은유이고 총칭 층위 은유가 구체화되는 은유는 특정 층위 은유이다. 예를 들어 [시간은 공간이다]에서는 근원영역과 목표영역 모두 총칭 층위의 개념인 반면에 [일정한 지속시간은 그릇이다]에서는 근원영역과 목표영역 모두 하위 층위인 특정 층위의 개념이다. 따라서 총칭 층위 은유는 특정 층위 은유의 일반화로 간주되며, 역으로 특정 층위 은유는 총칭 층위 은유의 실례로 간주될 수 있다.

이외에 Grady(1997)에서는 복잡성에 따라 은유를 일차적 은유(primary metaphors)와 복잡한 은유(complex metaphors)로 분류하였다. 그에 따르면 일차적 은유는 실세계의 공동 발생에 기초하는 것으로 근원영역과 목표영역이 모두 간단하고 기본적인 것이다. 예를 들어

[많음은 위이다] 은유는 '위'와 '많음'이 실세계의 일차적 장면에서 함께 발생하기 때문에 이런 개념들이 근원영역과 목표영역이 되어 형성되는 일차적 은유이다. 복합 은유는 일차적 은유들을 통합해서 구성된 것으로 근원영역과 목표영역이 비교적 복잡하고 세부 내용이 풍부하다. 예컨대, [이론은 건물이다] 은유의 근원영역 '건물'과 목표영역 '이론' 둘 다는 비교적 복잡하고 세부내용이 풍부하므로 이 둘 다는 일차적 개념은 아니다. 이 은유는 일차적 은유 [존속하는 것은 똑바로 서 있는 것이다]와 [조직은 물리적 구조이다] 은유를 통합함으로써 도출된 복합 은유이다.

1.3. 개념적 은유의 보편성과 문화적 특수성[21]

언어는 자의적인 것이 아니라 대부분 동기화된 것임을 주장하는 인지언어학자들은 그간 은유의 특수성보다는 보편성에 주목해 왔다. 이는 앞서 선행 연구 검토 부분에서 보이듯이 한국어나 중국어의 시간 은유를 연구하는 연구는 비교적 많았으나, 한국어와 중국어의 시간 은유 차이를 주목한 연구는 비교적 미흡하였음을 통해서도 확인할 수 있다. 은유적 사고는 신체적 경험과 뇌 속의 신경 활동에 기초하는데 (김동환 역, 2009: 73) 사람의 몸과 뇌는 대개 보편적이기 때문에, 이 둘에 기초하는 개념적 은유도 대개 유사하고 범언어적 보편성을 지닌다는 것이 사실이다. 그럼에도 불구하고 은유가 세계를 이해하는 인지적 조직을 반영한다는 전제를 고려해 보면 은유는 변이를 지니기도 한다. 이와 관련하여 임지룡·김동환 역(2020: 45)에서는 한 은유가 발

21 1.2절의 내용은 Boers(2003), Kövecses(2005)의 내용을 바탕에 두고 재구성한 것이다.

달하는 특정한 문화가 다양한 언어나 문화에서 개념적 은유의 형태를 형성하는 데 중요한 역할을 하므로 모든 개념적 은유가 언어/문화마다 동일하다는 것은 아니라고 언급한 바가 있다.

앞서 언급하였듯이 Kövecses(2002)에서는 은유를 총칭 층위 은유(generic-level metaphor)와 특정 층위 은유(specific-level metaphor)로 나눈 바가 있다. Kövecses(2005)에서는 개념적 은유의 보편성과 문화적 특수성을 두 층위의 은유와 관련지어 파악하였다.[22] 전술하였듯이 보편적인 경험에 의해 동기화되는 은유는 총칭 층위 은유이고 총칭 층위 은유가 구체화되는 은유는 특정 층위 은유이다. 따라서 총칭 층위 은유는 보편적인 것에 가까운 경향이 있으나, 특정 층위의 은유는 문화의 영향을 더 받으므로 언어마다 서로 다른 경향이 있다. 예컨대 시간을 공간을 통해서 이해하는 [시간은 공간이다] 은유는 보편적 경험에 기반한 것이므로 한국어, 영어, 중국어, 일본어 등 많은 언어에서 공유하는 총칭적 은유이다. 그러나 이 은유는 어떤 공간, 그리고 공간의 어떤 영역이 근원영역으로 사용되는지 상술하지 못한다. 즉, 총칭 층위 은유는 매우 일반적인 층위에서만 가능한 것이고 구체적이지 않다. 이와 반대로 각 문화에서의 특정 층위 은유는 총칭 층위 은유 도식을 채움으로써 총칭 층위 은유를 구체화시킨다. 그러므로 특정 층위 은유는 총칭 층위 은유의 개념 영역을 상술하여 더 풍부한 사상을 이룬다. 예컨대 한국어 특유의 [일정한 지속 시간은 그릇이다]에서 시간 영역의 근원영

22 이외에도 앞서 언급하였듯이 Grady(1997)에서는 은유를 일차적 은유와 복잡한 은유로 나누었다. Grady(1997)에서는 일차적 은유는 보편적인 경험을 기반으로 하므로 보편성을 지니는 반면에 복잡한 은유는 특정 문화의 영향을 더 쉽게 받으므로 문화적 특수성을 지닌다고 하였다. 따라서 Grady(1997)에서 언급한 일차적 은유는 Kövecses(2005)에서 언급한 총칭 층위 은유에 해당되고 복잡한 은유는 특정 층위의 은유에 해당된다고 할 수 있다. 본 연구에서는 Kövecses(2005)의 용어를 사용하고자 한다.

역으로 사용된 공간을 빈 그릇으로 구체화한다. 요컨대, 특정 층위 은유는 일반적인 구조를 보여 주는 총칭 층위 은유의 실례인데, 문화 간 변이를 보이기도 하는 은유 종류이다.

개념적 은유가 특정 층위에서 보여 주는 변이가 유일한 변이는 아니며 몇몇 다른 변이도 있다(Kövecses, 2005).[23] 먼저, 근원영역의 범위란 한 특정한 목표영역을 개념화하는 데 사용되는 근원영역의 집합을 말하는데 이 범위는 언어마다 다를 수 있다. 예컨대 미각어에 의한 한중 감정 표현을 연구한 석수영(2014)에 따르면 한국어와 중국어는 '슬픔'에 대한 근원영역으로 '단맛[24], 쓴맛, 떫은 맛' 근원영역을 공유하나, [슬픔은 신맛이다]는 중국어에는 있지만 한국어에는 없다. 또한, 신체어에 의한 한중 시간 표현을 연구한 진영하(2020ㄱ)에 따르면 한국어와 중국어는 시간에 대한 신체 근원영역으로 머리, 눈, 코 등을 공유하지만 '입'은 한국어에만 있고 '꼬리'는 중국어에만 있다. 그리고 근원영역의 작용역이란 한 특정 근원영역이 적용될 수 있는 목표영역의 집합을 말하는데 언어마다 근원영역의 작용역이 다를 수 있다. 예컨대 건물은 영어에서는 인생을 개념화하는 데 사용되지만 튀니지 아랍어에서는 자녀 교육을 개념화하는 데 사용된다(Kövecses, 2005: 146).

한편으로, 한 특정 목표영역을 위한 여러 가지 개념적 은유가 두 언어에서 동일하지만, 한 언어가 어떤 개념적 은유를 명확히 선호하는지에서 차이가 나기도 한다. Köves(2002)의 연구 결과가 이를 뒷받침

23 개념적 은유의 변이는 언어 간 변이 및 언어 내 변이로 구분될 수 있(Kövecses, 2005)는데 본 연구에서는 한국과 중국이라는 서로 다른 언어 간의 시간 개념화를 고찰하므로 언어 간 변이를 중심으로 이론적 고찰을 하고자 한다.

24 석수영(2014:202)에서는 용례 '슬픔이나 고통마저도 달콤하다'와 '她那甜滋滋的忧虑，脑子里充满了马吕斯的形象(그녀의 달짝지근한 우려, 머릿속에 온통 马吕斯 이미지뿐이다)'에 근거하여 한중 두 언어 모두 '슬픔'에 '단맛'을 부여하여 언어적으로 표현한다고 주장하였다.

해 준다. 이 연구에서는 미국 및 헝가리 사람에게 인생에 관한 에세이를 쓰도록 한 후에 그들이 사용한 인생 은유를 고찰하였다. 그 결과 양국 사람들이 사용하는 은유 유형은 대개 비슷하지만 그 선호가 다른 것으로 나타났다. 즉, 미국 사람들이 2위로 많이 선호하는 [인생은 게임이다] 은유는 헝가리 사람들이 사용하는 은유 중에 8위를 차지하며 헝가리 사람들이 1위로 가장 많이 선호하는 [인생은 전쟁이다] 은유는 미국 사람들이 사용하는 은유에서 8위를 차지에 위치할 뿐이다. 이를 통해서 문화 간 은유 변이는 어떤 근원영역이 이용가능하다거나 부재한다는 문제가 아닌 어떤 개념적 은유를 선호하여 선택하는 문제일 수 있음을 알 수 있다. 이러한 선호도의 차이는 목표어 언어 현상을 설명하기 어렵기 때문에 흔히 말하는 어감의 문제로 귀결되는데, 목표어 입력이 충분하지 않은 외국어 교육에서 은유 간의 선호도 차이는 외국어 교육에서의 활용 가치가 높다.

그리고 언어마다 동일한 개념적 은유이더라도 각 언어에서 서로 다른 방식으로 활용되기도 한다. 즉, 공통된 개념적 은유에 의한 언어 표현이 언어마다 변이를 보이기도 하는 것이다. 예컨대 [이동하는 시간] 은유는 한국어와 중국어 모두 존재하는 은유인데 이 은유에서 비롯된 '시간이 가다'는 한국어에서는 자연스러운 표현이지만 '가다'에 대응되는 중국어 '走'는 중국어 시간 표현에 쓰이지 않는다.

이외에 관습화의 정도에서 차이가 나기도 한다.[25] 문자적 의미가 같으며, 또 같은 개념적 은유에 의해 은유적 의미가 같은 은유 표현이 한중 언어에서 모두 존재하지만 관습화의 정도가 다를 수 있다. 예컨대 한국어 '시간이 흐르다/흘러가다'는 문어는 물론 구어에서도 많이 사용

25 관습화 정도의 차이는 언어 간 대조에서만 나타나는 것이 아니며 한 언어 내에서도 나타날 수 있다.

되는 관습화 정도가 높은 표현이지만 이 표현에 대응되는 중국어 '时间流逝'는 문어에서 잘 쓰이지만 구어에서 잘 쓰이지 않아[26] 관습화의 정도에서 차이가 남을 알 수 있다.

Kövecses(2005)에 따르면 서로 다른 언어에서 개념적 은유가 변이를 보이는 원인은 차별적 경험[27]과 차별적인 인지적 선호나 스타일 때문이다. 경험은 세계와의 상호작용으로부터 얻은 것이다. 세계는 신체, 물리적 환경, 사회 환경, 문화적 문맥으로 구성되어 있다. 언어권에 따라서 세계의 구성 요소가 다르므로 각 언어권에 속하는 사람들의 경험은 역시 다르고 사용하는 은유도 다르기 마련이다. 그러나 가령 경험이 같을지라도 동일한 개념적 은유를 유발하는 것은 아니며 차별적 경험 외에, 차별적인 인지적 선호나 스타일은 변이를 일으키는 비교적 주관적인 측면에서의 원인이다. 다시 말하자면 같은 목표영역을 은유적으로 개념화할 때 서로 다른 언어권의 사람들이 근원영역의 서로 다른 양상에 주목하거나 서로 다른 방식으로 범주화하므로 개념적 은유가 문화적 특수성을 지니게 되기도 한다.

개념적 은유는 언어에 널리 퍼져 있고 제2언어 학습자가 목표언어를 학습하는 과정에서 무수한 은유 표현을 만나게 될 것이다. 그러나 위에서 살펴본 바와 같이 서로 다른 언어 간에 개념적 은유가 여러 면에서 서로 다른 모습을 보인다. 따라서 제2언어 학습자가 모어 화자처럼 자연스러운 의사소통을 하려면 목표어의 근원영역과 목표영역 간의

---

26 진영하(2020ㄴ)에서는 일반 명사 '시간/时间'이 포함된 한중 용례 각 3000개를 분석하여 도출된 한중 시간 은유 표현을 대조 분석하였다. 연구 결과에 따르면 중국어 流逝는 오직 5번으로 그 사용 빈도가 낮은 것으로 나타나는 반면에 한국어 '시간이 흐르다'는 그 사용 빈도가 59번으로 말뭉치에서 빈번하게 사용되는 것으로 나타났다.

27 차별적 경험은 문맥적인 인식, 차별적 기억, 차별적 관심사 등으로 세분화할 수 있다.

은유적 연결을 알아야 할 필요가 있다. 이러한 점에서 개념적 은유는 언어 학습자에게 학습의 도전이자 기회라 하겠다.

2. 개념적 은유와 제2언어 교육

2.1. 개념적 은유의 교육 효과

Boers & Lindstromberg(2006: 308)에서는 제2언어 교육에 미치는 영향이 가장 큰 인지언어학 이론은 바로 개념적 은유 이론이라고 언급한 바가 있다. 실제로 인지언어학 이론을 적용한 한국어교육 연구 현황을 분석한 진영하(2021ㄱ)에 따르면, 개념적 은유 이론은 한국어교육 연구에 가장 활발히 적용된 인지언어학 이론이다.[28]

개념적 은유가 어휘 학습에 미치는 긍정적 영향을 강조하고 또 실험을 통해서 교육 효과를 검증하는 연구는 여럿이 있는데,[29] 이들 연구에 대한 검토를 바탕으로 본 연구에서는 개념적 은유 이론을 제2언어 교육

28 제2언어 교육에서 개념적 은유 이론의 우수성을 인정하면서 국내에서 개념적 은유 이론을 활용하여 교육의 효과를 높이고자 하는 한국어교육 연구가 많이 등장하였다. 그간 한국어교육에서 개념적 은유 이론은 주로 은유 표현, 다의어, 관용표현 교육 연구에 활발히 활용되었다. 은유 표현에 대한 교육 연구 현황 검토는 1장 선행 연구 검토 부분에서 이루어졌으며 다의어와 관용표현에 대한 교육 연구 현황 검토는 인지언어학 이론을 적용한 한국어교육 연구 현황을 분석한 진영하(2021ㄱ)를 참고하길 바란다.

29 예컨대 일찍이 Petrie(1979)에서는 그 영향을 아래와 같이 제시하였다(이지용, 2011: 9 재인용). 첫째, 은유는 언어학습에 있어서 새로운 지식을 터득하게 해주고 의사소통과 사고력을 증진, 심화시켜준다. 둘째, 은유는 학습 기억을 도와준다. 셋째, 은유는 의사소통능력을 신장시켜주고 인지한계를 극복하기 위한 언어 도구의 역할을 한다. 넷째, 은유 사용은 학습과 자신의 주위세계를 이해하는 방법에 근본적인 인식의 변화를 줄 수 있다. 다섯째, 은유적 사고를 통해 학습자는 분석적 사고과정에 참여하게 된다.

에 활용하는 데의 우수성을 아래와 같은 몇 가지로 정리하고자 한다.

첫째, 학습자의 학습 기억 보유에 도움이 된다. 이것은 개념적 은유 이론의 가장 큰 장점이라 할 수 있다. Berendi 외(2008)에서는 개념적 은유를 활용한 교육의 기억 효과를 검증하는 실험을 실시하였다. 실험은 모국어 번역을 통한 다의어 교육을 받은 대조 집단과 다의어 의미 확장 원리를 인식하도록 하는 교육을 받은 실험 집단 간에 영어 다의어 'hold'와 'keep'의 기억 효과를 비교하는 것이다. 실험 결과에 따르면 실험 집단은 즉시 검사에서든 지연 검사에서든 모두 대조 집단보다 유의미하게 높은 점수를 보였으며 지연 검사에서 대조 집단과의 점수 차이가 즉시 검사보다 더 커진 것으로 나타났다. 이는 개념적 은유 이론을 활용하는 것이 학습자의 단기 기억은 물론 장기 기억에도 도움이 됨을 보여 준 결과이다.

이러한 기억 효과가 생기는 이유는 사람의 인지처리 과정과 관련된다. 인지처리 과정에 관하여 Paivio(1971)에서는 처음으로 이중 부호화 이론(dual coding theory)을 제시하였다. 이 이론은 사람들이 어떤 대상을 인식하고 이해하고 기억하는 과정에서 두 개의 하위 인지 시스템이 작동하며, 한 시스템은 언어적 부호를 처리하는 언어적 정보처리 시스템이고 다른 시스템은 비언어적 부호를 처리하는 비언어적 정보처리 시스템이라고 가정한다(신지선, 2011: 113). 여기에서 언어적 정보처리 시스템은 텍스트와 같은 언어적 정보로만 이루어진 것을 언어화하는 시스템으로 이 정보는 언어 표상(logogens)으로 표상되어 '계열적'으로 언어체계에서 언어화된다. 이와 반대로 비언어적 부호란 모양, 소리, 행위, 감정 등 특정 대상과 행동에 대한 구체적인 이미지인데 이는 상상 부호(imagens)로 표상되어 '공간적'으로 삼상체계에 언어화된다. 두 시스템의 작동 원리를 아래 <그림 Ⅱ-1>에서 제시하였다.

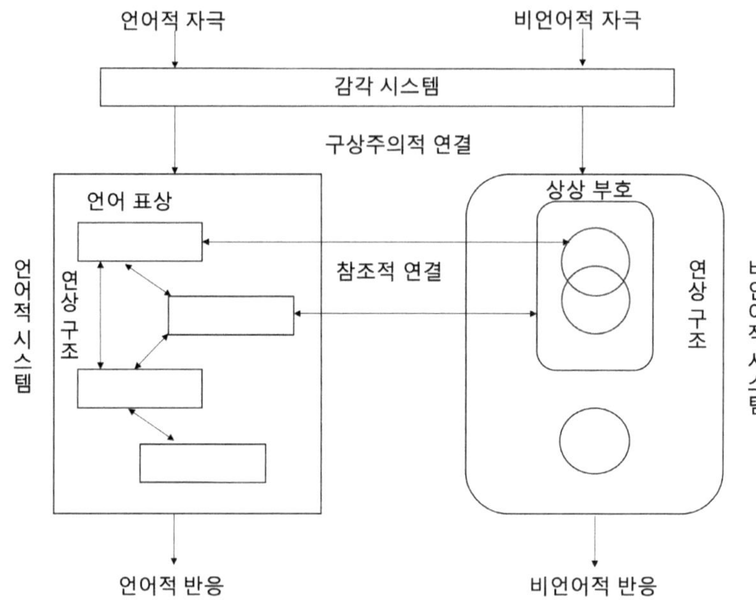

〈그림 II-1〉 이중 부호화 이론의 언어적과 비언어적 정보 처리 시스템(Paivio, 1986: 152)

<그림 Ⅱ-1>에서 보이듯이 두 시스템은 각각 언어화되지만 시스템적으로 상호연결(referential connections)되어 있기 때문에 언어적 부호로만 읽거나 듣는 것에 비해 구체적인 이미지를 보여 주는 실물, 그림, 사진 등이 제공되거나 이러한 이미지를 학습자 스스로 연상하게 하면, 읽거나 들은 내용이 한층 명확하게 이해가 되고 오래 기억에 남는다. 달리 말하자면 언어적 정보와 비언어적 정보를 동시에 제공하면 하나의 정보만을 제시했을 때보다 학습자는 언어 항목을 더 잘 이해하고 더 정확하게 오래 기억한다. 이러한 이중 부호화 효과는 언어 교육에서 개념적 은유 이론이 적용될 필요성과 그 가능성을 뒷받침해 준다. 개념적 은유 이론의 적용은 학습자가 그들의 경험을 동원하여 은유 표현과 구체적이고 생동적인 장면을 연결시키게 할 수 있기 때문이다.

둘째, 개념적 은유 이론을 어휘 학습 전략으로 삼아 새로운 어휘의 의미를 추론하는 능력 신장에 도움이 된다. Boers(2000a)에서는 학생들에게 up-down 관련 은유 표현을 고찰하게 하면 soar와 plunge에 관한 낯선 은유 표현뿐만 아니라 관용어를 해석하고 보유할 수 있는 능력이 증가한다는 것을 발견하였다. Boers(2000b)에서는 '화'와 관련된 은유 표현을 플라망어를 모국어로 하는 영어 학습자에게 미리 제시해 주면 어휘에 대한 기억 보유는 물론, 접하지 못했던 은유 표현을 해석하는 데에도 도움이 된다는 것을 발견하였다. Boers(2001, 2004)에서는 개념적 은유를 이용하는 것이 어휘교육에 대한 덜 체계적인 접근법들보다 훨씬 더 효율적이며, 그런 접근법으로 교육 받았던 학습자들은 배웠던 것을 기반으로 추론하여 새로운 어휘나 문법을 이해할 수 있다는 것을 검증하였다. 국내 연구인 이지용·심지연(2011)에서도 영상도식 은유를 활용한 한국어 관용어 교육 방안이 학습자들의 관용어 추론 능력에 상당한 긍정적 영향을 끼친다는 사실을 증명하였다.

셋째, 뛰어난 설명력이다. 제2언어를 공부하는 학습자는 대부분 성인 학습자들이다. 성인 학습자들은 목표어에 대하여 '무엇'보다는 '왜'에 대해 관심이 더 많으므로 전문적인 언어학적 설명과 더불어 어휘 의미와 관련된 사회·문화적 설명 또한 기대한다. 그러나 단순히 언어 관습이라는 설명은 학습자를 만족시키지 못하곤 한다. 개념적 은유 이론을 활용하여 설명하면 이러한 난제를 해결할 수 있을 것이다. 개념적 은유는 언어 사용이 체계적으로 동기화된다는 것을 증명하는 강력한 도구이므로 제2언어 교사에게 언어가 어떻게 구조화되고 화자가 어떻게 언어 선택을 하는지에 대한 의미 기반적 설명으로 들어가는 주요한 경로를 제공(김동환·이승주 역, 2020:113)할 수 있기 때문이다. 요컨대 개념적 은유 이론은 교사에게 단순히 언어 관습일 뿐이라는 설명보다는 인지적 차원에서 언어 현상을 설명하는 더 설득력이 있는 해석 방법을 제공해 준다.

넷째, 자연스러운 학습 활동을 가능하게 한다. 서론에서 강조하였듯이 개념적 은유는 언어에 매우 깊이 고착되어 있으므로 그 언어를 사용하는 모어 화자에게는 은유 표현이 새롭고 창조적인 것이 아니지만 제2언어 학습자에게는 그렇지 않다. Picken(2007)에서는 일본인 영어 학습자가 영어 은유 표현을 매우 창조적이라고 생각하고, 기본 의미를 사용하여 그 의미를 이해한다는 사실을 발견하였다. 이와 비슷하게 Kecskes(2006)에서는 은유 표현의 기본 의미가 모어 화자보다 언어 학습자에게 더 현저하며, 언어 학습자는 모어 화자보다 은유 표현을 해체하려는 시도를 더 많이 한다고 밝힌 바가 있다. 또한, Littlemore & Low(2006)에서는 학습자가 모어 화자보다 개념적 은유라는 인지 기제를 더 빈번히 사용한다고 주장하였다. 이렇듯 언어 학습자가 모어 화자보다 은유 표현을 더 기계적이고 분석적인 방식으로 다룬다. 언어 학습자의 이러한 특성을 활용하여 개념적 은유 이론을 교육 현장에 도입하면 언어 학습이 보다 자연스러운 학습 활동이 될 것이다.

요컨대 개념적 은유 이론을 언어교육에 적용하는 것이 언어 학습자의 장기 기억은 물론, 새로운 어휘의 의미를 추론하는 능력과, 더 나아가 의사소통 능력, 사고력 향상에 도움이 되고, 뛰어난 설명력을 지니므로 교사에게 설명의 길을 제공해 주며 언어 학습을 자연스러운 학습 활동이 되게 한다는 등의 장점이 있다.[30]

30 언어 교육 외에 개념적 은유는 목표 언어권의 문화 교육 자료로도 활용될 수 있다. 문화적으로 특정한 은유는 그 나라의 문화와 역사를 반영하기 때문이다.

2.2. 은유 능력의 범주

아동의 제1언어 은유 습득을 탐구하는 연구(Gentner, 1977; Malgady, 1977)에 따르면 아동이 언어를 이해하고 산출할 수 있는 유아 시기부터 일찍이 은유적 추론을 통해 세계를 이해할 수 있다.[31] 이러한 능력은 나이가 늘면서 성장하는 능력이다(Keil, 1986). 사고에 내재적인 은유 능력은 제1언어뿐만 아니라 그 이후에 학습하는 언어를 습득하는 데도 중심적인 역할을 한다(Low, 1988; 임지룡·김동환 역, 2020: 729). 그리고 인지적 능력이 발달한 성인 학습자들은 비교적 이른 학습 단계에서 상당히 복잡하고 추상적인 개념을 언어로 표현해야 하는 경우가 많으므로 은유 능력은 제2언어 교육에서 중요한 위상을 가진다. 그렇다면 은유 능력에는 어떤 능력이 포함되어야 하는가? 은유 능력을 규명하는 것이 교육 내용 개발이나 교육 평가에 있어서 중요한 기준이 되기 때문에 본 절에서는 제2언어 학습자가 갖춰야 할 은유 능력에 대해서 검토하고자 한다.

은유 능력 관련 연구는 국외에서 활발히 이루어졌다. Low(1988)는 은유적 능력이란 모어 화자가 종종 능숙할 것으로 예상되고, 유능한 언어 사용자로 간주되고자 한다면 어느 정도 개발할 필요가 있는 은유와 관련된 많은 기술을 말한다. 이 연구에 따르면 은유 능력에는 은유 표현을 해석할 수 있는 능력뿐만 아니라, 모어 화자들이 말하는 경향이 있는 것과 말하지 않는 경향이 있는 것에 관해 관습적 은유의 경계에 대한 지식도 포함된다(임지룡·김동환, 2020: 730 재인용). 즉,

31 Stites & Özçaliskan(2013)에서는 아동들이 시간의 공간 은유를 이해하는 습득 발달 양상을 관찰하였다. 그 결과, 아동들은 5살부터 [이동하는 사람], [이동하는 시간], [사건 위치 순서] 은유를 이해할 수 있으며 6살부터 이들 은유를 해석할 수 있는 것으로 나타났다.

Low(1988)는 은유 능력을 은유 표현을 이해하고 은유 표현의 관습성을 인식하는 능력으로 본다.

Littlemore(2001)에서는 은유 생산의 독창성과 이해의 유창성, 그리고 은유에서 의미를 찾을 수 있는 능력과 속도로 은유 능력을 세분화한 바가 있다. 은유에서 의미를 찾을 수 있는 능력과 속도는 은유 이해의 유창성으로 범주화될 수 있고 은유 이해의 유창성은 은유의 이해 능력의 일부라고 볼 수 있다. 그리고 그가 언급하는 은유 생산의 독창성은 제2언어 교육에서 필요한 은유 능력인지에 대해서 재검토할 필요가 있다고 생각된다. 은유의 독창성은 학습자의 언어 수준이 높은 제1언어 교육에서 요구될 수는 있으나, 정확성이 더욱 강조되는 제2언어 교육에서 학습자가 독창적인 은유를 생산하도록 하면 학습자들이 의사소통에 장애를 일으키는 은유를 생산할 위험이 있기 때문이다. 따라서 본고는 제2언어 교육에서 학습자에게 독창적인 은유가 아닌 되도록 관습적인 은유를 사용하도록 해야 한다는 입장을 견지한다.[32]

Danesi(1994)에서는 은유적 능력은 언어의 표면적 표명이라기보다는 사고의 층위와 관련이 있다고 하였다. 그는 학습자가 산출한 텍스트가 목표어 문법과 어휘에 내재된 모국어의 개념적 흐름을 따르는 것처럼 보인다는 것을 발견하였다. 즉, 학습자는 목표어의 언어 형태 및 문법으로 발화를 하지만 모국어 개념 체계로 사고한다는 것이며, 학습자의 부적절한 언어 사용은 목표어와 모국어의 화자들 사이의 근본적인 개념 불일치로 유발된다는 것이다. 이러한 결과에 근거하여 그는 개념적 유창성(conceptual fluency, CF)이라는 개념을 제기하여 개념적 유창성이야말로 언어 유창성에 영향을 미치는 중요한 요소이며 학습자

32 물론 의사소통 능력보다 문학 감상 능력에 목적을 두는 한국어 문학 수업에서는 학습자에게 독창적이고 미적인 은유 표현을 생산하도록 권장할 수 있다.

가 진정으로 모어 화자처럼 언어를 사용하기 위해서는 그들 자신의 개념적 체계라기보다는 목표어 개념적 체계를 활용해야 한다고 결론 내렸다.

학습자의 부적절한 언어 사용을 개념적 층위에서 보는 Danesi(1994)와 대조적으로 Philip(2006)은 학습자의 부적절한 언어 사용은 언어적인 측면에서 살펴보아야 하며, 즉 부적절한 사용은 모국어와 목표어에서 공유된 개념에 대한 부적절한 목표어 언어화에서 기인한 것이라고 주장하였다. 그에 따르면 문화마다 비슷한 심층의 개념적 은유를 공유하나, 그 은유는 두 언어에서 다르게 실현되는 경우가 많다. 이로 인해 학습자가 관습적이지 않은 목표어 은유 표현을 생산하게 된다. 따라서 그는 목표어에서 문법이나 어휘 패턴에 대한 민감성이 목표어의 개념 체계에 대한 의식적 자각의 필요성을 능가한다고 결론 내렸다.

이와 같이 제2언어 교육에서 개념적 은유와 은유 표현 중의 어떤 것에 중점을 두어야 할지에 대해서 Danesi(1994)과 Philip(2006)은 서로 다른 견해를 보여 주었는데, Littlemore & Low(2006)에서는 학습자가 기본적인 의사소통 능력을 획득하려면 목표어의 개념적 체계와 언어가 모두 필요하다고 주장하였다. 본고에서는 Littlemore & Low(2006)와 같은 입장에 선다. 개념적 측면인 개념적 은유와 언어적 측면인 은유 표현은 은유의 서로 다른 차원에 해당되는 것이지만, 은유 표현이 개념적 은유를 반영하고 개념적 은유가 은유 표현에 내재되어 있다는 점에서 둘이 서로 밀접하게 관련되어 있으므로 능숙한 학습자는 개념적 측면과 언어적 측면에서 모두 능숙해야 한다.

이외에, Boers(2000b, 2004)에서는 은유 인식(metaphor awareness)이라는 개념을 제기하였으며 어휘를 교육하는 데 학습자의 은유 인식을 강화하는 것에 주력해야 한다고 주장하였다. 그가 제안하는 은유 인식의 구체적인 내용은 아래와 같다. 첫째, 은유가 일상 언어생활에 편재하는 것을 인식한다. 둘째, 은유 표현은 자의적인 것이 아니라 동기화된 것을 인식한다. 셋째, 많은 은유 표현은 같은 은유 유형(metaphoric theme)[33]을 공유함을 인식한다. 예컨대 '시간이 소중하다', '시간을 아끼다' 등 시간 표현은 모두 [시간은 자원이다]라는 은유 유형을 공유한다. 넷째, 목표어와 모국어 간에 은유 주제의 차이를 인식한다. 다섯째, 목표어와 모국어 간에 은유 표현의 차이를 인식한다.

은유 인식에 대한 Boers(2000b, 2004)의 정의를 보면 상술한 네 번째, 다섯 번째 은유 인식, 즉 목표어와 모국어 간에 은유 유형과 은유 표현의 차이를 인식한다는 것은 앞서 검토한 은유의 개념적 측면과 언어적 측면을 중요시해야 한다는 주장과 일맥상통하다고 할 수 있다. 이외에 Boers(2000b, 2004)에서 추가한 은유 표현이 자의적인 것이 아니며 일상 언어생활에 편재하는 것을 인식한다는 것과 많은 은유 표현이 같은 은유 주제를 공유함을 인식한다는 것은 은유의 이해 능력과 사용 능력의 기초가 되는 기본적인 인식 능력이라 할 수 있다.

이상의 검토를 바탕으로 가장 포괄적인 의미에서의 은유 능력은 은유적으로 구조화된 개념을 해독하고 언어화하는 능력(Danesi, 1994; Littlemore & Low, 2006)이고 더욱 넓은 의미에서 은유 능력은 은유 표현을 이해하고 산출하는 능력(Littlemore, 2001: 461)이라 하겠다. 이러한 은유 능력을 갖추는 데 은유 표현이 일상 언어생활에 편재하는 것을 인식하는 능력, 은유 표현이 동기화됨을 인식하는 능력, 많은 은유 표현이 같은 은유 주제를 공유함을 인식하는 능력, 모국어의 개념 체계

33 Boers(2000b, 2004)에서 언급한 'metaphoric theme'은 어떤 한 가지 유형의 개념적 은유를 말하므로 직역인 '은유 주제'가 아닌 '은유 유형'으로 번역하고자 한다.

와 목표어의 개념 체계 간의 차이를 인식하는 능력, 같은 개념적 은유에 의한 모국어와 목표어의 언어 실현 차이를 인식하는 능력, 은유 표현의 관습성 판단 능력이 필요하다. 이를 표로 제시하면 아래 <표 Ⅱ-3>과 같다. 언어 교육에서 개념적 은유 이론을 활용함에 있어 어떤 특정한 언어 표현을 습득하는 것이 일차적 목적이라 하면 학습자의 은유 능력을 키운다는 것은 궁극적인 목적이라 할 수 있다. 따라서 언어 교육에서 아래와 같은 은유 능력을 키우는 데에 궁극적인 목적을 두어야 한다고 본다.

〈표 Ⅱ-3〉 은유 능력의 범주

넓은 의미에서의 은유 능력 범주	· 이해 능력 · 산출 능력
좁은 의미에서의 은유 능력 범주	· 은유 표현이 일상 언어생활에 편재하는 것을 인식하는 능력 · 은유 표현이 동기화됨을 인식하는 능력 · 많은 은유 표현이 같은 은유 주제를 공유함을 인식하는 능력 · 모국어의 개념 체계와 목표어의 개념 체계 간의 차이를 인식하는 능력 · 같은 개념적 은유에 의한 모국어와 목표어의 언어 실현 차이를 인식하는 능력 · 은유 표현의 관습성 판단 능력

3. 시간의 본질과 개념화

본 연구는 시간 은유 표현을 연구 대상으로 삼으므로 이 절에서는 '시간'의 본질과 개념화에 대해서 살펴보고자 한다.

시간은 비록 하나의 사물로 존재할지라도 우리가 시간의 개념을 구체적으로 그 자체로 정의하는 것은 어려운 일이다. 일찍이 아우구스티누스가 『고백론』에서 언급하였듯이 "나에게 시간이 무엇이냐고 묻는 사람이 없을 때는 시간에 대해 잘 알고 있는 것만 같은데, 정작 누군가 시간이 무엇이냐고 물으면 난 어떻게 대답해야 할지 모르게 된다"라고 언급한 바가 있듯, 이렇게 개념이 구체적으로 규명되기 어려운 시간은 언어학뿐만 아니라 물리학, 철학 등 여러 분야의 관심 주제이다. 물리학 차원에서 보이는 시간은 생물들이 우주의 주기적 운행에 맞추어 사는 데 근거한 것으로서 인간의 의식과 독립된 객관적인 존재이다. 물리학과 달리 아우구스티누스와 칸트를 대표로 하는 철학 차원에서는 시간이 인간의 주관과 무관한 객관적 실체나 우주 자체의 질서가 아니라 유한한 인간의 주관에 내재된 감성적 의식의 형식이라고 본다(김태규, 2007; 박진, 2007 참조).

시간의 본질에 대한 물리학과 철학의 대립은 언어학에서도 드러난다. 구조주의나 생성주의 언어학에서는 시간을 시제나 상을 중심으로 서술해 왔는데 이는 인간의 인지를 배제하여 시간이 그 자체로 개념화된다는 주장에서 출발한 것이다(임지룡, 2008:217). 이와 달리 인지언어학에서는 시간은 그 자체로 개념화되지 않으며 신체적 경험을 통해서 개념화된다고 본다. 따라서 시간의 본질에 대하여 시간을 객관적인 존재로 보는 물리학과 구조주의나 생성주의 언어학과 달리 철학, 신경과학, 심리학과 인지언어학은 시간의 존재는 인간의 주관적 경험과 관련된다고 주장한다는 점에서 일맥상통하다. 이뿐만 아니라, 철학과 인지언어학에서는 모두 시간의 운동 방향이 사람의 지향과 관련된다고 본다. 철학에서는 사람 그 자체가 시간적이고 사람의 신체가 과거, 현재, 미래의 방향에 대해서 해석될 수 있다고 주장하는데 인지언어학에서도 사람이 서 있는 위치가 현재이고 앞에는 미래가 있으며 뒤에는 과거가 있다고 본다. 이를 통해서 시간의 본질과 관련하여 인지언어학

이 깊은 철학적 기초를 바탕으로 한다(肖燕, 2012:141)고 할 수 있다.

전술하였듯이 본고에서는 인지언어학 관점에 입각하여 시간 개념을 살펴보고자 한다. 우리의 개념 체계에서 시간은 그 자체로 개념화되지 못하기 때문이다. 시간이 그 자체로 개념화되지 못한다는 이유에 대해서 임지룡(2008:217)에서는 우리가 일상에서는 그 자체로서 설명할 수 있는 시간 개념을 갖고 있지 않는다는 점에서, 시간이 그 자체로 개념화된다는 주장은 우리의 일상적 시간 경험과는 거리가 있기 때문이라고 하였다. 한편으로, Lakoff & Johnson(1999)에서는 구조를 지닌 개념만이 개념화될 수 있는데 시간이 그 자체의 고유한 구조를 갖지 않기 때문에 그 자체로 개념화되지 못한다고 근본적인 차원에서 그 이유를 서술하였다.

이뿐만 아니라, 신경 과학과 심리학에서의 실험 결과도 시간 개념화가 우리의 주관적 신체 경험과 관련된다는 주장을 뒷받침해 준다. 신경 과학 분야의 연구인 Mauk & Buonomano(2004)에 따르면 시간은 비록 물리적 사물이 아니지만 시간적 경험은 감각적 경험과 동일한 지각 메커니즘과 연결되어 있으며, 이 지각 메커니즘은 우리의 소뇌와 대뇌 피질에 존재한다. 심리학 분야에서 행해진 연구인 Flaherty(1999)에서도 시간에 대한 인식은 우리의 주관적 경험과 관련된다고 주장하였다. Flaherty(1999)에 따르면 지속 시간에 대한 인식은 외부 사건의 특성에 의존하기보다는 우리가 특정 사건과 관련된 자극 배열(stimulus array)에 어떻게 참여하느냐에 달려 있다. 사람이 자극 배열에 주의를 기울일 때 의식 정보 처리의 밀도가 높아 시간이 느리게 지나간다고 느껴지는 '연장된 지속(protracted duration)'이 일어난다. 이와 반대로 사람이 자극 배열에 주의를 덜 기울일 때 의식 정보 처리의 밀도가 낮아 시간이 빨리 지나간다고 느껴지는 '시간적 압축(temporal compression)'이 일어난다. 우리가 첫 출근일에 차를 몰고 회사에 갈 때 도로 정보 등을 주의 깊게 살펴보아야 하기 때문에 시간이 오래 걸린다고 느껴지는 반면에 몇 주 뒤 운전 노선에 익숙해진다면 운전하는 시간이 오래 걸리지 않는다고 느껴지는 경우는 그 예이다(Evans, 2010: 733-736).

요컨대 시간은 우리의 주관적 신체 경험에 비추어 개념화된다. 이때 사용되는 인지적 도구는 바로 개념적 은유나 개념적 환유이다. 개념적 환유를 통한 시간 개념화는 [시간이 사건을 대신함], [시간이 거리를 대신함], [시간의 한 부분이 전체를 대신함]으로 특징지을 수 있다(임지룡, 2002:231). 개념적 은유를 통한 시간 개념화 양상보다 덜 복잡하고 또 개념적 은유가 주된 시간 개념화 도구라는 것이 이미 여러 연구(Lakoff & Johnson, 1999)에서 검증된 바가 있으므로 본 연구에서는 개념적 은유를 통한 시간 개념화 양상에 주목하고자 한다. 개념적 은유를 통한 시간 개념화 양상은 다음 장에서 다룬다.

III

교육용 시간 은유 표현의 선정 및 유형 분석

1. 교육용 시간 은유 표현의 선정

1.1. 선정 방법 및 절차

(1) 선정 방법: 말뭉치 기반 접근법과 t 점수

① 말뭉치 기반 접근법

시간 표현은 문어나 구어에서 매우 빈번하게 사용되고, 또한 의미의 불투명성과 연관되어 있기 때문에 교육용 시간 표현 목록을 확보하고 기술하는 것은 한국어교육에 응용될 수 있는 어휘 데이터베이스 구축에 필수적이다. 이러한 작업을 하는 데 필요한 언어 자료는 사전 또는 구축된 말뭉치 자료가 있다.

그러나 기존 사전의 경우에는 시간 은유 표현에 대한 정보가 있기는 하나, 제시되는 정보가 '시간'의 전체 은유 표현을 다 아우르지 못한다는 한계가 있다. '시간을 쪼개다, 시간에 쫓기다'와 같은 표현은 우리의 일상 언어에서 흔히 사용되고 있다. 일상 언어생활에서 이와 같은 은유 표현이 차지하는 비중은 크다. '시간에 쫓기다'와 같은 표현이 은유적으로 사용된다면 '시간'은 '이동체'라는 의미로 사용되지만, 한국어 사전에서는 문자적 의미에서 벗어나는 이러한 은유적 의미가 명확히 드러나지는 않는다. 다음은 『표준국어대사전』(이하 『표준』)과 『연세 현대 한국어사전』(이하 『연세』)에 풀이된 '시간'의 의미이다.

1) 『표준』 '시간4'의 뜻풀이:

1. 어떤 시각에서 어떤 시각까지의 사이. 2. 시간의 어느 한 시점. 3. 어떤 행동을 할 틈. 4. 어떤 일을 하기로 정하여진 동안. 5. 때의 흐름. 6. [물리] 지구의 자전 주기를 재서 얻은 단위. 7. [불교] 색과 심이 합한 경계. 8. [심리] 전후, 동시, 계속의 장단에 관한 의식. 9. [철학] 과거로부터 현재와 미래로 무한히 연속되는 것.

2) 『연세』 '시간1'의 뜻풀이:

1. 어떤 시각에서 다른 시각까지의 동안, 또는 그 길이. 2. 때의 한 점. 3. 무슨 일을 하기 위하여 정한 일정한 길이의 동안. 4. 때의 흐름. 5. 의존적으로 써서 때의 단위인 60분.

『표준』에서는 '시간^{4}'의 의미를 9가지로 기술하고 있고, 『연세』에서는 '시간^{1}'의 의미를 5가지로 기술하고 있는데 두 사전에서 이동체라는 뜻은 모두 설명되어 있지 않다. 그리고 실제 언어생활에서 많이 사용되고 있는 '시간에 쫓기다, 시간을 갖다'와 같은 표현은 등재되어 있지 않다.

아래 3)은 『표준』과 『연세』에서 '시간'의 하위 표제항으로 등재되어 있는 목록들이다. 등재된 유형 수가 많지 않고 또 통일되어 있지 않음을 알 수 있다. 그리고 실제 언어생활에서 많이 사용되고 있는 '시간을 두다, 시간을 갖다'와 같은 표현은 등재되어 있지 않다.

3) 국어사전별 '시간'의 하위 표제항

ㄱ. 『표준』

시간 가는 줄 모르다

ㄴ. 『연세』

시간 가는 줄 모르다

시간을 벌다

시간을 쪼개 {쓰며/가며}

이상을 통해서 사전에서는 전형적인 시간 은유 표현만 제공한다는 것을 확인할 수 있다. 그러나 학습자에게 필요한 은유 표현 정보는 매우 전형적인 은유 표현 정보뿐만 아니라, '시간'을 사용하여 있을 수 있는 가능한 은유 표현 정보이다. 또한, 어떤 시간 표현이 일상 언어생활에서 빈번히 사용되는지에 관한 정보가 언어 교육에서 중요함에도 불구하고, 사전에서는 이러한 정보를 제공하지 못한다는 것 역시 한계점이다.

이와 반대로 말뭉치 기반 접근법은 시간 표현 목록을 확보하는 데 여러 면에서 우수성을 지닌다. 첫째, 말뭉치의 실제 사용례의 분석을 통해 시간 표현 실제 사용의 파악이 기능해져 객관성이 확보된다. 둘째, 개념적 은유와 이를 나타내는 은유 표현은 서로 다른 관습성을 가지고 있는데 말뭉치 분석을 통해서 어떤 것이 더 관습적으로 쓰이는지 관찰할 수 있고, 이러한 관찰을 통해 도출된 관습적인 표현을 학습하는 것이 교육의 실제성에 더 부합한다.[34] 셋째, 말뭉치 용례 분석을 통해서 연구자의 직관으로는 미처 파악할 수 없는 보다 전면적인 개념적 은유를 관찰할 수 있다. 이와 관련하여 Stefanowitsch(2006b)에서는 Kövecses(1998)에서 내성 방법을 통해서 수집한 감정 은유를 말뭉치를 통해서 관찰된 은유와 비교하였다. 그 결과, 내성을 통해서 수집된 '분노' 관련 은유는 말뭉치를 통해서 관찰된 '분노' 은유 중 20.03%를 놓친 것으로 나타났으며 분노 외에 다른 감정 은유 분석에서도 비슷한 결과를 보였다. 이러한 결과는 말뭉치 기반 분석이 단순한 내성적 방법을 통해서 얻은 은유 목록보다 우위라는 것을 시사해 준다. 넷째, 말뭉치 분석을 통해서 다양한 은유 표현을 분석함으로써 개념 영역 간의 더 세부적이고 구체적인 사상을 관찰할 수 있다.[35] 위와 같은 장점을 고려하여 본 연구에서는 말뭉치를 분석하여 보다 객관적이고 전면적인 시간 은유 표현 목록을 추출하고자 한다.

본 연구에서 사용하는 말뭉치는 국립국어원에서 2020년 8월 25일에 공개한 '모두의 말뭉치'이다[36]. 이 말뭉치는 최근 10년간의 언어 자료를 수집한 것이므로 실제 언어 사용의 최신 모습을 반영할 수 있는 자료라 하겠다.[37]

---

34 강현화(2012)에서는 말뭉치가 실제 자료의 사용과 객관성 담보라는 점에서 언어 교육에 활발하게 이용되어야 한다고 강조한 바가 있다.

35 물론, 말뭉치도 한계점이 없는 것은 아니다. 말뭉치는 목표하는 구축 크기에 도달하면 더 이상 업데이트되지 않으므로 언어에서 점진적으로 발생하는 변화를 다루지 못한다는 단점이 있다(김동환·이미영 역, 2016:181). 그럼에도 불구하고 말뭉치는 연구자의 직관에 의한 방법을 통해 얻은 결론보다는 더 객관적이고 대표적이다. 또한, 본 연구에서는 비교적 최신 언어 사용을 반영하는 '모두의 말뭉치'를 이용하여 언어를 분석한다는 점에서 이러한 한계에서 어느 정도 벗어날 수 있다고 본다.

36 이 말뭉치는 국립국어원 모두의 말뭉치(https://corpus.korean.go.kr/#down)를 통하여 다운받을 수 있다.

37 기존 연구에서 활발히 사용되어 온 세종 말뭉치는 1990년대와 2000년대 초에 구

② t 점수

일상 언어에서 시간 은유는 끝없이 생성되므로 말뭉치에 출현하는 시간 은유 표현의 수는 아주 많을 것이다. 그러나 '시간을 되찾다'와 같은 임시어적인 은유 표현[38]은 문맥 의존적으로만 해석이 가능하므로 당장 한국어교육용 어휘 데이터베이스에 수용할 수는 없을 것이다(최운호 외, 2006: 260). 따라서 교육용 시간 표현 선정에는 기준이 필요한데 본 연구에서는 t 점수를 활용하는 방법을 제안하고자 한다.

t 점수는 공기(共起) 관계에 있는 중심어와 공기어의 공기 강도를 측정하는 데 사용되는 통계 도구인데 먼저 t 점수의 통계 원리에 대해서 살펴보겠다. 전통적으로 공기 강도를 측정하는 데에 사용되는 기준은 공기 빈도인데 언어의 특성상, 일반적으로 많이 쓰이는 단어가 중심어와 자주 공기한다고 해서 반드시 유의미한 것을 나타내지는 않는다. 달리 말하자면 시간 표현의 공기 강도를 고찰하는 데 '시간' 근처에 나오는 공기어의 빈도를 조사하는 것만으로는 충분하지 않다.[39] 예컨대 만약에 말뭉치에서 은유 표현 패턴 [시간-B]가 출현 빈도 20회로 공기 패턴 [시간-C]의 8회보다 높더라도 [시간-C]보다 [시간-B]의 공기 강도

축된 것이므로 현 시대의 언어 사용 모습을 제대로 반영할지에 대해 의문의 여지가 있다. 본 연구에서 사용하고자 하는 '모두의 말뭉치'는 최근 10년간에 구축된 것이므로 이러한 한계를 어느 정도 극복할 수 있다고 본다.

38 박영순(2000: 247)에서는 은유성의 정도에 따라 은유를 분류한 바가 있다. 즉, (1) 보통어와 같이 사전에 등재된 은유(은유성이 낮은 은유), (2) 일반화된 은유(은유성이 보통인 은유), (3) 제한된 집단이나 어느 특정한 분야에서 주로 쓰이는 은유(은유성이 높은 은유), (4) 임시어적 은유(문학적 은유)이다. 한국어교육을 위한 은유 표현 목록을 구축할 때 적어도 (4) 임시어적 은유를 제외하는 것이 적절한 것으로 보인다.

39 앞서 언급하였듯이 말뭉치를 활용하여 시간 표현의 공기 양상을 살펴본 연구로는 홍달오(2015), 진영하(2020ㄴㄷ)가 있는데 이 연구들에서는 말뭉치에 나타난 시간 표현의 공기 빈도, 즉 절대 빈도에 근거하여 공기 관계를 고찰하였다는 점에서 한계점을 지닌다고 할 수 있다.

가 더 높다고 단언할 수 없다. 왜냐하면 텍스트의 다른 곳에서도 많이 쓰인 B가 '시간'과의 공기성과 관계없이 '시간' 근처에 많이 쓰일 가능성이 있기 때문이다.

이렇듯 중심어 근처에 나타나는 공기어의 빈도가 중요하지만 그 절대적인 빈도(observed collocate frequency)만으로는 공기 관계 강도의 결정적 증거를 제공하지 못하며, 그것이 기대보다 얼마나 더 많이 나타나는가 비교하는 것이 중요하다(강범모, 2011: 115). 다시 말하자면 공기 강도를 확인하려면 중심어의 영향이 없는 상태에서 단어들이 어떤 분포를 보일 것인가, 즉 기대 빈도(Expected Collocate Frequency, 아래 통계식에서 'E'로 표시)를 예상한 뒤 절대적 빈도와 비교하여야 한다는 것이다.[40]

무작위 분포를 한다는 가정하에, 중심어 A('시간')와 공기어 B의 기대 빈도 E는 다음과 같이 계산할 수 있다. f(B)는 전체 말뭉치에서의 연결어 B의 발생 빈도를, N는 전체 말뭉치의 어절 수를, NA는 중심어 A 주변 일정 범위(span) 내 어절 수를 말하는데 연구자에 따라 NA를 3으로(Gledhil, 2000), 4로(강범모, 2011; 박병선, 2005; Sinclair & Carter, 2004), 5로(Stuart & Trelis, 2006) 설정하는 등 서로 다른 견해를 보였다. 학계에서는 대체로 Sinclair의 견해에 따라 중심어 좌/우 4:4 이내에서 유의미한 공기어가 발견된다는 공감대가 형성되었으나, 범위의 크기를 정할 때 고정된 숫자로 통제해서는 안 되고 중심어가 등장하는 통사 구조를 고려해서 계산되어야 한다는 주장(최재웅 역,

40 기대 빈도를 산출할 수 있는 자료의 출처로는 두 가지가 있다. 하나는 분석 대상으로 삼는 말뭉치 자료이다. 만약에 분석 대상 자료가 크지 않아 충분한 대표성을 찾지 못하면 대규모 말뭉치를 대상으로 예상 빈도를 도출해야 한다. 본 연구의 연구 대상 말뭉치는 1,800만여 어절로 규모가 크므로 예상 빈도 분포치를 산출하는 데 사용될 만하다고 판단한다.

2018: 219-220)도 있으며, 본 연구도 이러한 주장에 동의한다. 말뭉치를 살펴본 결과 '긴 시간 동안 실습한다'나 '시간이 많다' 용례와 같이 '시간' 좌 1어절이나 우 1어절 이내에 공기어가 나타나는 경우, 혹은 '시간 얼마나 걸리는가'나 '시간 점점 짧아진다' 용례와 같이 우 2어절 이내에 공기어가 나타나는 경우가 대부분이기 때문에 본 연구에서는 '시간' 좌 1어절, 우 2어절로 범위를 한정하고자 한다. 예를 들어 전체 말뭉치가 1,000어절이고 B가 100번 나타나며, 중심어 A가 나타나는 전체 빈도가 50번이라고 가정하면 A의 주변 범위는 200(50×3)어절이다. 그러면 기대빈도 E=100×(150/1000)=15이다.

$$E = \frac{f(B)}{N} \times N_A$$

절대적 빈도와 기대 빈도를 도출한 후에, 시간 표현의 공기 빈도 분포가 유의미한[41] 분포라 할 수 있는지의 여부를 구분해 주는 척도가 필요한데 이때 많이 사용되는 척도는 바로 t 점수이다.

t 점수는 가설 검정 기법의 하나로 귀무가설을 설정하고 이 귀무가설이 공기 관계 구성에서 유지될 수 있는지를 살펴보는 방법이다. 본 연구의 경우, t 점수에서 설정되는 귀무가설은 시간 표현이 우연히 결합된 것으로 가정하고 그 계산된 값이 신뢰범주 내에서 유지될 수 있는지를 검정한다. 아래의 통계식에서 보이듯이 t 점수는 공기 빈도(Observed Collocate Frequency, 아래 통계식에서 'O'로 표시)와 기대 빈도의 차이를 살피고 분산을 계산하여 귀무가설이 유지될 수 있는지 살피는 것이다. 공기 빈도가 기대 빈도보다 많이 나오면 공기 관계가

41 유의미성 검증은 두 단어가 공기할 때 이 공기 관계가 우연한 현상이거나 일반적으로 기대할 만한 수준의 것보다 더 빈번하게 공기할 때, 그 유의미성을 통계적 기법으로 검증하는 것이다(박병선, 2005: 44)

나타나는 것이고 t점수가 클수록 공기 관계가 강하다는 것이다. t 분포표(student t-test)에 의하면 신뢰도가 99%(α=0.005)이고 무한의 자유도일 때의 확률값은 2.576이다. 따라서 이 신뢰도와 자유도에 따르면 t 점수가 2.576 이상인 단어들은 '시간'과의 공기가 우연이라고 가정하는 귀무가설을 기각하게 되어 그 공기가 유의미하다고 볼 수 있다(신효필, 2005: 665; 권혁승 외, 2018: 139).[42] 앞의 예시에서 공기어 B의 기대빈도를 구했는데 실제로 B가 중심어 A의 주변 범위에 30번 나타났다면 $t=(30-15)/\sqrt{30}=2.739$이다. 2.739는 유의미 임계값인 2.576보다 높으므로 이 예시에서 A와 B의 공기 관계가 유의미한 것으로 보인다.

$$t = \frac{O-E}{\sqrt{O}}$$

이렇듯 t 점수는 공기 강도를 판별하는 데에 사용되는 기준으로서 t 점수를 통해서 유의미한 공기 강도에 있는 시간 표현을 도출할 수 있다. 이때 교육용 시간 표현을 선정하는 데 t 점수를 활용하는 것인지, 달리 말하자면 t 점수와 교육용 어휘를 선정하는 기준과의 관련성은 무엇인지 의문을 제기해볼 수 있다.

Laufer와 Nation(2012)에서는 교육용 어휘 선정의 기준으로 빈도, 유용성, 난이도라는 세 가지 기준을 제안하였다. 첫 번째 기준인 빈도는 본고의 경우 '시간'과 공기어 간의 공기 빈도라 할 수 있다. 두 번째 기준인 유용성(usefulness)이 높은 단어들은 고빈도어와 상당 부분 겹칠 가능성이 높으나 빈도가 낮은 단어의 경우에도 유용한 단어일 가능성을 배제할 수 없다(남신혜, 2021: 136). 고빈도 표현은 여러 목적에서

42 t 점수는 공기 빈도가 5회 미만인 경우에는 통계 결과에 왜곡이 생길 수 있다는 문제점이 있다(박병선, 2005: 59). 이에 본 연구에서는 공기 빈도가 5회 이상인 것을 대상으로 공기 관계의 유의미성을 검증하고자 한다.

유용할 수 있지만, 저빈도 표현은 학습자의 특정한 요구를 충족시키는 데에 유용할 수 있다(Laufer & Nation, 2012). 본고에서의 경우, '시간'과 공기하는 절대적 빈도는 낮지만 다른 단어보다도 유독 '시간'과만 상대적으로 자주 공기하는 표현이 바로 유용성이 높은 표현이라 하겠다. 예컨대 '시간을 때우다'에서의 '때우다'는 '시간'과 공기하는 빈도가 25로 공기 빈도가 758인 '시간이 지나다'보다 현저히 낮다. 그러나 '때우다'는 전체 말뭉치에서 117번만 나타났다는 것을 고려해 보면 '때우다'는 '시간'과 공기하는 경향이 유독 강하다고 할 수 있다. '시간을 때우다'와 같이 공기 빈도가 낮지만 유독 '시간'과 자주 공기하는 경향을 보이는 표현이 바로 유용성이 높은 표현이다.

빈도와 유용성을 판단하는 방법으로 본 연구에서는 t 점수를 활용하는 방법이 적합하다고 판단된다.[43] 그 이유는 첫째, t 점수는 공기 빈도를 반영하기 때문이다. Durrant & Schmitt(2009: 167)에서는 t 점수와 공기 빈도의 상관관계를 고찰하였는데 그 결과, t 점수 순위가 공기 빈도에 기초한 순위와 매우 유사한 것으로 나타났다.[44] 둘째, t 점수는 유용성이 높은 표현에 중요도를 부여하기 때문이다. t 점수 계산 공식에서 보듯이 '시간'과 주로 공기하는 저빈도 공기어와 관련된 기대빈도도 아주 작기 때문에, t 점수는 이렇게 원래 빈도가 낮지만 '시간'과는 자주 공기하는 표현의 공기 강도를 높게 부여한다. Laufer와 Nation(2012)에서 제안한 세 번째 기준인 학습가능성/난이도

43 본 연구에서는 공기 표현의 유용성 판단 방법으로 t 점수를 제안하였는데 남신혜(2021)에서는 단어의 유용성을 판단하는 방법으로 텍스트랭크 알고리즘을 활용하는 방법을 제안하였다. t 점수와 텍스트랭크 알고리즘은 모두 말뭉치에서 빈도가 높지 않으나 주요 어휘와 공기하는 어휘에 중요도를 부여한다는 점에서 일맥상통하다고 본다.

44 후술하겠지만 본 연구에서도 말뭉치에 나타난 시간 표현의 공기 빈도와 공기 강도가 높은 정적인 상관관계에 있음을 발견하였다(r=.786, p=.000).

(Learnability/Difficulty) 역시 고려되어야 한다. 학습가능성이 낮고 난이도가 높은 표현을 학습자에게 교육하면 학습 동기 부여에 부정적인 영향을 미칠 수 있으므로 난이도가 높은 표현은 교육용 어휘에서 제외되어야 한다. 본 연구에서는 한국어교육 전문가 2명에게 t 점수를 통해서 얻은 표현 목록 중에서 난이도가 높아 학습가능성이 낮은 표현을 선정하게 하였다.

(2) 선정 절차

말뭉치에서의 단어의 출현 확률, 즉 기대 빈도의 측정은 이항 분포에 근거하여 추정된 것인데 본 연구에서 사용하는 t검증은 이러한 이항 분포를 정규 분포로 근사화하여 사용하는 통계법이다(신효필, 2005: 659). 만약에 말뭉치에서 고찰 단어들이 희박하게 출현한다면 정규 분포로의 근사화는 문제가 될 수 있으므로 분석 대상인 말뭉치는 비교적 큰 규모를 지니는 것이어야 한다. 또한, Church & Mercer(1993)에서는 내용어(content words)들은 무리지어 나타나는 특징이 있다고 한 바가 있다. 즉, 문맥과 주제에 따라서 어떤 단어들은 말뭉치에 균형적으로 나타나지 않고 집중적으로 나타난다는 것이다. 따라서 단어의 확률 분포를 고찰할 때 규모도 중요하지만 다양한 분야의 자료를 수집한 균형적인 말뭉치를 선정해야 한다. 이에 본 연구에서는 기존에 구축된 모두의 말뭉치를 활용하여 아래 <표 Ⅲ-1>과 같이 다양한 분야의 자료로 구성된 1837여만 어절의 규모를 지닌 말뭉치를 재구성하였다. 문어 말뭉치는 책상상, 책정보, 잡지로 구성된 900여만 어절의 자료이며 구어 말뭉치는 일상대화, 공적 대화, 공적 독백, 준구어로 구성된 900여만 어절의 자료이다.

〈표 Ⅲ-1〉 분석 대상인 한국어 모어 화자 말뭉치

		어절 수	총 어절 수
문어	책상상	3,047,449	9,131,770
	책정보	3,040,611	
	잡지	3,043,710	
구어	일상대화	3,042,229	9,239,428
	공적 대화	3,047,431	
	공적 독백	2,303,339	
	준구어	846,429	

분석 말뭉치를 재구성한 후에 분석 단계에 들어간다. 분석 도구는 R 프로그램이다. 분석 대상 말뭉치는 키(Key)와 값(Value)이 쌍을 이루는 'JSON' 파일 형식으로 제공된다. 본 연구는 R 프로그램을 활용하여 JSON 파일을 읽은 후에 'form' 부분을 추출하였다. 이어서 'udpipe' 형태소분석기 패키지를 이용하여 전체 분석 대상 말뭉치에 대해서 형태소 분석을 하였다.[45] 이어서 t 점수 계산 함수를 만들어서 '시간'이 좌측 한 어절, 우측 두 어절의 어간과의 공기 강도를 구하였으며 공기 강도 결과를 csv 파일로 송출하였다.

t 점수가 2.576 이상일 때를 유의미한 공기 관계로 파악하고 이 기준에 부합하는 공기어는 총 130개가 있다. 이들 공기어 중에서 '수업시간, 점심시간'과 같이 '시간'과 높은 공기 강도를 보이지만 은유 표현이 아닌 것이 존재한다. 따라서 도출된 공기어와 '시간'과의 결합을 은유 표현으로 보아야 할지 말지 여부는 연구자의 직관에 의존할 수밖

45 udpipe 패키지로 분석된 형태소는 정확하지 못한 부분들이 있다. 이에 대해서는 'clean' 함수를 이용하여 수정하였다.

에 없다.[46] 이에 본 연구에서는 앞서 Ⅰ장 3.1절에서 언급한 시간 표현의 판정 기준, 즉 다른 영역을 통해서 시간 영역을 이해하는 표현이라면 은유 표현에 해당한다는 기준에 따라 연구자가 수작업으로 직접 판별하였다. 마지막으로 한국어교육 전문가 2명에게 난이도가 높아 학습가능성이 낮은 표현을 선정하도록 하였다. 이상을 종합하여 교육용 시간 표현을 선정한 일련의 절차가 아래와 <표 Ⅲ-2>와 같다.

〈표 Ⅲ-2〉 교육용 시간 표현 선정 절차

<table>
<tr><th>목적</th><th>절차</th><th colspan="2">세부 절차 및 활동 도구</th></tr>
<tr><td rowspan="5">빈도 및 유용성 판정</td><td>1</td><td>1837만 어절 규모의 균형 말뭉치를 재구성</td><td>'모두의 말뭉치'</td></tr>
<tr><td rowspan="4">2</td><td>JSON 말뭉치 파일의 'form' 부분 추출</td><td rowspan="3">R</td></tr>
<tr><td>'form' 부분에 대해서 형태소 분석을 수행</td></tr>
<tr><td>t 점수 함수를 통해 유의미한 공기어를 도출</td></tr>
<tr><td>유의미 공기어 중 은유 표현인 것을 도출</td><td>연구자 수작업</td></tr>
<tr><td>학습가능성 여부 판정</td><td>3</td><td colspan="2">한국어교육 전문가 2명에 의한 판정</td></tr>
</table>

1.2. 선정 결과

공기 강도가 2.576 이상인 공기어, 즉 유의미한 공기어는 총 130개

46 이와 관련하여 Hunston(2002:70)에서는 유의미성 통계 기법의 사용을 지지하면서도 도출된 결과의 의미를 결정할 때는 지나치게 통계적 정보에 의존하지 않도록 해야 한다고 주장하였다. 비슷한 견해로 김동환·이미영 역(2016:181)에서는 내성적 방법론을 선택하든 말뭉치 기반 접근법을 선택하든 간에 은유에 대한 식별과 분석은 연구자가 직접적으로 해야 한다고 언급한 바가 있다.

가 나타났다. 이들 공기어 중에서 '수업 시간'과 같이 은유 표현이 아닌 것을 제외한 후에 총 35개 표현을 추출하였다. 한국어교육 전문가 두 명의 검토를 거쳐 '시간을 할애하다'와 '시간을 마련하다'가 다소 난이도가 높아 학습하기에 용이하지 않은 표현으로 선정되었다. 따라서 '시간을 마련하다', '시간을 넘기다'를 제외한 나머지 33개 표현을 교육용 시간 표현으로 최종적으로 선정하였다. t 점수의 내림차순으로 제시하면 아래 <표 Ⅲ-3>과 같다.

〈표 Ⅲ-3〉 교육용 시간 표현 선정 결과 및 t 점수

순위	표현	공기어	공기 빈도	전체 빈도	기대 빈도	t 점수
1	시간이 지나다	지나/VV	758	8524	33.83	26.303
2	시간을 보내다	보내/VV	646	9037	35.87	24.005
3	시간이 걸리다	걸리/VV	563	4294	17.04	23.009
4	시간이 흐르다	흐르/VV	414	3122	12.39	19.738
5	시간이 남다	남/VA	297	10354	41.10	14.849
6	시간을 갖다	갖/VV	426	38182	151.56	13.297
7	시간에 맞추다	맞추/VV	193	3039	12.06	13.024
8	시간이 많다	많/VA	250	13765	54.64	12.356
9	시간이 없다	없/VV	577	73208	290.59	11.924
10	시간이 되다	되/VV	918	146514	581.56	11.104
11	시간을 내다	내/VV	206	11766	46.70	11.099
12	시간이 가다	가/VV	473	60806	241.36	10.651
13	시간이 필요하다	필요/NNG	137	5771	22.91	9.748
14	시간이 길다	길/VA	110	3859	15.32	9.028

15	시간이 짧다	짧/VA	76	648	2.57	8.423
16	시간이 넘다	넘/VV	135	6169	24.49	9.511
17	시간을 벌다	벌/VV	74	3388	13.45	7.039
18	시간을 낭비하다	낭비/NNG	45	118	0.47	6.638
19	시간을 채우다	채우/VV	57	978	3.88	7.036
20	시간을 들이다	들이/VV	43	791	3.14	6.079
21	시간을 두다	두/VV	79	7131	28.31	5.704
22	시간을 쪼개다	쪼개/VV	28	97	0.39	5.219
23	시간이 나다	나/VV	160	29812	118.33	3.294
24	시간을 때우다	때우/VV	25	117	0.46	4.907
25	시간을 지키다	지키/VV	42	3022	12.00	4.630
26	시간에 쫓기다	쫓기/VV	25	679	2.70	4.461
27	시간을 줄이다	줄이/VV	19	530	2.10	3.876
28	시간을 잡아먹다	잡아먹/VV	16	158	0.63	3.843
29	시간을 되돌리다	되돌리/VV	14	207	0.82	3.522
30	시간이 있다	있/VV	218	42796	169.87	3.260
31	시간을 잡다	잡/VV	23	2140	8.49	3.025
32	시간을 빼앗다	빼앗/VV	10	134	0.53	2.994
33	시간이 줄어들다	줄어들/VV	12	740	2.94	2.616

앞서 구어 말뭉치와 문어 말뭉치로 이루어진 균형 말뭉치를 분석하여 교육용 시간 표현을 선정하였다. 그러나 사용역에 따른 시간 표현 사용 양상이 다를 것이며, 제2언어 교육에서 이를 고려하는 것이 적절해 보인다. 이러한 점에서 본 연구에서는 구어와 문어 말뭉치 각각에서 t 점수가 2.576 이상을 보여 유의미한 공기 관계에 있는 시간 은유 표현을 도출하였다.

표로 제시하면 아래 <표 Ⅲ-4>와 같다.

<표 Ⅲ-4> 구어와 문어 말뭉치에서 도출된 시간 표현 및 t 점수

순위	구어	공기 빈도	전체 빈도	기대 빈도	t 점수	문어	공기 빈도	전체 빈도	기대 빈도	t 점수
1	지나/VV	451	4723	24.32	20.091	지나/VV	307	3801	10.55	16.920
2	보내/VV	387	3992	20.56	18.627	흐르/VV	299	2524	7.00	16.887
3	걸리/VV	322	2099	10.81	17.342	보내/VV	259	5045	14.00	15.224
4	남/VV	171	5001	25.76	11.107	걸리/VV	241	2195	6.09	15.132
5	없/VV	337	25895	133.37	11.093	남/VV	126	5353	14.85	9.902
6	흐르/VV	115	598	3.08	10.437	많/VA	142	9172	25.45	9.781
7	갖/VV	263	18398	94.76	10.374	갖/VV	163	19784	54.89	8.468
8	맞추/VV	121	1569	8.08	10.265	맞추/VV	72	1470	4.08	8.005
9	내/VV	147	4601	23.70	10.170	되/VV	297	57659	159.97	7.951
10	많/VA	108	4593	23.63	8.119	가/VV	142	17677	49.04	7.801
11	짧/VA	51	302	1.56	6.924	넘/VV	71	4219	11.71	7.037
12	필요/NNG	73	2843	14.64	6.830	없/VV	240	47313	131.26	7.019
13	채우/VV	50	416	2.14	6.768	필요/NNG	64	2928	8.12	6.985
14	넘/VV	64	1950	10.04	6.745	길/VA	53	2474	6.86	6.337
15	길/VA	57	1385	7.13	6.605	벌/VV	38	541	1.50	5.921
16	되/VV	621	88855	457.63	6.556	두/VV	50	4888	13.56	5.153
17	가/VV	331	43129	222.13	5.984	내/VV	59	7165	19.88	5.093
18	쪼개/VV	25	71	0.37	4.927	낭비/NNG	26	71	0.20	5.060
19	있/VV	950	155312	799.91	4.870	짧/VA	25	346	0.96	4.808

20	들이/VV	25	305	1.57	4.686	할애/NNG	22	75	0.21	4.646
21	활용/NNG	27	584	3.01	4.617	초월/NNG	24	607	1.68	4.555
22	마련/NNG	27	685	3.52	4.518	들이/VV	18	486	1.35	3.925
23	낭비/NNG	19	47	0.24	4.303	촉박/NNG	15	25	0.07	3.855
24	때우/VV	18	69	0.36	4.159	거스르/VV	14	170	0.47	3.616
25	쫓기/VV	14	63	0.32	3.655	지키/VV	20	1729	4.80	3.400
26	벌/VV	36	2847	14.66	3.556	쫓기/VV	11	616	1.71	2.801
27	할애/NNG	12	19	0.10	3.435853	경과/NNG	8	40	0.11	2.789
28	지키/VV	22	1293	6.66	3.271	줄이/VV	9	256	0.71	2.763
29	두/VV	29	2243	11.55	3.240	때우/VV	7	43	0.12	2.601
30	나/VV	107	14580	75.09	3.085					
31	잡/VV	17	920	4.74	2.974					
32	잡아먹/VV	9	38	0.20	2.935					
33	되돌리/VV	10	198	1.02	2.840					
34	아끼/VV	10	250	1.29	2.755					
35	아깝/VA	11	380	1.96	2.727					
36	줄이/VV	10	274	1.41	2.716					
37	빼/VV	16	1002	5.16	2.710					
38	뺏/VV	8	89	0.46	2.666					
39	모자라/VV	8	102	0.53	2.643					

앞서 언급하였듯이 본 연구에서 재구성한 구어 말뭉치와 문어 말뭉치는 어절 수 각각 924만, 913만으로 규모가 유사하다. 그러나 명사 '시간'이 구어 말뭉치에서는 15862번 출현하였으며 문어 말뭉치에서

는 8445번 출현한 것으로 나타났다. 위의 <표 >에서 보이듯이 문어 말뭉치보다 '시간'이 구어 말뭉치에서 두 배 가까이 많이 출현한 만큼 구어 말뭉치에서 도출된 시간 표현은 39개로 문어 말뭉치에서 도출된 29개보다 10개 더 많았다. 이러한 사실들은 모두 시간 표현은 구어에서 더 활발히 쓰이는 표현임을 보여준다. 실제로 약속 잡기 등의 시간과 관련되는 주제는 일상 대화에서 더 많이 거론되는 것이 사실이기도 하다.

구어와 문어 각각에서 도출된 시간 표현의 유형(type)을 집합 도식으로 제시하면 아래 <그림 Ⅲ-1>과 같다.

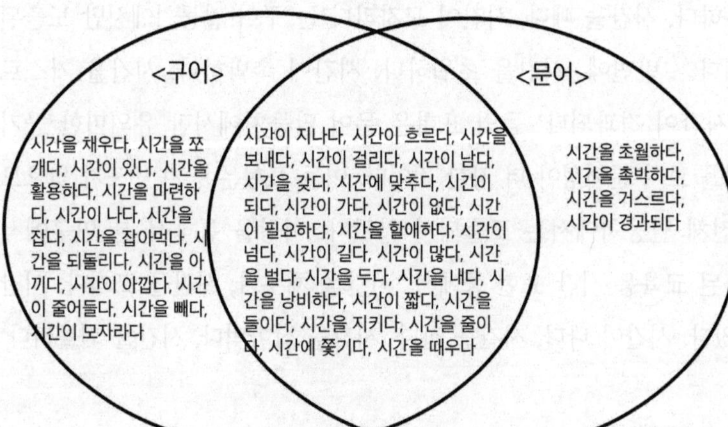

〈그림 Ⅲ-1〉 구어와 문어 말뭉치에서 도출된 시간 표현의 집합 도식

<그림 Ⅲ-1>에서 보이듯이 '시간이 지나다, 시간이 흐르다, 시간을 보내다, 시간이 걸리다, 시간이 남다, 시간을 갖다, 시간에 맞추다, 시간이 되다, 시간이 가다, 시간이 없다, 시간이 필요하다, 시간을 할애하다, 시간이 넘다, 시간이 길다, 시간이 많다, 시간을 벌다, 시간을 두다, 시간을 내다, 시간을 낭비하다, 시간이 짧다, 시간을 들이다, 시간을

지키다, 시간을 줄이다, 시간에 쫓기다, 시간을 때우다' 등의 표현은 구어와 문어 모두에서 사용되는 표현이다. 그리고 '시간을 채우다, 시간을 쪼개다, 시간이 있다, 시간을 활용하다, 시간을 마련하다, 시간이 나다, 시간을 잡다, 시간을 잡아먹다, 시간을 되돌리다, 시간을 아끼다, 시간이 아깝다, 시간이 줄어들다, 시간을 빼다, 시간이 모자라다' 등의 표현은 구어 말뭉치에서만 유의미한 공기 관계를 보여 구어성이 더 강한 것이다. 그 중에서 '시간을 채우다, 시간을 쪼개다, 시간이 있다, 시간을 활용하다, 시간을 마련하다, 시간이 나다, 시간을 잡다, 시간을 잡아먹다, 시간을 되돌리다, 시간이 줄어들다' 등의 표현은 전체 말뭉치에서 도출되기도 한 것이며 '시간을 아끼다, 시간이 아깝다, 시간을 활용하다, 시간을 빼다, 시간이 모자라다'는 구어 말뭉치에서만 도출된 것이다.[47] 반면에 '시간을 초월하다, 시간이 촉박하다, 시간을 거스르다, 시간이 경과되다' 등의 표현은 문어 말뭉치에서만 유의미한 공기 관계를 보여 문어성이 더 강한 것이다. 이들 표현은 공기 빈도가 낮으므로 전체 말뭉치에서는 도출되지 않았다. 이상을 통해서 본 연구에서 도출된 교육용 시간 표현 중에서 '시간을 채우다, 시간을 쪼개다, 시간이 있다, 시간이 나다, 시간을 잡다, 시간을 잡아먹다, 시간을 되돌리다'

47 이와 같이 전체 말뭉치에서 어절 수와 공기 빈도의 변동으로 인해서 구어나 문어에서 유의미한 공기 관계를 보이는 일부 표현이 전체 말뭉치에서 유의미한 공기 관계를 보이지 않았다. 예컨대 구어 말뭉치에서 도출되는 '시간을 아끼다, 시간을 아깝다, 시간을 활용하다, 시간을 빼다, 시간이 모자라다', 문어 말뭉치에서 도출되는 '시간을 초월하다, 시간을 촉박하다, 시간을 거스르다, 시간이 경과되다' 등은 전체 말뭉치에서 유의미한 공기 관계를 보이지 않았다. <표 11>에서 제시한 t 점수를 보면 이들 표현은 모두 t 점수가 낮은 것들이다. 사용역 구별에 따른 교육용 시간 표현을 마련하는 것도 의의가 있으나 이들 표현의 t 점수가 낮아 학습 중요도가 높지 않았다는 점에서 본 연구에서는 구어와 문어 말뭉치를 합친 전체 말뭉치로부터 도출된 시간 표현을 교육용 시간 표현의 후보로 선정하고자 한다.

등의 표현은 구어성이 다소 강한 표현임을 알 수 있다.

전체 말뭉치로부터 도출된 교육용 시간 표현에 쓰인 '시간'과 공기어들 간의 공기 관계를 명료화·시각화하기 위해 Gephi 프로그램을 이용하여 단어 동시출현 네트워크(words co-occurrence network) 분석을 실시하였다. 네트워크 분석 결과는 아래 <그림 Ⅲ-2>와 같다.

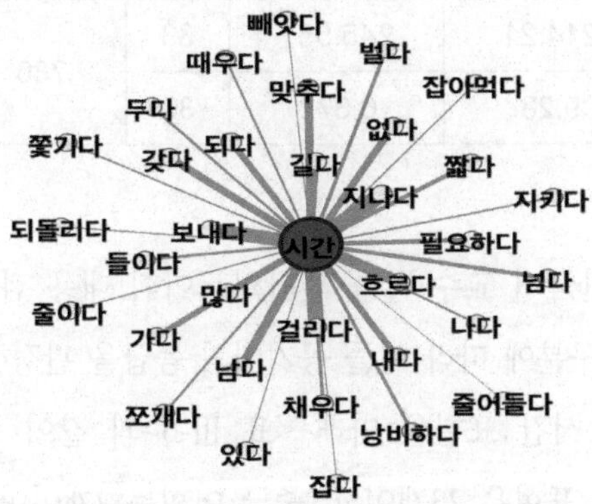

〈그림 Ⅲ-2〉 교육용 시간 표현 네트워크

여기의 네트워크 구성은 t 점수의 결과 값을 바탕으로 한 것이다. 따라서 네트워크에서 연결선의 길이와 넓이는 t 점수를 반영하는데, t 점수가 높을수록 연결선이 더 짧아지고 굵어진다. 예컨대, '지나다, 보내다' 등이 '두다, 되돌리다'보다 중심어인 '시간'의 가까이에 위치하며 그 연결선도 더 굵은 것으로 나타났다. 시간 표현의 네트워크는 유의미한 공기 관계에 있는 시간 표현의 유형과 공기 강도를 일목요연하게 제시해 주므로 이러한 네트워크 구성 자료 자체를 학습자에게 제공하는 것도 가능하다.

또한 본 연구에서는 이들 시간 표현의 공기 빈도와 t 점수 간의 상관관계 분석을 실시하였다. 아래 <표 Ⅲ-5>에서 보이듯이 시간 표현의 공기 빈도와 공기 강도 간에는 상관계수가 .786로 높은 정적인 상관관계[48]를 보였다(p=.000). 앞서 언급한 t 점수는 공기 빈도를 반영한다는 것을 다시 확인해 준 결과이다.

〈표 Ⅲ-5〉 시간 표현의 공기 빈도와 공기 강도의 상관관계

	평균	표준화편차	N	상관계수	유의확률
공기 빈도	214.21	245.551	33	.786	.000**
t 점수	9.28	6.372	33		

**p〈0.001

국립국어원 한국어 교수·학습 센터의 <어휘 내용 검색>에 수록된 기초 어휘 등급 구분에 따라 이들 공기어의 등급을 판정하였다. 공기어의 등급에 따라 시간 표현을 아래 <표 Ⅲ-6>과 같이 등급화하였다. 초급에 해당하는 표현은 23개이고, 중급 어휘는 7개이며, 고급 어휘는 3개가 있다. 즉, 시간 표현에 쓰인 공기어는 대부분 초·중급 단계에서 습득되는 기초 어휘임을 알 수 있다. 그러나 학습자 말뭉치에 나타난 시간 은유 표현의 산출 양상을 고찰한 진영하(2021ㄴ)에 따르면 고급 학습자가 산출한 시간 은유 표현 중에도 몇 개의 시간 은유 표현만 과도하게 많이 사용되고 상당수의 시간 은유 표현이 습득되지 못한 것으로 나타났다. 따라서 좀 더 효과적인 언어 사용을 위해서는 어휘 정보를 단어로 제시하기보다는 '시간이 흐르다'나 '시간을 쪼개다' 등의 덩어리 형태로 제시해야 한다고 주장할 수 있다.

48 김동성(2010: 183)에 따르면 상관계수의 해석 기준에 있어서는 일반적으로 아래와 같은 기준을 따른다. 상관계수가 .00~.20일 경우에는 상관이 거의 없고, .20~.40일 경우에는 상관이 낮으며, .40~.70일 경우에는 비교적 높은 상관성이 있고, .70~.90일 경우에는 높은 상관이 있고 .90~1.00일 경우에는 매우 높은 상관성이거나 완전한 상관성이 있는 것으로 해석된다.

〈표 Ⅲ-6〉 기초 어휘 등급 구분에 따른 시간 표현의 공기어 어휘 등급

등급	공기어	개수
초급	지나다, 보내다, 걸리다, 흐르다, 남다, 맞추다, 많다, 없다, 되다, 내다, 가다, 필요하다, 길다, 짧다, 벌다, 들이다, 두다, 나다, 지키다, 줄이다, 있다, 잡다, 넘다	23
중급	낭비하다, 채우다, 쫓기다, 잡아먹다, 되돌리다, 빼앗다, 줄어들다	7
고급	갖다, 때우다, 쪼개다	3

지금까지 말뭉치 기반 접근법과 통계 도구를 활용하여 교육용 시간 표현 목록을 도출하였다. 그러나 도출된 시간 표현 모두를 명시적으로 교육할 필요는 없다. 이와 관련하여 James(1998: 96)에서는 언어학 연구의 목적이 모든 언어 현상을 밝히고, 그 규칙을 기술하는 것이라면, 언어 교육 연구의 목적은 목표언어를 배우는 데 쟁점이 되는 부분에 초점을 맞추어 설명하는 것이라고 언급한 바대로, '시간이 많다, 시간이 없다, 시간이 있다' 등은 중국인 학습자들이 어렵지 않게 사용할 수 있으므로 굳이 학습자에게 명시적으로 교육하지 않아도 된다고 본다. 시간 표현 교육 연구의 경우도 그렇다. 학습자가 시간 표현을 배우는 데 쟁점이 되는 것들을 도출하는 것이 관건인데 이는 학습자 습득 양상 고찰을 통해 구체화되기 때문에, 학습자의 습득 양상 분석의 과정이 필요하다. 이와 같은 분석은 Ⅳ장에서 진행하도록 하겠다.

2. 한국어 시간 은유 표현의 은유 유형 분석[49]

이 절에서는 앞서 도출한 시간 은유 표현에 나타난 근원영역과 목표영역 간의 사상 관계를 살펴봄으로써 이들 표현의 은유 유형을 분석하고자 한다.

2.1. 분석 기준

은유 유형을 분석하기 전에 먼저 은유 유형 분류 기준을 마련하여야 한 다. 이를 위해 영어의 시간 개념화 양상을 다루되 한국어의 시간 개념화 양상에 초점을 두어 지금까지 시간 은유 유형이 어떻게 논의되어 왔는지, 또한 이에 대한 본 연구의 관점은 무엇인지 살펴보겠다.

아래 <표 Ⅲ-7>에서 보이듯이 시간 은유 유형 분류 기준에 있어 연구자마다 서로 다른 의견을 보였으나, 본 연구에서는 시간 은유 유형을 대체로 이동화, 자원화, 공간화로 분류할 수 있다고 본다. 시간의 이동화, 자원화, 공간화란 이동, 자원, 공간 개념 영역으로부터 나온 구조를 이용해서 시간을 개념화한 은유이다. 각 논의를 살펴보면서 본 연구의 관점을 규명고자 한다.

〈표 Ⅲ-7〉 기존 연구에서 다루어진 시간 은유 유형

연구	은유 유형
박정우(1998)	공간화(수평적 이동, 수직적 이동)
Lakoff & Johnson(1999)	공간을 통한 이동, 자원

49 이 부분은 진영하(2020ㄴㄷ)를 참고하였다.

임지룡(2002)	공간화, 사물화, 자원화
Evans(2004)	자아 토대 모형, 시간 토대 모형
길본일(2006)	공간화·사물화, 이동화, 자원화, 신체화
홍달오(2015)	이동체, 자원, 사물, 공극, 유기체
송현주(2015)	자원, 이동체, 공간, 사물(무정물·유정물)
진영하(2020ㄴㄷ)	공간화, 이동화, 자원화

박정우(1998)에서는 공간적 방위인 수평과 수직에 따라 시간 은유를 '수평적 은유'와 '수직적 은유'로 나누고, 다시 수평적 시간 은유를 시간 이동 은유와 사람 이동 은유로 나누었다. 즉, 이 연구에서는 공간 안에서 시간의 이동을 중심으로 시간 은유화를 설명하였다. Lakoff & Johnson(1999)에서도 같은 견해를 취하였다. 그러나 이동은 공간 속에서 이루어진 것이나, 공간의 길이(1차원), 면적(2차원), 부피(3차원) 등의 고유한 속성을 통한 시간 개념화과 현저히 구분된다. 따라서 '시간이 지나다/흐르다' 등에서처럼 '시간'은 공간적인 속성보다는 이동의 속성을 부여받는 것으로 보는 것이 더 적절하다. 이에 본 연구에서는 공간 안에서 이루어진 시간의 이동을 공간화가 아니라 이동화로 분류하고자 한다.

Lakoff & Johnson(1999)에서는 공간을 통한 이동 은유를 [이동하는 시간], [이동하는 사람]으로 분류하였으며 이동화 은유 외에 시간을 자원으로 개념화하는 자원화 은유 유형을 언급하였다.

임지룡(2002)에서는 시간 은유화 유형을 '공간화, 사물화, 자원화'로 분류하였다. 그중에서 '사물화'는 '시간'을 '이동'과 관련된 사물로 개념화하는 것이라고 한다. 그러나 '이동'을 통해서 '시간'을 이해하는 것은 '시간'이 사물이 아닌 이동체로 인지되는 것에서 비롯되는 것이고, 또 '자원'도 '사물'의 하위 영역으로 볼 수 있기 때문에 은유화 유형이 보다 명확하게 분류되기 위해서는 임지룡(2002)에서 주장하는 '사물화'를 '이동화'로 바꾸는 것이 더 합리적이라 생각된다.

Evans(2004)에서는 시간을 하나의 단편적인 현상으로 보지 않고, 지속, 순간, 실례, 사건, 행렬 등과 같은 다양한 시간 개념들이 이루는 하나의 복합적 현상으로 보았다. 이렇게 다양한 시간 개념들은 자아 개념이 포함되느냐에 따라 자아 토대 모형(ego-based model)과 시간 토대 모형(time based model)으로 구분된다. 자아 토대 모형은 무엇이 이동하느냐에 따라 이동적 시간 모형과 이동적 자아 모형으로 분류된다. 이동적 시간 모형은 [이동하는 시간] 은유에 대응되고, 이동적 자아 모형은 [이동하는 사람] 은유에 대응된다고 할 수 있다. 시간 토대 모형은 사건의 시간 순서 모형에 관한 것인데 구체적으로 시간적으로 선후 관계에 있는 두 가지 사건을 시간선 상에서 앞뒤 관계로 개념화하는 것이다. 본 연구에서는 시간 순서 모형은 [이동하는 시간] 은유에 대응된다고 본다. [이동하는 시간] 은유에서도 시간은 미래를 향하여 이동하고 있고 앞의 시간은 이른 시간이고 뒤의 시간은 나중의 시간으로 개념화되기 때문이다.

길본일(2006)에서는 시간 은유화 유형을 '공간화·사물화, 이동화, 자원화, 신체화'로 보다 상세하게 분류하였다. 그중에서 신체화는 신체어를 통해서 시간 개념을 이해하는 것인데 본 연구에서는 '시간'이 포함된 표현에 나타나는 시간 은유를 살펴보므로 시간의 신체화 양상에 대한 논의는 제외하기로 한다. 또한, 길본일(2006)에서는 '시간이 많다' 등의 표현을 '자원화'로 보기도 하고 '사물화'로 보기도 하였다. 이를 지적하는 송현주(2015)에서는 '시간이 많다' 등의 표현처럼 시간의 양을 측정하는 사례를 일관되게 사물화로 보아야 한다고 주장하였다. 반대로 Kövecses(2006: 245)에서는 시간의 양을 재고, 시간을 평가하고, 시간을 양 척도에 배치하는 것은 주로 귀중한 자원에 적용되는 개념적 활동이라고 주장하였다. 이처럼 시간의 양을 재는 것이 사물화인지 자원화인지에 대한 연구자의 의견이 분분한데 본 연구에서는 Kövecses의 의견을 따르고자 한다. '시간이 많다, 시간이 없다'와 같은 표현에서 시간의 양을 재는 것은 시간이 귀중한 자원으로 개념화된다는 전제하에야 유의미하기 때문이다.

홍달오(2015)에서는 말뭉치에서 빈도 순위 20위까지의 시간 표현을 분석하여 시간 은유의 근원영역으로 '이동체, 자원, 사물, 공극, 유기체'가 있다고 밝혔다. '시간을' '공극'으로 개념화하는 것은 공간화 은유에 해당된다. '자원'과 '사물'을 따로 분류하는 것은 앞서 언급하였듯이 다소 적절하지 않다고 본다. '시간'을 '유기체'로 개념화하는 것은 '시간을 죽이다'라는 표현에서 나타난 것이다. 그리고 이 연구에서는 '시간에 맞추다'에서 보이는 시간 은유를 자원화로 분류하였는데 후술하겠지만 본 연구에서는 이를 시간의 이동화에 의한 것으로 보기로 한다.

이상과 같이 기존 연구에서 분류된 시간 은유 유형은 다양한 것으로 나타났으나, 대체로 이동화, 자원화, 공간화로 분류할 수 있다. 진영하(2020ㄴㄷ)에서도 이동화, 자원화, 공간화라는 분류를 따라서 한중 시간 은유를 대조 분석하였다는 점에서 본 연구와 같은 분류 방식을 채택하였다. 본 연구에서는 이러한 분류 방식에 따라 앞서 선정된 33개 시간 표현에 나타난 근원영역과 목표영역 간의 사상 관계를 분석하여 이들 표현의 은유 유형을 아래 <표 Ⅲ-8>과 같이 분류하였다. 자원화 관련 표현은 16개로 가장 많았고 이동화 관련 표현은 11개로 그 뒤를 이었으며 공간화 관련 표현은 6개로 가장 적은 것으로 나타났다. 이어질 절에서 이들 표현의 은유 원리를 차례대로 살펴보겠다.

〈표 Ⅲ-8〉 한국어 시간 표현의 은유 유형

은유 유형	표현	표현 수
이동화	시간을 되돌리다, 시간이 넘다, 시간이 되다, 시간이 흐르다, 시간이 걸리다, 시간을 잡다, 시간에 쫓기다, 시간이 지나다, 시간을 보내다, 시간에 맞추다, 시간이 가다	11
자원화	시간이 남다, 시간이 많다, 시간이 없다, 시간이 필요하다, 시간을 낭비하다, 시간을 지키다, 시간이 있다, 시간을 들이다, 시간을 내다, 시간을 벌다, 시간을 쪼개다, 시간이 나다, 시간을 잡아먹다, 시간을 뺏다, 시간을 두고, 시간을 갖다	16
공간화	시간이 길다, 시간이 짧다, 시간을 채우다, 시간을 때우다, 시간을 줄이다, 시간이 줄어들다	6
합계		33

2.2. 분석 결과

(1) 이동화 유형

시간의 이동화란 시간을 이동체로 개념화하는 것이다. 우리의 머릿속의 지각 체계에서 운동의 탐지에 기여하는 부분이 있으나, 시간을 탐지하는 부분은 없기 때문에 운동은 직접적으로 지각되며, 시간 개념화 체계에서 근원영역이 될 수 있다(Lakoff & Johnson, 1999: 210). 시간의 이동은 사람의 이동에 따른 상대적인 위치의 변화이다. 진영하(2020ㄴ,ㄷ)에서는 시간이 상대적인 이동에 따라 [이동하는 사람], [이동하는 시간], [사람과 같이 이동하는 시간]의 세 가지 개념적 은유에 의해서 개념화된다고 주장하였다. 본 연구에서도 앞서 목록화된 시간 표현을 분석하여 이와 같은 세 가지 이동화 은유를 발견하였으며 차례대로 살펴보겠다.

① [이동하는 시간] 은유

시간의 이동화 은유에서 첫 번째 것은 [이동하는 시간] 은유이다. 은유 도식은 아래 <그림 Ⅲ-3>에 제시하며 시간을 이동의 속성들에 의해 이해하도록 해 주는 사상들은 <표 Ⅲ-9>에 제시한다.

〈표 Ⅲ-9〉 [이동하는 시간] 사상

근원영역: 사물의 이동	사상	목표영역: 시간
사물		시간
사람의 위치		현재
사람 앞의 공간	→	미래
사람 뒤의 공간		과거
사람을 지난 사물 이동		시간의 경과
사물이 이동한 거리		'경과된' 시간의 양

<그림 Ⅲ-3>에서 보이듯이 이 은유에는 시간이 이동하고 사람이 정지해 있다. 사람은 미래를 직면하고 있는데, 서 있는 위치는 현재에 대응하고 뒤의 공간은 과거에 대응한다. 시간이 이동하는 사람 앞에 위치해 있던 미래 시간이 사람(현재)를 향해 오다가 사람을 지나서 과거로 간다. 이 은유에서 시간은 전경이 되어 문장에서 주어가 되는 반면에 시간이 참조점으로 삼고 움직이는 사람은 문장에 명시적으로 드러나지 않는다.

〈그림 Ⅲ-3〉 [이동하는 시간] 은유 도식

[이동하는 시간] 은유에서 비롯된 한국어 시간 표현 및 은유 의미 구성 원리를 살펴보겠다. [이동하는 시간] 은유에서 시간은 사람을 지나쳐 가고 있는 대상으로 개념화되며, 사람을 지나쳐 가는 운동은 바로 시간의 '경과'이다. 이동 동사가 '시간/时间'과 공기한 '시간이 가다, 시간이 지나가다, 시간이 지나다' 등 표현은 이러한 은유에서 비롯된 것이다.

(1) ㄱ. 동료의 숨 가쁜 기침 소리도 시간이 갈수록 더 심해졌다.
ㄴ. 감상에 젖어 있는 동안 또다시 몇 분이라는 기나긴 시간이 지나가 버렸는지.
ㄷ. 시간이 지나서 그녀는 만삭의 통증을 겪고 초가을 이른 아침의 묘시에 아들이 태어난 것이다.

또한, 이 은유에서 각각의 시점은 시간의 이동 경로상의 지점들인데 시간은 이동하고 지정된 기준 지점에 도달할 수 있는 대상으로 개념화되기도 한다. 여기에서 비롯된 한국어 '시간이 되다'[50]라는 시간 표현이 있다.

(2) 벌써 묘지에서 사람들이 돌아올 시간이 됐으니까 말이야.

그리고 시간은 과거에서 오고 미래를 향하여 이동하고 있는데 시간을 되돌리는 것은 시간을 과거로 돌아가게 한다는 것이다. 이러한 사상에서 비롯된 표현은 '시간을 되돌리다'이다.

---

50 한국어 '시간이 된다'에 대해서 임인숙(1994)에서는 '되다'의 기본 의미가 '기준에 맞다'이라고 주장하였다. 따라서 '시간이 되다'는 기준 지점을 향해서 시간이 나아가다가 결국 그 기준 시간에 도달함을 나타낸다고 볼 수 있다.

(3) 준성은 자꾸만 시간을 되돌리려는 미련한 아쉬움을 내몰기 위해 애썼다.

시간은 이동하는 대상인데, 특히 흘러가는 물로 개념화된 방식은 시간 표현에 나타났다. 이는 강물의 흐름에 대한 인간의 경험에 비추어진 것이다(송현주, 2015:185).

(4) 벌써 한 시간이 흘렀지만 그들은 아직도 팔마스탄 산맥 주변을 선회하고 있었다.

그리고 이 은유에서 시간은 사람이 자신을 향해온 시간을 지나가게 하는 대상으로 개념화되기도 한다. 이와 관련된 한국어 시간 표현 '시간을 보내다'가 있다. '시간을 보내다'는 어떤 일을 하면서 시간을 지나가게 한다는 은유적 의미를 나타낸다.

(5) ㄱ. 그간 느끼지 못했던 우애를 맛보며 둘은 한참 즐거운 시간을 보냈다.
ㄴ. 그냥 텔레비전을 보면서 시간을 보내기 일쑤였다.

또한, 시간은 그 이동을 멈출 수 있는 대상으로 개념화하기도 한다. 한국어 시간 표현 '시간을 잡다'는 이러한 은유에서 비롯된 것이다. 즉, 이동하는 시간을 잡아서 어떤 일을 하는 데 머물게 하고, '시간을 정한다'는 의미를 나타낸다.

(6) 시간을 갖고 시청자들에게 좋은 정보를 제공해 주도록 조만간 바로 시간을 잡도록 하겠습니다.

② [이동하는 사람] 은유

<그림 Ⅲ-4>에서 보듯이 [이동하는 시간] 은유와 반대로 [이동하는 사람] 은유에서는 시간이 정지해 있고 사람이 이동한다. 이 은유에서도 사람이 서 있는 위치는 현재가 되고 뒤에는 과거 시간이고 앞은 미래 시간이다. 다시 말하자면, 사람이 미래를 직면하고 이동하고 있는데 그의 위치는 현재에 대응하며, 뒤의 공간은 과거에 대응한다. 시간은 사람이 지나가는 장소적 배경(시간 경치)이 된다. 이 은유에 관한 사상들은 <표 Ⅲ-10>과 같다.

〈그림 Ⅲ-4〉 [이동하는 사람] 은유 도식

<표 Ⅲ-10> [이동하는 사람] 은유 사상

근원영역: 사람의 이동	사상	목표영역: 시간
사람의 경로 위치	→	시간
사람의 위치		현재
사람 앞의 공간		미래
사람 뒤의 공간		과거
사람의 이동		시간의 '경과'
사람이 움직인 거리		'경과된' 시간의 양

[이동하는 사람] 은유에서는 사람이 시간을 지나쳐 가는 이동을 시간의 경과로 개념화한다. 한국어 '시간이 걸리다'는 그 예이다. '시간이 걸리다'에 쓰인 '걸리다'는 '걷다'의 사동사, 즉 '스스로 걷게 하다'를 뜻하는 '걸리다'로 분석될 수 있다(박정운, 1999).[51] '지원서를 작성하는 데 두 시간이 걸렸다.'라는 예문에서처럼 지원서를 작성하는 데 두 시간이 걸린다는 것은 그 일을 수행하는 데 그 수행자로 하여금 2시간을 걷게 만든다는 것이다. 사람의 이동은 시간의 경과를 나타내기 때문에 두 시간을 걷게 만든 것은 바로 두 시간이 경과한 것이다.

또한 '시간이 넘다'라는 시간 표현도 [이동하는 사람] 은유에서 비롯된 것이다. 시간선 상에서 이동하는 사람이 일정한 시간을 지나는 것은 시간의 경과를 의미하는 것이다.

(7) 약속 시각이 한 시간이나 넘어서야 그는 어슬렁어슬렁 나타났다.

③ [사람과 같이 이동하는 시간] 은유

아래 <그림 Ⅲ-5>에서 보이듯이 [사람과 같이 이동하는 시간] 은유에서 시간과 사람이 모두 이동체로 개념화된다. 이 은유에서 사람이 시간에 앞서거나 뒤떨어진 것은 시간이 이르거나 늦은 것이고 사람이 시간의 이동과 조화를 이루어야만 늦거나 이르지 않다. 한국어 '시간에 맞추다'가 그 예가 된다.

---

51 <표준국어대사전>에서는 '시간이 걸리다'에 쓰인 '걸리다'가 '걸다'의 피동사인 '걸리다[1]'의 다의어로 등재하고 있다. 이러한 관점을 따른 홍달오(2015)에서는 '시간이 걸리다'를 시간 이동체가 특정 장애물과 접속하여 지체되는 것으로 파악하였다. 그러나 이러한 해석에서 보여 주는 '시간이 걸리다'와 '걸리다[1]'의 의미적 연관성이 다소 희박한 것으로 보이므로 본고에서는 '시간이 걸리다'에 쓰인 '걸리다'는 '걷다'의 사동사인 '걸리다[3]'의 다의어이라고 주장하는 박정운(1999)을 따르고자 한다.

〈그림 Ⅲ-5〉 [사람과 같이 이동하는 시간] 은유 도식

(8) 약속 시간에 맞춰 부리나케 로비를 나서던 말리가 후다닥 주위를 둘러보았다.

또한, 이 은유에서 시간은 사람과 경주를 벌이고 있는 대상으로 개념화되기도 한다. 전술하였듯이 사람이 시간에 뒤떨어진 것은 사람이 시간보다 늦은 것이다. 그러므로 사람은 시간과의 경주에서 지지 않도록 빨리 이동해야 한다. 한국어 표현 '시간에 쫓기다'는 이 은유에서 비롯된 것으로서 시간이 급함을 나타낸다.

(9) 은주는 시간에 쫓기는 듯 뛰다시피 대문을 나서고 있었다.

(2) 자원화 유형

Evans(2004)에 따르면 시간에 대한 어휘개념을 일차적 어휘개념과 이 차적 어휘개념으로 분류될 수 있다. 일차적 어휘개념은 인류의 기본적인 지각 경험, 즉 이동과 공간을 기반으로 하여 형성된 개념인 반면에 이차적 어휘개념은 특정한 사회문화 환경에서 구성된 시간 개념, 즉 이 절에서 다루고자 하는 자원에 의해서 구조화된 시간 개념이다.

[시간은 자원이다] 은유는 자원의 속성을 시간 영역에 적용되는 은유이다. 이 은유는 노동력을 시간 단위로 사고하는 사회 제도와 관련이

있다. 산업화 이전 문화와 연관이 있는 일부 언어들은 시간을 자원에 의해 개념화하지 않기(Evans, 2004) 때문이다. 이 은유에 대한 사상은 아래 <표 Ⅲ-11>과 같다.

<표 Ⅲ-11> [시간은 자원이다] 은유 사상

근원영역: 자원	사상	목표영역: 시간
자원	→	시간
자원의 사용자		시간의 사용자
자원을 필요로 하는 목적		시간을 필요로 하는 목적
자원의 가치		시간의 가치
목적의 가치		목적의 가치

한국어에서 시간은 자원과 같이 소유할 수 있는 대상으로 개념화된다. 따라서 '시간'은 '가지다, 나다, 있다, 없다'와 공기하여 시간 표현으로 쓰인다.

(10) ㄱ. 그 문제에 대해서는 나중에 다시 얘기할 시간을 갖도록 합시다
ㄴ. 나중에 시간이 나면 외거하는 이들을 만나 볼까 해서요.
ㄷ. 주사 통을 들고 다시 찾아오기 전까진 아직 시간이 있었다.
ㄹ. 시간이 없으실 것 같아서 요점부터 말하겠습니다.

또한, 소유하고 있는 자원의 양이 측정될 수 있는 것처럼 소유하고 있는 시간의 양 역시 측정될 수 있다. 따라서 '많다, 남다' 등의 단어들은 시간 표현에 쓰여 시간의 양을 나타낸다.

(11) ㄱ. 비행기 예약에 너무 많은 시간을 소비하고 싶지 않았기 때문이다.
ㄴ. 그래서 시간이 남거나 휴가 때면 집에서 조용히 지내고 싶어 했어.

한국어에서 시간은 자원과 같이 남에게 줄 수 있는 대상으로 개념화된다. 예컨대 '시간을 내다'와 같은 표현이다. 또한, 시간은 자원과 같이 남에게 빼앗기는 대상으로 개념화되기도 한다. '시간을 빼앗다'는 그 예이다.

(12) ㄱ. 바쁜 스케줄 속에서도 일부러 시간을 내셔서 하셨다고 합니다.
ㄴ. 바쁘시면 만나 시간을 빼앗는 게 오히려 예의에 벗어나는 일이 아닌가요.

한편으로, 일정한 자원을 어떤 데에 두어 사용한다는 것처럼 한국어에서는 일정한 시간을 어떤 일에 '두는' 대상으로 개념화하기도 한다. 어떤 일에 일정한 시간을 둔다는 것은 그 일을 하는 데 필요한 시간을 배정하는 것이다. 한국어의 '시간을 두다'가 그 예이다.

(13) 어떻게 그녀를 끌어내 와야 하는가는 시간을 두고 생각해 볼일이었다.

한국어에서 시간은 돈이라는 자원과 같이 사용할 수 있는 대상으로 개념화된다. 따라서 '들이다'는 '시간'과 공기할 수 있다.

(14) 그러나 음악에다 너무 많은 시간을 들이는 것을 옳다고는 보지 않습니다.

한국어에서 시간은 자원과 같이 한정되어 있어 잘 활용해야 하는 대상으로 개념화된다. 따라서 '지키다'는 '시간'과 공기할 수 있다. 또한, 자원이 잘못 활용되면 낭비가 될 수 있듯이 시간도 잘못 활용되면 낭비가 될 수 있는 대상으로 개념화된다. 따라서 '낭비하다'는 시간 표현에 쓰일 수 있다.

(15) ㄱ. 솔로킨은 시간을 지키지 않는 것을 가장 싫어했다

ㄴ. 충분한 시간을 활용하면서 결정적인 순간에 슈팅을 날리면 되겠습니다.

어떤 목적을 달성하기 위해 자원을 필요하다는 경험을 기반으로 하여 시간은 어떤 목적을 달성하는 데 필요한 대상으로 개념화된다. '시간이 필요하다'는 그 예이다.

(16) 하지만 잠시만이라도 나 혼자 만의 시간이 필요한 것 같기도 해.

또한, 어떤 목적을 달성하기 위한 충분한 자원이 부족할 때는 두 가지 해결 방법이 있다. 하나는 이미 가지고 있는 자원을 아껴 쓰는 것이고 다른 하나는 새로운 자원을 획득하는 것이다. 이러한 경험을 기반으로 하여 시간은 부족할 때 이미 소유하고 있는 시간을 아껴 쓰거나 새로 획득해야 하는 대상으로 개념화된다(진영하, 2020ㄴ: 239).

먼저 시간을 아껴 써야 할 대상으로 개념화하는 경우를 살펴보겠다. 이 경우에 한국어에서는 시간을 쪼갤 수 있는 고체 형태의 자원으로 개념화한다. 한국어 '시간을 쪼개다'가 그 예가 된다.[52]

52 『표준국어대사전』에 등재된 '짜내다04'의 뜻풀이에 따르면 중국어의 '挤时间(시간을 짜다)'와 비슷한 의미를 지닌 '시간을 짜내다'라는 시간 표현이 있다. 그러나 본고의 연구 대상 말뭉치에서 '시간을 짜내다'가 검색되지 않았다. 인지언어학의 관점에서 언어 간의 보편성과 문화적 특수성을 관찰하고자 한다면, 일상생활에서 실제로 사용되는 단어를 선별해야 하기(김미형, 2009:47) 때문에 본고에서는 말뭉치에서의 출현 빈도가 낮은 '시간을 짜내다'를 한국어 시간 표현 연구

(17) 바쁜 시간을 쪼개어 함께 술을 마신 적도 여러 번이다.

다음으로 시간을 부족할 때 새로 획득해야 하는 대상으로 개념화하는 경우이다. 이 경우에 한국어에서는 시간을 자원의 한 형태인 돈으로 특정하여 개념화한다. 따라서 '벌다'와 같이 돈과 관련이 있는 단어들이 '시간'과 함께 쓰여 '시간적인 여유를 더 얻다'라는 의미를 나타낸다.

(18) 이 정도 시간을 벌었다면 크로비츠군이 쫓는다 해도 잡지 못할 것이다.

또한, 자원의 유형은 식량 자원, 수자원 등 여러 가지인데 한국어에서 시간은 식량 자원으로 개념화되기도 한다. '시간을 잡아먹다'는 그 예이다. 어떤 일이 시간을 잡아먹는다는 것은 그 일이 시간을 낭비한다는 은유적 의미를 나타낸다. '시간을 잡아먹다'는 앞서 언급한 '시간을 낭비하다'와 같은 은유적 의미를 지니나, 전자는 구어에서 더 많이 사용되는 반면에 후자는 문어에서 더 많이 사용한다는 점에서 두 표현의 사용역은 다르다.

(19) 온라인 쇼핑은 편리하지만 시간을 많이 잡아먹기도 한다.

(3) 공간화 유형

시간은 비가시적이고 추상적인 개념이기 때문에 그 자체의 구조를 갖추고 있지 않는다. 이와 반대로 공간은 가시적이고 우리에게 익숙한

대상에서 제외시켰다. 다만, '挤时间(시간을 짜다)'은 중국 말뭉치에서 높은 빈도로 나타나 중국어에서는 많이 쓰이기 때문에 '挤时间(시간을 짜다)'을 중국어 시간 표현 연구 대상에 포함하였다.

개념 영역으로서 풍부한 개념적 구조를 갖는다. 우리는 공간 개념 영역으로부터 나온 구조를 이용해서 시간을 개념화한다. 이와 관련하여 Bonato 외(2012)에서는 정신적 시간선(Mental Time Line) 가설을 제안한 바가 있다. 이 가설에서는 시간적 경험이 공간적 특징에 의해 구조화된다고 주장한다.

요컨대 [시간은 공간이다] 은유는 공간을 통한 지식과 추론을 시간에 관한 지식과 추론에 사상하는 것이다. 이러한 사상이 동기화되는 이유에 대해 Walsh(2003)에서는 시간을 구조화하기 위해 공간을 이용하는 것이 진화상 새로운 목적을 위해 기존의 기제를 재사용한다는 것, 즉 전용(exaptation)에 따른 결과라고 주장하였다. 다른 견해로 본 연구에서 주된 이론으로 삼는 개념적 은유 이론에 따르면 공간을 통해서 시간을 개념화하는 것은 경험적 상관성에서 기인한 것이다. 다시 말하자면 경험적 상관성은 전언어적 경험에서 영상 내용(image content)을 가진 공간 개념과 반응 내용(response content)을 가진 시간 개념 간의 연결은 확립하도록 한다.

이어서 [시간은 공간이다] 은유를 반영하는 한국어 시간 표현을 살펴보겠다. 시간은 공간적 '길이'라는 속성을 부여받는다. 이는 전술한 [이동하는 사람], [이동하는 시간] 은유와 관련된다. 두 은유에서 사람이나 시간이 이동한 거리는 바로 시간의 경과이다. 이때 거리가 짧을 수도 길 수도 있다. 따라서 경과된 시간도 역시 짧거나 길 수 있다. 한국어에서 길이를 나타내는 '길다, 짧다, 줄이다, 줄어들다' 등은 모두 시간 표현에 쓰인다.

(20) ㄱ. 긴 시간 좋은 말씀 나눠주셔서 감사합니다.

ㄴ. 짧은 시간이나마 여러분께 좋은 인상을 보여드리도록 하

겠습니다.

ㄷ. 무하는 근무시간을 줄이는 게 아니라 삼년 일하면 일년을 놀아버리는 거예요.

ㄹ. 잠자는 시간이 줄어들고 깨어 활동하는 시간이 많아진다.

한국어에서 일정한 하나의 지속 시간은 일정한 크기의 공간으로 개념화되기도 한다. 일정한 크기의 공간을 가득하게 채우는 경험에 기반하여 일정한 시간은 어떤 일을 하면서 가득 채워질 수 있다. 한국어 시간 표현 '시간을 채우다'는 그 예가 된다. 또한, 물건이 떨어짐으로 인해 공간이 다 채워지지 못하듯이 일이 다 끝남으로 인해 시간이 다 채워지지 못할 수 있다. 따라서 채워지지 못함으로 인해 생긴 간극을 다른 조각으로 채워야 하듯이 남는 시간은 다른 일로 채워야 한다. 다른 조각은 일반적으로 품질이 그리 높지 않듯이 다른 일은 의미 없는 일로 여겨진다. 따라서 한국어 '시간을 때우다'는 채우지 못한 시간을 다른 의미 없는 일로 채워 넣음, 즉 시간을 별 의미 없이 보냄을 의미한다.

〈표 Ⅲ-12〉 [시간은 그릇] 은유 사상

근원영역: 공간	사상	목표영역: 시간
일정한 크기의 공간	→	일정한 하나의 지속 시간
물건으로 채워짐		일로 채워짐
물건이 떨어짐으로 인해 채워지지 못한 간극이 생겼음		일 다 끝남으로 인해 채워지지 못한 시간이 생겼음
다른 조각으로 남은 간극을 때움		다른 의미 없는 일로 남은 시간을 때움

(21) ㄱ. 그들은 두 시간을 채우고 순찰을 마쳤다.

ㄴ. 둘은 어린애들처럼 철없는 이야기를 주고받으며 시간을 때웠다.

3. 한중 시간 은유 표현의 대응 유형 분석

이 절에서는 앞서 말뭉치 분석을 통해서 선정된 교육용 시간 표현 목록의 중국어 대응 양상을 분석함으로써 대응 유형을 도출하고자 한다.

중국 국내 대학에서 한국어를 전공하는 학습자는 대부분 성인이다. 그러므로 학습자 대부분은 시간 인지와 이를 반영한 중국어 시간 표현에 관한 지식이 어느 정도 확립된 상태에서 한국어 시간 표현 학습에 임하게 되어 한국어 시간 표현을 습득하는 데 의식적이건 무의식적이건 간에 이미 내재화된 모국어 시간 인지와 언어화 방식의 영향을 불가피하게 받는다. 이러한 점에서 볼 때, 한국어의 시간 표현이 학습자의 모국어에서 어떤 대응 양상을 보이는가를 알고 그 대응 유형을 체계적으로 정리하여 활용할 수 있다면, 학습자의 중간언어에 나타나는 특정한 현상의 원인을 모국어 전이에 의한 간섭 현상으로 판단하도록 하는 객관적인 대조언어학적 근거가 마련될 수 있으며 또한 보다 효율적인 한국어 시간 표현 교육을 위한 방법을 모색하는 데에 도움이 될 것이다.

3.1. 분석 방법

언어 간 대응 표현의 설정은 '번역 대응형'에 의존한다. 기존 연구를 살펴보면 대응 표현의 설정에는 크게 이중언어 화자의 직관에 의한 대응 표현 설정과 병렬말뭉치를 이용한 대응 표현 설정이 있다. 그중에서 병렬말뭉치를 이용하여 대응 표현을 설정하는 것이 대응 표현 추출의 객관성을 확보하고, 다양한 대응 가능성에 대한 탐색을 가능하게 하며, 각 대응 표현이 쓰이는 맥락을 확인할 수 있다는 장점이 있다. 이러한 점에서 언어 간 대조 분석 시에 병렬말뭉치를 활용하는 것이 더 적합한 방법으로 보인다.

이에 본 연구에서는 현재 공개된 한중 병렬 말뭉치로 KAIST Corpus의 한중 병렬 말뭉치를 활용하여 앞서 도출한 33개 교육용 시간 표현의 중국어 대응 표현을 찾아내고자 한다. 그러나 이 말뭉치의 어절 수가 한정되어 있어서 앞서 도출한 교육용 시간 표현 목록 중의 '시간을 채우다, 시간이 넘다, 시간을 쪼개다'는 병렬 말뭉치에 나타나지 않았다.[53] 이러한 한계점을 보완하기 위해 이들 표현이 포함된 표현별 각 5개 문장을 중국어로 번역하여 말뭉치를 보충하였다. 번역은 한국어와 중국어를 능숙하게 구사하는 S대 한국어교육 전공자이자 중국인 원어민 화자 3명이 수행하였으며 납득이 되지 않는 번역은 다시 논의하는 과정을 거쳤다. 따라서 본 연구에서는 양국 시간 표현의 대응 표현을 도출하는 데 KAIST Corpus에서 공개한 한·중 병렬말뭉치를 활용하는 방법을 위주로 하되, 필요시 중국인 원어민의 검토를 추가하고자 한다.

병렬 말뭉치에서 대응 표현을 추출하는 방법은 구체적으로 먼저 말뭉치에서 '시간'이 포함된 문장과 이에 대응되는 중국어 문장들을 검색, 추출한 후에 각 문장을 분석하여 대응 표현을 도출하였다. Excel 프로그램을 이용하여 위의 작업을 기반으로 분석한 내용을 <그림 Ⅲ-6>와 같이 제시한다.

	A	B	C
1	용례	중국어 시간 표현	한국어 시간 표현
2	529:没\时间\了\.\	没时间	시간이 없다
3	#시간이 없다.		
4	531:没有\时间\.\	没时间	시간이 없다
5	#시간이 없다.		

〈그림 Ⅲ-6〉 한국어 시간 표현의 중국어 대응 표현 정리표

53 KAIST Corpus에 나타나지 않는 교육용 시간 표현은 '시간을 채우다, 시간이 넘다, 시간을 쪼개다'이다.

대응 표현을 추출한 후에 이어서 각 대응 표현이 어떤 방식으로 다르거나 비슷한가를 비교함으로써 대응 유형을 도출하고자 한다. 비교할 때 Kövecses(2005)[54]에서와 같이 표현 형태, 문자적 의미(literal meaning), 은유적 의미, 은유적 의미를 표현하는 기초가 되는 개념적 은유[55]라는 매개 변수를 이용할 수 있다. 은유 표현의 형태는 서로 다른 한중 언어에서 반드시 다르기 때문에 본 연구에서는 은유 표현의 형태를 대조 분석의 대상에서 제외하고자 한다. 그리고 대응 표현은 번역 대응형이므로 은유적 의미가 같을 것이기 때문에 은유적 의미를 비교할 필요가 없다. 따라서 본 연구에서는 문자적 의미, 개념적 은유라는 두 가지 매개변수를 활용하여 대응 표현을 비교하고자 한다. 구체적으로 시간 표현 대응형의 문자적 의미가 두 언어에서 같은지 다른지와, 같은 은유적 의미를 가진 시간 표현의 기초가 되는 개념적 은유가 두 언어에서 같은지 다른지 비교하는 것이다. 이렇게 비교해 보면 다양한 대응 유형이 도출될 것으로 기대할 수 있다.

3.2. 대응 표현 추출 결과

33개 한국어 시간 표현의 중국어 대응 표현을 검토한 결과, 총 37개의 대응 표현을 도출하였다. 이를 아래 <표 Ⅲ-13>에 제시한다. 그중에

54 Kövecses(2005)에서는 [시간은 돈/귀중한 자원이다]와 [사랑은 여행이다]라는 두 가지 은유가 영어와 헝가리어에서 표현되는 방식의 차이, 즉 은유 표현의 형태, 문자적 의미, 은유적 의미, 개념적 은유가 같은지 다른지를 대조 분석하였다.

55 여기서 비교하고자 하는 개념적 은유는 특정 층위의 은유이다. 총칭 층위의 은유는 범언어적인 보편성을 지니므로 한중 시간 표현에 나타난 총칭 층위의 은유를 대조하는 것은 의미가 크지 않다. 이와 반대로 특정 층위의 은유는 문화적 특수성을 지니므로 한중 시간 표현 대응 양상을 고찰할 때 시간 표현에 나타난 총칭 층위의 은유가 아닌 특정 층위의 은유를 비교하고자 한다.

서 일대일로 대응되는 대응 표현은 총 26개가 있다. 일대다 대응은 담화 맥락에 따라서 대응되는 중국어 표현이 달라지는 경우인데 일대다로 대응되는 대응 표현은 7개가 있다. 그리고 중국어에 대응되는 시간 표현이 존재하지 않는 경우, 즉 시간 표현이 아닌 문자적 표현에 해당되는 대응 표현은 4개가 있다. 이상을 통해서 한중 시간 표현은 대부분 일대일 대응이지만 일대다 대응과 무대응도 존재함을 확인할 수 있다.

〈표 Ⅲ-13〉 한중 대응 표현

	한국어			중국어	
	표현		은유 유형	표현	은유 유형
일대일	1	시간을 되돌리다	이동화	时间倒流	이동화
	2	시간을 잡다	이동화	安排时间	자원화
	3	시간에 맞추다	이동화	按照时间	이동화
	4	시간에 쫓기다	이동화	赶时间	이동화
	5	시간이 남다	자원화	时间剩/余	자원화
	6	시간이 많다	자원화	时间多	자원화
	7	시간이 없다	자원화	没(有)时间	자원화
	8	시간을 내다	자원화	抽时间	자원화
	9	시간이 필요하다	자원화	需要时间	자원화
	10	시간을 벌다	자원화	争取时间	자원화
	11	시간을 보내다	이동화	过时间	이동화
	12	시간을 낭비하다	자원화	浪费时间	자원화
	13	시간을 들이다	자원화	花时间	자원화
	14	시간을 쪼개다	자원화	挤时间	자원화
	15	시간이 나다	자원화	有时间	자원화
	16	시간을 지키다	자원화	守时	자원화

	17	시간을 잡아먹다		자원화	浪费时间	자원화
	18	시간이 있다		자원화	有时间	자원화
	19	시간을 빼앗다		자원화	侵占时间	자원화
	20	시간이 길다		공간화	时间长	공간화
	21	시간이 짧다		공간화	时间短	공간화
	22	시간을 때우다		공간화	消磨时间	자원화
	23	시간을 줄이다		공간화	减少时间	공간화
	24	시간이 줄어들다		공간화	时间变少	자원화
	25	시간이 되다		이동화	到时间	이동화
	26	시간이 넘다		이동화	(超)过时间	이동화
일대다	27	시간이 지나다	시간이 지나-	이동화	过时/经过时间	이동화
	28		지난 시간	이동화	上…时间	공간화
	29	시간이 흐르다	시간이 흐르-	이동화	过…时间	이동화
	30		시간의 흐름	이동화	时间流逝	이동화
	31	시간이 걸리다	시간이 걸렸-	이동화	花(费)时间	자원화
	32		시간이 걸리-	이동화	需要时间	자원화
	33	시간이 가다[56]	시간이 가는 줄	이동화	时间过去	이동화
무대응	34		시간이 갈수록	이동화	-	-
	35	시간을 두다		자원화	-	-
	36	시간을 갖다		자원화	-	-
	37	시간을 채우다		공간화	-	-

3.3. 대응 유형 분석 결과

앞서 도출한 한중 시간 표현 대응 표현을 문자적 의미, 은유적 의미, 개념적 은유라는 세 가지 측면에서 비교하여 대응 유형을 도출하고자 한다. 앞 절에서 비교한 은유 유형인 이동화, 자원화, 공간화는 총칭 층위의 은유이라면 여기서 비교하고자 하는 개념적 은유는 특정 층위의 은유이라 하겠다. 총칭 층위의 은유는 범언어적인 보편성을 지니므로 각 대응 표현에 나타난 총칭 층위의 은유를 대조하는 것은 큰 의미가 없다. 물론, 앞 절에서 대응 표현에 나타난 은유 유형의 계량적 분포 분석을 통해서는 각 언어 사용자의 시간 인지 경향성을 확인할 수 있다는 점에서 의미를 찾을 수 있다. 총칭 층위의 은유와 달리 특정 층위의 은유는 문화적 특수성을 지니므로 대응 표현에 나타난 특정 층위의 은유를 비교한다면, 개별 시간 표현에 내재된 양국 문화의 특수성을 파악하고 대응 양상을 더 깊이 있게 살펴볼 수 있다.

대응 유형을 분석한 결과, 아래 <표 Ⅲ-14>에서 제시하는 바와 같이 총 4가지의 유형이 도출되었다.

〈표 Ⅲ-14〉 한중 시간 표현 대응 유형

		문자적 의미	개념적 은유
대응 유형 ①	문자-은유 동일	같음	같음
대응 유형 ②	문자-은유 상이	다름	다름

56 '시간이 가다'는 문장에 쓰이는 패턴에 따라 대응되는 중국어 표현이 다르다. '시간이 가는 줄'로 쓰일 때에는 중국어 '时间过去'에 대응되며 '시간이 갈수록'으로 쓰일 때 중국어에 대응되는 은유 표현이 부재한다. 따라서 '시간이 가다'는 '일대다'이면서도 '무대응'에 해당한다.

대응 유형 ③	은유 동일	다름	같음
대응 유형 ④	은유 부재	다름	은유 부재

구체적으로 ① 문자적 의미와 개념적 은유가 모두 같은 '문자-은유 동일' 유형, ② 문자적 의미와 개념적 은유가 다른 '문자-은유 상이' 유형, ③ 문자적 의미가 다르지만 개념적 은유가 같은 '은유 동일' 유형, ④ 한국어 시간 은유 표현에 대응되는 중국어 시간 은유 표현은 문자적인 표현인 경우인데, 이 경우의 대응 유형은 문자적 의미가 다르고 중국어에 해당 은유가 없는 '은유 부재' 유형이다. 각 대응 유형에 대해서 차례대로 살펴보겠다.

(1) '문자-은유 동일' 유형

'문자-은유 동일' 유형이란 대응되는 한중 두 시간 표현의 문자적 의미와 나타내고자 하는 은유적 의미, 그리고 두 표현의 기초가 되는 개념적 은유가 같은 경우를 말한다. 이 유형에 해당되는 표현에 대한 분석은 아래와 같다.

'시간이 흐르다'에 대응되는 중국어 표현은 두 가지가 있다. 여기서는 '时间流逝'에 대응되는 경우를 살펴보겠다. '流逝'는 '흐르다'와 문자적으로 같은 의미를 뜻한다. 두 표현은 총칭 층위 은유인 [이동하는 시간]의 특정 층위 은유 [시간은 이동하는 물이다]에서 비롯된 것이다. 이를 통해서 양국인은 모두 '시간'을 이동하는 물로 개념화하는 인지 방식이 있음을 확인할 수 있다. 두 표현의 대응 유형은 '문자-은유 동일'이다.

(1) '시간이 흐르다'와 '时间流逝'

ㄱ. 시간은 끊임없이 흘러, 거의 가을이 다 되었다.

ㄴ. 时间不断流逝 , 秋天到了。

'시간이 있다'는 중국어 '有时间'에 대응된다. 아래 중국어 예문은 한국어 문장을 직역한 것이다. '있다'와 '有'는 문자적으로 같은 의미를 지닌다. 또 두 표현은 모두 [시간은 자원이다] 은유에서 비롯된 것이다. 따라서 대응 유형은 '문자-은유 동일'이다.

(2) '시간이 있다'와 '有时间'

ㄱ. 그는 일을 잘 해 낼 충분한 능력과 시간이 있다.

ㄴ. 他有足够的能力和时间把工作做好。

'시간이 없다'는 중국어 '没有时间'에 대응된다. '없다'와 같은 것을 문자적으로 의미하는 '没有'는 '시간'을 의미하는 '时间'과 함께 중국어에서 사용된다. 이 두 표현은 모두 [시간은 자원이다] 은유에서 비롯된 것이다. 따라서 대응 유형은 문자적 의미와 은유적 의미, 그리고 개념적 은유가 문자-은유 동일한 '문자-은유 동일'이다.

(3) '시간이 없다'와 '没有时间'

ㄱ. 내가 시간이 없기 때문이다.

ㄴ. 因为我没有时间。

'시간이 많다'는 중국어 '时间多/有很多时间'에 대응된다. '多'는 문자적으로 '많다'와 같은 것을 의미하고 모두 [시간은 자원이다]에 기초한다. 따라서 대응 유형은 '문자-은유 동일'이다.

(4) '시간이 많다'와 '时间多/有很多时间'

ㄱ. 나는 시간이 아주 많다.

ㄴ. 我时间很多。/ 我有很多时间。

'시간을 낭비하다'는 '浪费时间'에 대응된다. '낭비하다'와 같은 한자어를 공유하는 중국어 '浪费'는 '시간'을 의미하는 낱말 형태인 '时间'과 함께 중국어에서 사용된다. 두 표현은 모두 [시간은 자원이다] 은유에서 비롯된 것이다. 따라서 문자적 의미에서든 은유적 의미에서든 또는 두 표현이 기초하는 개념적 은유에서든 문자-은유 동일하다. 따라서 대응 유형은 '문자-은유 동일'이다.

(5) '시간을 낭비하다'와 '浪费时间'

ㄱ. 나는 시간을 낭비할 마음이 없다.

ㄴ. 我无心浪费时间。

한국어 '필요하다'와 그것이 대응되는 중국어 '需要'는 같은 한자어를 공유하지만 품사는 다르다. 한국어 '필요하다'는 형용사이지만 중국어 '需要'는 동사이기 때문이다. 따라서 모국어 간섭으로 인하여 중국인 학습자들이 '*시간을 필요하다'와 같은 오류가 발생할 것으로 예상된다. 이 두 표현은 품사를 제외하고는 다른 바가 없다. 즉, 같은 한자어를 공유하므로 문자적으로 같은 것을 의미하고 같은 은유적 의미로 사용된다. 두 시간 표현은 모두 [시간은 자원이다] 은유로부터 도출된 것이다. 따라서 대응 유형은 '문자-은유 동일'이다.

(6) '시간이 필요하다'와 '需要时间'

ㄱ. 그녀는 방금 뜨개질의 첫 코를 잡았으므로 양말을 다 뜨려면 약간의 시간이 필요하다.

ㄴ. 她刚好起针，要把袜子结好还需要一些时间。

'시간이 남다'와 '剩时间'은 같은 문자적 의미를 지니며 모두 [시간은 자원이다] 은유에서 비롯된 것이다. 따라서 대응 유형은 '문자-은유 동일'이다.

(7) '시간이 남다'와 '剩时间'

ㄱ. 시간이 많이 남지 않았다

ㄴ. 没剩下多少时间了。

'시간을 지키다'는 '守时(间)'에 대응된다. '지키다'와 '守时(间)'은 문자적으로 같은 의미를 지닌다. 두 표현에서는 모두 시간을 지켜야 하는 자원으로 개념화하므로 같은 [시간은 자원이다] 은유에 기초한 것이다. 따라서 대응 유형은 '문자-은유 동일'이다.

(8) '시간을 지키다'와 '守时(间)'

ㄱ. 이게 시간을 안 지키면 또 혼나요.

ㄴ. 不守时间的话，会被挨训的。

'시간이 길다'는 중국어 '长时间'에 대응된다. 두 표현에 쓰인 '길다'와 '长'의 문자적 의미가 같으며 두 표현은 모두 [시간적 길이는 공간적 거리]에서 비롯된 것이다. 따라서 대응 유형은 '문자-은유 동일'이다.

(9) '시간이 길다'와 '长时间'

ㄱ. 그것은 어렵고 긴 시간을 요하는 작업이다.

ㄴ. 这项工作难度大, 并且需要很长时间。

'시간이 짧다'는 중국어 '短时间'에 대응된다. 두 표현에 쓰인 '짧다'와 '短'의 문자적 의미가 같으며 두 표현은 모두 [시간적 길이는 공간적 거리]에서 비롯된 것이다. 따라서 대응 유형은 '문자-은유 동일'이다.

(10) '시간이 짧다'와 '短时间'

ㄱ. 그의 성질은 짧은 시간에 고칠 수 없다.

ㄴ. 他的脾气一时半会儿别不过来。

'시간이 되다'는 '时间到(시간이 도착하다)'에 대응된다. '되다'는 '기준에 맞다'를 의미하므로 '도착하다'를 의미하는 '到'는 문자적 의미가 비슷하고 두 표현의 기초가 되는 개념적 은유는 모두 [이동하는 시간]이다. 즉, 이 은유에서 각각의 시점은 시간의 이동 경로상의 지점들이다. 양국 언어에서 시간은 이동하고 지정된 기준 지점에 도달할 수 있는 대상으로 개념화된다. 따라서 이 대응 표현의 대응 유형은 '문자-은유 동일'이다.

(11) '시간이 되다'와 '到时间/时间到'

ㄱ. 시간이 되었으니, 우리는 반드시 전화를 끊어야 한다

ㄴ. 时间到了, 我们必须挂电话。

(2) '문자-은유 상이' 유형

'문자-은유 상이' 유형이란 대응되는 한중 두 시간 표현의 문자적 의미와 두 표현의 기초가 되는 개념적 은유가 다르지만 나타내고자 하는 은유적 의미가 같은 경우를 말한다. 즉, 다른 문자적 의미를 가진 두 표현이 다른 개념적 은유에 의해 같은 은유적 의미를 나타낸다는 경우이다. 이 유형에 해당되는 표현에 대한 분석은 아래와 같다.

먼저 '시간이 걸리다'의 경우를 살펴보겠다. 박정운(1999)과 진영하(2020ㄴㄷ)에 따르면 '시간이 걸리다'에 쓰인 '걸리다'는 '걷다'의 사동사, 즉 '스스로 걷게 하다'를 뜻하는 '걸리다'로 분석될 수 있으며 이 표현은 [이동하는 사람] 은유에서 비롯된 것이다. 이 은유에서 사람의 이동은 시간의 경과를 나타내기 때문에 아래 예문(13ㄱ)처럼 화장하는 일이 두 시간이 걸린다는 것은 화장을 하는 데 그 수행자로 하여금 두 시간을 걷게 만든다는 것이다. '시간이 걸리다'에 대응되는 중국어 시간 표현은 두 가지인데 '시간이 걸리-'의 패턴으로 쓰일 때에는 '需要时间'에 대응되고, '시간이 걸렸-'의 패턴으로 쓰일 때에는 '花时间'에 대응된다. '需要时间'에 쓰인 '需要'는 '필요하다'를 문자적으로 의미하고 '花时间'에 쓰인 '花'는 '소비하다'를 문자적으로 의미한다. 두 중국어 표현의 기초가 되는 개념적 은유는 모두 [시간은 자원이다] 은유이다. 따라서 두 대응 표현의 대응 유형은 모두 '문자-은유 상이'이다.

(12) '시간이 걸리-'와 '需要时间'

ㄱ. 새 신발에 익숙해지려면 시간이 걸린다.

ㄴ. 穿惯新鞋需要时间。

(13) ‘시간이 걸렸-’와 ‘花时间’

ㄱ. 그녀는 보통 화장하는 데 2시간 걸린다.

ㄴ. 她通常花两小时做脸。

‘시간이 지나다’에 대응되는 중국어 표현은 역시 두 가지가 있다. 먼저 첫 번째 경우를 보겠다. ‘시간이 지나다’는 ‘지난 시간’의 구성으로 쓰여 과거의 시간을 가리킬 때 대응되는 중국어 표현은 ‘上(个)...时间’이다. ‘上’은 공간어 ‘위’를 문자적으로 의미하므로 ‘지나다’와의 문자적 의미가 다르다. ‘上(个)...时间’은 [시간은 공간이다] 은유의 특정 층위 은유인 [먼저는 위이고 나중은 아래이다]에서 비롯된 것이다.[57] 따라서 두 표현의 대응 유형은 ‘문자-은유 상이’이다.

(14) ‘시간이 지나다’와 ‘上(个)...时间’

ㄱ. 왜 지난 수업 시간에 출석하지 않았니?

ㄴ. 上节课为什么没来。

‘시간이 지나다’는 ‘过...时间’에 대응되는 경우도 있다. ‘시간이 지나다’에 쓰인 ‘지나다’와 ‘过...时间’에 쓰인 ‘过’는 문자적으로 같은 의미를 지닌다. 그러나 두 표현의 논항 구조가 다르다. ‘시간이 지나다’에서

57 중국어에서 공간적 수직 관계를 통해서 과거와 미래는 개념화하는 것은 ‘上个月(지난 달), 下个月(다음 달), 上星期(지난 주), 下星期(다음 주)’ 등에서와 같이 활발히 사용되며, 시간 은유의 문화적 특수성을 지닌 것이라고 할 수 있다. 이러한 개념화 방식이 나타나는 이유에 대해서 고대에 중국인이 글을 위에서 아래로 쓴다는 전통과 관련된다는 주장이 있는가 하면, 한자어 ‘시간’이라는 글자에 ‘해’를 뜻하는 ‘’가 들어있듯이 중국인의 시간 개념화 방식이 해에 대한 관찰의 영향을 받으며, [위는 과거이고 아래는 미래이다] 은유는 해가 동쪽에서 떠서 서쪽으로 진다는 상하 순환 운동에 대한 관찰에 유래된다는 주장이 있다(Juan Sun & Qiang Zhang, 2020).

는 '시간'이 주어가 되어 '지나다'의 행위주가 되는 데 반해, '过...时间(시간을 지나다)'에서는 '시간'이 목적어가 되어 '지나다'의 행위주는 사람이다. 따라서 두 표현의 기초가 되는 개념적 은유가 다르다. 전자는 [이동하는 시간]에서 비롯된 것이지만 후자는 [이동하는 사람]에서 비롯된 것이다. 따라서 대응 유형은 '문자-은유 상이'이다.

(15)'시간이 지나다'와 '过...时间'

ㄱ. 얼마간의 시간이 지난 후에 너는 그를 잊어버릴 것이다.

ㄴ. 过一段时间你就会忘记他的。

'시간을 보내다'의 기초가 되는 은유는 [이동하는 시간] 은유이다. 이 은유에서 사람이 자신을 향해온 시간을 다시 가게 하는 대상으로 개념화된다. 따라서 '시간을 보내다'는 어떤 일을 하면서 시간을 가게 한다는 은유적 의미를 지닌다. 이 표현에 대응되는 중국어는 '度过时间(시간을 지나다)'이다. '度过时间'에 쓰인 '度过'는 '어디를 지나다'를 뜻하므로 '보내다'와의 문자적 의미가 다르다. '度过时间'의 기초가 되는 개념적 은유는 [이동하는 사람]이다. 이 은유에서 시간의 이동은 사람의 이동으로 개념화된다. 따라서 패턴은 '문자-은유 상이'이다.

(16) '시간을 보내다'와 '度过时间'

ㄱ. 재미있고 보람있는 시간을 보냈다.

ㄴ. 度过了愉快又有意义的时间。

'시간이 흐르다'에 대응되는 중국어 표현은 두 가지가 있다. 앞서 '时间流逝'에 대응되는 경우를 살펴보았는데 여기서는 '过...时间'에 대응되는 경우를 보겠다. 이 표현에 쓰인 '过'는 '지나다'를 문자적으로 의미하므로 '시간이 흐르다'에 쓰인 '흐르다'와 문자적으로 의미가 다르다. 전술하였듯이 '过...时间'은 [이동하는 사람] 은유에서 비롯된 것이므로 두 표현의 기초가 되는 개념적 은유도 다르다. 따라서 대응 유형은 '문자-은유 상이'이다. 그러나 번역된 대응형의 수를 보면 '时间流逝'로 번역된 사례는 오직 한번으로 나타났으며 이에 비해 '过...时间'으로 번역된 사례가 5번으로 더 많았다. 이는 한국어 '시간이 흐르다'는 구어에서든 문어에서든 사용역과 상관없이 잘 쓰이지만, 중국어 '时间流逝'는 문어적 표현에 가까워 그 사용역이 다소 제한되기 때문이다. 이를 통해 중국인 학습자의 시간 표현 사용에서 '시간이 흐르다'의 사용이 저조할 것으로 예상할 수 있다.

(17) '시간이 흐르다'와 '时间流逝' '过...时间'

ㄱ. 그들은 시간이 오래 흐른 뒤에야 이 계획에 대해 흥미를 가졌다.

ㄴ. 他们过了很长时间才对这个计画感兴趣。

'시간에 쫓기다'에 쓰인 '쫓기다'는 피동사로서 '어떤 대상이 급히 뒤따름을 당하다'를 문자적으로 나타내는 반면에 '赶时间'에 쓰인 '赶'은 타동사로서 '어떤 대상을 잡거나 만나기 위하여 뒤를 쫓다'를 나타내므로 두 표현의 문자적 의미는 다르다. 두 표현의 기초가 되는 개념적 은유는 [사람과 같이 이동하는 시간]이지만 사람과 시간의 이동 관계에 대한 개념화에 있어 다소 차이가 난다. 한국어 '시간에 쫓기다'에서는 '시간'을 사람을 쫓는 대상으로 개념화하는 반면에 중국어 '赶时间'에서는 '시간'을 사람에 쫓기는 대상으로 개념화하기 때문이다. 따라서 대응 유형은 '문자-은유 상이'이다.

(18)‘시간에 쫓기다’와 ‘赶时间’

ㄱ. 최근 시간에 쫓겨 편의점 식사를 하는 사람들이 많아지고 있다.

ㄴ. 最近因为赶时间而在便利店吃饭的人们渐渐增多.

〈그림 Ⅲ-8〉 '시간에 쫓기다'에 나타난 시간 은유 도식(진영하, 2020ㄴ: 233)

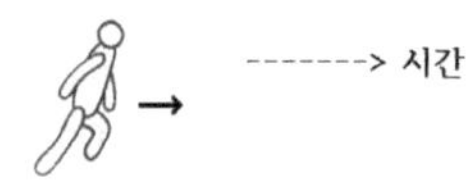

〈그림 Ⅲ-9〉 '赶时间(시간을 쫓다)'에 나타난 시간 은유 도식(진영하, 2020ㄴ: 233)

‘시간을 잡다’는 중국어 ‘安排时间’에 대응된다. ‘잡다’는 ‘손으로 움키고 놓지 않다’를 문자적으로 뜻하지만 중국어 표현에 쓰인 ‘安排’는 ‘알맞게 잘 배치하다’를 문자적으로 뜻한다. 또 ‘시간을 잡다’는 [이동하는 시간] 은유에 기반하여 이동하는 시간을 잡아서 어떤 일을 하는데 머물게 하고, 즉 '시간을 정한다'라는 의미를 은유적으로 나타낸 것이다. ‘安排时间’도 ‘시간을 정하다’라는 은유적 의미를 나타낸 것이지만, [시간은 잘 배치해야 하는 자원이다] 은유에서 비롯된 것이다. 따라서 대응 유형은 ‘문자-은유 상이’이다.

(19) ‘시간을 잡다’와 ‘安排时间(시간을 안배하다)’

ㄱ. 출발 시간을 늦추어 잡다.

ㄴ. 出发时间安排得晚一些。

어떤 목적을 달성하기 위한 충분한 자원이 부족할 때는 이미 가지고 있는 자원을 아껴 써야 한다. 이러한 경험에 기반하여 한국어에서는 시간은 부족할 때 쪼개서 쓰는 대상으로 개념화된다. 즉, 한국어 ‘시간을 쪼개다’는 총칭적 은유인 [시간은 자원이다]의 특정적 은유 [시간은 쪼갤 수 있는 덩어리이다]에서 비롯된 것이다. 중국어 '挤'는 '짜다'를 문자적으로 의미하므로 '쪼개다'와의 문자적 의미가 다르다. '挤时间'은 [시간은 짜낼 수 있는 액체이다] 은유에 기초한 것이다. 따라서 두 표현은 같은 총칭적 은유에 기초하지만 하나는 시간을 쪼갤 수 있는 단단한 덩어리 형태의 자원으로 개념화하는 반면에 다른 하나는 시간을 짤 수 있는 액체 형태의 자원으로 개념화한다는 점에서 그 하위 특정적 층위에서의 은유는 다르다. 따라서 대응 유형은 '문자-은유 상이'이다.

(20) '시간을 쪼개다'와 '挤时间'

ㄱ. 내일 갈 수 있게 시간을 좀 쪼개 볼게.

ㄴ. 我挤时间明天去。

시간이라는 자원이 부족할 때 시간은 새로 획득되어야 하는 대상으로 개념화하기도 한다. 이 경우에 한국어에서는 시간을 자원의 한 형태인 돈으로 특정하여 개념화한다. 따라서 '벌다'와 같이 돈과 관련이 있는 단어들이 '시간'과 함께 쓰인다. 이와 반대로 예문 ㄴ'에서 보이듯이 '벌다'에 대한 중국어 문자적 대응어인 '赚'은 시간을 개념화하는 데 사용될 수 없다. '시간을 벌다'에 대응되는 중국어 시간 표현은 '争取时间'인데 '争取'는 '쟁취하다'의 문자적 의미로 '벌다'와 다르다. 이 표현에서 '시간'은 쟁취할 수 있는 대상으로 개념화한다. 즉, 한중 두 시간 표현은 총칭 층위에서 모두 [시간은 자원이다]에 기초하는 것이나, 특정 층위에서의 은유는 다르다. 따라서 대응 유형은 '문자-은유 상이'이다.

(21) '시간을 벌다'와 '争取时间'

ㄱ. 그는 거짓말로 시간을 벌었다.

ㄴ. 他用谎言争取到了时间。

ㄴ'. *他用谎言赚到了时间。

한국어 '시간이 나다'는 중국어 '有时间'에 대응된다. '나다'는 '물건 따위가 생기다'의 뜻으로 중국어의 '있다'를 뜻하는 '有'와는 문자적 의미가 다르다. 앞서 우리는 중국어 '有时间'은 한국어 '시간이 있다'에 대응됨을 살펴보았다. 여기서는 '시간이 나다'에 대응되어 '시간적 여유가 생기다'라는 은유적 의미를 가지기도 한다. 이뿐만 아니라 후술하겠지만 중국어 '有时间'은 한국어 '시간이 되다' 등 여러 시간 표현에 대응되어 쓰임이 다양한 표현이다.

(22) '시간이 나다'와 '有时间'

ㄱ. 주말에 시간 나면 우리 집에 오는 게 어때?

ㄴ. 週末有时间来我家作客怎么样？

'抽'는 '뽑다'를 문자적으로 뜻하므로 한국어 '내다'와는 문자적 의미가 다르다. 두 시간 표현은 모두 '시간'을 '자원'으로 개념화하여 '시간적 여유를 만들다'라는 은유적 의미를 표현하지만 적용되는 시간 은유의 층위는 다르다. 한국어 '시간을 내다'가 기초하는 은유는 총칭 층위인 [시간은 자원이다]이지만 중국어 '抽时间'은 [시간은 뽑을 수 있는 자원이다]에서 비롯된 것이다. 즉, 중국어 '抽时间'은 더욱 명시적인 은유에 기초한 것이다. 따라서 대응 유형은 '문자-은유 상이'이다.

(23) '시간을 내다'와 '抽时间'

ㄱ. 우리는 그것을 완성할 만한 시간을 낼 수가 없다.

ㄴ. 我们抽不出时间来完成它。

'빼앗다'는 '남의 것을 억지로 제 것으로 만들다'라는 문자적 의미를 나타낸다. '빼앗다'에 대응되는 중국어 '抢'은 시간 표현에 쓰이지 않는 반면에 '佔用'은 시간 표현에 쓰인다. '佔用'은 '남의 것을 차지하여 쓰다'라는 문자적 의미를 나타낸다. '시간을 빼앗다'와 '佔用时间'은 모두 남의 시간을 억지로 차지한다는 은유적 의미를 나타낸다. 또한, 두 표현은 모두 [시간은 소중한 자원이다] 은유에서 비롯된 것이지만 특정 층위의 은유가 다르다. '시간을 빼앗다'에서 시간은 빼앗기는 자원으로 개념화되는 반면에 '佔用时间'에서 시간은 차지하여 쓰일 수 있는 자원으로 개념화된다. 따라서 대응 유형은 '문자-은유 상이'이다.

(24) '시간을 빼앗다'와 '佔用时间'

ㄱ. 한창 바쁠 때 시간을 빼앗아서 미안해.

ㄴ. 很抱歉, 在你这么忙的时候佔用你的时间。

'시간을 잡아먹다'는 중국어 '浪费时间'에 대응된다. '잡아먹다'는 '동물을 죽여 그 고기를 먹다'를 뜻하므로 '浪费时间'에 쓰인 '浪费'과는 문자적 의미가 다르다. 두 시간 표현은 모두 [시간은 자원이다]라는 총칭적 은유에서 비롯된 것이나, 한국어 '시간을 잡아먹다'에서 시간을 먹을 수 있는 자원으로 특정하여 개념화한다는 점에서 다르다. 따라서 대응 유형은 '문자-은유 상이'이다. 또한, 앞서 우리는 '시간을 잡아먹다'는 구어성이 더 강하게 띰을 언급하였는데 중국어 대응 표현인 '浪

费时间’은 이러한 사용역 제한이 없다.

(25)‘시간을 잡아먹다’와 ‘浪费时间’

ㄱ. 게임은 시간을 많이 잡아먹어.

ㄴ. 玩游戏浪费时间。

‘시간을 때우다’는 중국어 ‘打发时间’에 대응된다. ‘때우다’는 문자적으로 ‘뚫리거나 깨진 곳을 다른 조각으로 대어 막다’를 의미하지만 ‘打发’은 ‘어떤 사람을 가게 하다’를 문자적으로 의미하므로 두 표현의 문자적 의미는 다르다. ‘시간을 때우다’는 [시간은 공간이다]에 해당되는 특정 층위 은유인 [시간은 그릇이다] 은유에서 비롯된 것이다. 이 은유에서 일정한 하나의 지속 시간은 그릇으로 개념화된다. 그릇이 채워지지 못함으로 인해 생긴 간극은 다른 조각으로 채워야 하듯이 남는 시간은 다른 일로 채워야 한다. 다른 조각은 일반적으로 품질이 그리 높지 않듯이 다른 일은 의미 없는 일로 여겨진다. 따라서 한국어 '시간을 때우다'는 채우지 못한 시간을 다른 의미 없는 일로 채워 넣음, 즉 시간을 별 의미 없이 보냄을 의미한다. 전술하였듯이 ‘打发时间’은 [이동하는 시간] 은유에서 비롯된 것이다. 따라서 대응 유형은 ‘문자-은유 상이’이다.

(26) ‘시간을 때우다’와 ‘打发时间’

ㄱ. 난 너무 심심해서 매일 영화를 보면서 시간을 때웠다.

ㄴ. 我太无聊了，每天靠看电影来打发时间。

‘시간이 넘다’는 중국어 ‘超过时间’에 대응된다. ‘시간이 넘다’에 쓰인 ‘넘다’는 자동사로서 ‘일정한 범위에서 벗어나 지나다’를, ‘超过’는 타동사로서 '일정한 범위를 넘다'같은 문자적 의미를 지니므로 두 표현의 문자적 의미는 다르다. '시간이 넘다'에서 시간이 이동하는 대상으로 개념화되지만 '超过时间'에서 사람이 시간선 상에서 이동하는 대상으로 개념화된다. 따라서 대응 유형은 '문자-은유 상이'이다.

(27) '시간이 넘다'와 '超过时间'

ㄱ. 약속 시간이 삼십 분이나 넘었는데 연락이 없다.

ㄴ. 已经超过约定时间30分鐘了，还是没消息。

'시간을 줄이다'는 중국어 '减少时间'에 대응된다. '줄이다'는 '물체의 길이나 넓이, 부피 따위를 본디보다 작게 하다'를 문자적으로 나타내는 '减少'는 '양을 본디보다 적게 하다'를 문자적으로 나타내므로 두 표현의 문자적 의미는 다르다. '시간을 줄이다'의 기초가 되는 은유는 [시간은 공간이다]인 데 반해 '减少时间'의 기초가 되는 은유는 [시간은 그 양을 측정할 수 있는 자원이다] 은유이다. 따라서 대응 유형은 '문자-은유 상이'이다. '시간이 줄어들다'와 '时间变少'의 대응 유형도 마찬가지로 '문자-은유 상이'이다.

(28) '시간을 줄이다'와 '减少时间(시간을 감소하다)'

ㄱ. 윤석은 게임하는 시간을 줄여서 공부를 했다.

ㄴ. 允硕减少玩游戏的时间，把时间用来学习。

(29) '시간이 줄어들다'와 '时间变少(시간이 적어지다)'

ㄱ. 자는 시간이 줄어들면서 거기에 반비례하듯 식욕이 돌아왔다.

ㄴ. 睡眠时间变少，与之反比，食慾会上升。

(3) '은유 동일' 유형

'은유 동일' 유형이란 대응되는 한중 두 시간 표현의 문자적 의미가 다르지만 은유적 의미와 두 표현의 기초가 되는 개념적 은유가 같은 경우를 말한다. 달리 말하자면, 다른 문자적 의미를 가진 두 표현이 같은 개념적 은유에 의해 같은 은유적 의미를 나타낸다는 경우이다. 이 유형에 해당되는 표현에 대한 분석은 아래와 같다.

'시간이 가다'에 쓰인 '가다'에 대응된 중국어 '走'는 중국어 시간 표현에 쓰이지 않는다. '시간이 가다'에 대응되는 중국어 표현은 '时间过'인데 여기에 쓰인 '过'는 '지나다'의 뜻이므로 두 표현의 문자적인의미는 다르다. 그러나 두 표현의 기초가 되는 개념적 은유는 모두 [이동하는 시간]이다. 따라서 대응 유형은 '은유 동일'이다.

(30) '시간이 가다'와 '时间过'

ㄱ. 나는 게임을 하면 시간 가는 줄 모른다.

ㄴ. 我只要一玩游戏，就不知道时间是怎么过去的。

'按时'에 쓰인 '按'은 '따르다'를 뜻하므로 '시간에 맞추다'에 쓰인 '맞추다'와는 문자적으로 다른 의미를 나타낸다. 그러나 두 표현은 문자-은유 동일한 은유인 [사람과 같이 이동하는 시간] 은유에서 비롯된 것이다. 앞서 언급하였듯이 이 은유에서 시간과 사람이 모두 이동하는 사물로 개념화되어, 사람이 시간에 앞서거나 뒤떨어진 것은 시간이 이르거나 늦은 것이고 사람이 시간의 이동과 조화를 이루어야만 늦거나 이르지 않다. 따라서 대응 유형은 '은유 동일'이다.

(31) '시간에 맞추다'와 '按时'

ㄱ. 시간에 맞추어 말에게 사료를 주어야 한다

ㄴ. 你要按时给马喂料。

'시간을 들이다'는 중국어 '花费时间'에 대응된다. '들이다'는 '밖에서 속이나 안으로 향해 가게 하거나 오게 하다'를 뜻하지만 '花费(소비하다)'는 '어떤 물건 따위를 써서 없애다'를 뜻한다. 따라서 두 시간 표현의 문자적 의미는 다르다. 그러나 두 표현은 문자-은유 동일한 은유 [시간은 돈이다]에서 비롯된 것이다. 따라서 대응 유형은 '은유 동일'이다.

(32) '시간을 들이다'와 '花费时间'

ㄱ. 이 일에 그가 많은 시간을 들였다.

ㄴ. 这件事花费了他很多时间。

'시간을 되돌리다'는 중국어 '时间倒流'에 대응된다. '倒流'는 '역류하다'를 뜻하므로 두 표현의 문자적 의미는 다르다. 두 표현의 기초가 되는 은유는 모두 [이동하는 시간이다]이다. 이 은유에서 시간은 미래를 향하여 이동하고 있으며 방향을 돌리는 것은 바로 과거로 돌아가게 하는 것이다. 따라서 대응 유형은 '은유 동일'이다.

(33) '시간을 되돌리다'와 '时间倒流'

ㄱ. 시간을 대체 얼마나 되돌려버린 거야?

ㄴ. 到底时光倒流了多久呢？

(4) '은유 부재' 유형

'은유 부재' 유형이란 한국어에서 시간 은유 표현으로 표현되는 의미를 중국어에서는 은유적이지 않은 표현으로 나타낸다는 경우를 말한다. 이 유형에 해당되는 표현에 대한 분석은 아래와 같다.

한국어 '시간을 두다'의 기초가 되는 개념적 은유는 [시간은 자원이다] 은유이다. 앞서 언급하였듯이 일정한 자원을 어떤 데에 두어 사용한다는 것처럼 일정한 시간을 어떤 일에 '두는' 대상으로 개념화하기도 한다. '시간을 두다'는 '시간을 두고 잘 생각한다/고민하다'와 같은 패턴으로 주로 쓰여 '어떤 일을 신중하게 대한다'는 은유적 의미를 나타낸다. 이러한 의미를 나타낼 때 중국어에서는 '好好(잘)/慎重(신중하게)' 등과 같은 문자적인 표현이 쓰인다. 따라서 대응 유형은 '은유 부재'이다.

(34) '시간을 두다'와 '好好/慎重'

ㄱ. 어려운 일일수록 시간을 두고 생각해 볼 필요가 있다.

ㄴ. 越是难办的事情, 越需要好好/慎重考虑。

'시간이 가다'가 '시간이 갈수록'의 구성으로 쓰일 때 '越来越'에 대응된다. '越来越'은 문자적인 표현이고 은유 표현은 아니다. 따라서 대응 유형은 '은유 부재'이다.

(35) '시간이 가다'와 '越来越'

ㄱ. 표현하지는 않았지만 시간이 갈수록 그 사람이 은근히 걱정이 된다.

ㄴ. 虽然没有表现出来，但是那个人越来越暗自担心。

[시간은 자원이다] 은유에서 비롯된 '시간을 갖다'가 문자적인 표현인 '接下来是...时间(이어서는 ... 시간이다)'에 대응된다. 따라서 대응 유형은 '은유 부재'이다. 이를 통해서 어떤 시간을 소개할 때, 한국어에서는 사람의 입장에서 어떤 시간을 갖겠다고 표현하지만 중국어에서는 시간의 입장에서 어떤 시간이 있겠다고 표현함을 알 수 있다.

(36) '시간을 갖다'와 '接下来是...时间'

ㄱ. 잠시 쉬는 시간을 갖도록 하겠습니다.

ㄴ. 接下来是休息时间。

아래 예문에서 보이듯이 '시간을 채우다'에 대응되는 표현은 '乾完...(일을 완성하다)'이다. 즉, '시간을 채우다'는 '일정한 시간이 되게 하다'라는 은유적 의미를 나타내는데 중국어에서는 시간 표현이 아닌 문자적 표현으로 이를 나타낸다. 따라서 대응 유형은 '은유 부재'이다.

(37) '시간을 채우다'와 '乾完...'

ㄱ. 근무 시간을 다 채우지 못하면 퇴근할 수 없다.

ㄴ. 乾不完规定的时间不能下班。

지금까지 한중 시간 표현의 대응 표현 37개를 문자적 의미, 은유적 의미, 개념적 은유라는 세 가지 측면에서 분석하여 도출한 4가지 대응 유형을 살펴보았으며 구체적인 분포는 아래 <표 Ⅲ-15>와 같다.

〈표 Ⅲ-15〉 한중 대응 유형에 해당되는 표현 수

	문자적 의미	은유적 의미	개념적 은유	개수
대응 유형 ①	다름	같음	다름	16
대응 유형 ②	같음	같음	같음	13
대응 유형 ③	다름	같음	같음	4
대응 유형 ④	다름	(문자적 의미에 의해서)같음	은유 부재	4
합계				37

은유의 투명성을 통해서 습득의 어려움을 예측해 볼 수 있다는 점에서[58], 언어 간 대응 유형을 추출해 봄으로써 학습자가 습득에 어려움을 느낄 것으로 예상되는 유형 및 유형에 해당되는 표현을 정리하여 볼 수 있다.

가장 빈번하게 나타는 대응 유형은 16번이 나타나는 '문자-은유 상이' 유형이다. 이 유형은 다른 표현이 동일한 은유적 의미를 가지고, 공통된 은유적 의미는 다른 개념적 은유에 의해 확장된 것이다. 이 유형에 해당되는 한중 시간 표현은 비록 동일한 것을 의미하지만 개념적 기초가 서로 다르고, 또 문화적으로 특정하게 언어로 언어화된다. 이러한 유형에 속하는 한국어 표현의 의미가 언어 학습자에게 훨씬 덜 투명하므로 학습자가 해당 표현을 습득하는 데 어려움을 겪을 것으로 예상된다.

58 상투적 표현이 가지는 의미의 직접성과 간접성이 학습자의 한국어 습득에 미치는 영향을 살펴본 하지혜(2014)에 따르면, 의미의 투명성이 높을수록 해당 상투적 표현을 더 잘 이해한다고 하였다. 이외에 이해영·Tran Thi Thu Phuong(2020)에서는 학습자의 모국어에서도 동일한 표현이 있는지와 한국 문화 특정적 표현인지에 따라서 은유의 유형을 분류한 후에 이러한 은유의 유형이 베트남인 한국어 학습자의 은유 이해에 영향을 주는지 살펴보았다. 그 결과 학습자의 은유 이해는 은유 유형의 영향을 받은 것으로 나타났다.

'문자-은유 동일' 유형은 13번으로 두 번째로 많이 나타난 유형이다. 이 유형은 두 대응 표현이 두 언어에서 같은 문자적 의미를 가진 언어 표현이 동일한 사상에 의하여 동일한 은유적 의미를 나타내는 경우이다. 이 경우에 해당되는 표현은 학습자에게 은유 투명성이 높아 습득하기 쉬울 것으로 예상된다.

마지막 두 가지 유형은 4번으로 나타나는 '은유 동일'과 '은유 부재'이다. '은유 동일' 유형은 다른 문자적 의미는 같은 개념적 은유에 의해서 같은 은유적 의미로 은유적으로 확장된 것이다. 즉, 같은 은유적 의미를 지닌 두 표현이 같은 개념적 은유에 의해 동기화되지만 실제 언어 표현은 서로 다른 경우이다. 이러한 유형에 속하는 표현은 익히는 데 어려움이 예상되는 표현이라 할 수 있다. '은유 부재' 유형은 한국어의 은유 표현이 중국어의 문자적 표현에 대응되는 경우이다. 이 경우에 해당되는 표현은 한국의 문화 특정적 성격을 강하게 띠므로 학습자에게 가장 어려울 것으로 예상된다.

4. 교재 분석

앞 절에서 한국어 시간 표현과 학습자 모국어 시간 표현 간에 차이가 나는 경우가 많다는 것을 확인하였다. 이러한 사실은 학습자가 시간 표현을 습득하는 데 용이하지 않을 것임을 예시해 주며, 또 한국어교육에서 시간 표현에 대한 교육이 필요함을 암시해 준다. 이러한 맥락에서 현재 한국어교육에서 시간 표현에 대한 교육이 어떻게 이루어지고 있는지를 살펴보는 것도 중요하다. 시간 표현에 대한 교육 실태를 파악하는 것이 학습자 언어에서 나타난 특정한 현상을 해석하는 것과 교육 개선 방안을 구축하는 데 도움이 될 것이다. 교육 실태를 파악하는 주된 경로는 바로 교재 분석이라 하겠다.

교재 어휘 목록에서는 교수 학습 중에 중점적으로 다루어야 하는 어휘를 제시하므로 학습자에게 주요한 어휘 학습 경로이다. 따라서 본 연구에서는 우선 각 교재의 어휘 목록에서의 시간 표현 제시 양상을 살펴보고자 한다. 그리고 인지언어학에서의 사용 기반 원리에 따르면 언어는 사용에서 오는 것이므로 높은 출현 빈도가 강한 고착화와 상관성을 이룬다. 다시 말하자면, 학습자가 특정한 표현을 더 자주 접할수록 그것은 학습자 언어 체계에서 더 고착화되며 인지적 패턴이 더 확정된다(임지룡·김동환 역, 2008: 123)는 점에서 교재 전체 학습 내용에 나타나는 시간 표현의 양상이 또한 학습자의 시간 표현 학습 가능성을 암시한다. 따라서 본 연구에서는 교재 말뭉치를 구축하여 전체 학습 내용에서의 시간 표현 제시 양상도 같이 분석할 것이다. 교재 분석을 통해서 구체적으로 아래와 같은 문제를 설정해 볼 수 있다.

첫째, 교재 어휘 목록에 제시되는 시간 표현의 수는 어떠하며 중복도는 어떠한가? 이를 통해 교재에서 제시된 시간 표현의 실제성과 통일성을 확인할 수 있다.

둘째, 교재 어휘 목록에서의 등급별 시간 표현 제시 양상은 어떠한가? 이를 통해 시간 표현이 등급별로 어떤 순서로 제시되며, 등급별 제시되는 비중이 어떤지를 파악한다.

셋째, 교재에서 시간 표현의 제시 방식은 어떠한가? 이를 통해 교재에서 시간 표현이 얼마나 체계적으로 제시되는지와 시간 표현의 사용을 익히게 하는 연습 활동이 있는지, 시간 표현의 은유 의미 구성 원리에 관한 내용이 제시되는지를 확인하고자 한다.

넷째, 교재 전체 학습 내용에서의 시간 표현 제시 양상은 어떠하며 출현 빈도가 t 점수를 반영하는가? 이를 통해서 전체 학습 내용에서의 교육 실제성을 파악하고자 한다.

4.1. 교재 선정 및 분석 방법

본 연구에서는 한국 대학 기관에서 개발한 교재와 중국 국내에서 독자적으로 개발한 교재를 대상으로 분석하고자 한다. 교재 분석 시에 선정되는 교재는 비교적 최근에 편찬된 교재이어야 하며, 신뢰성이 높은 교재이어야 한다(진영하·탕이잉, 2020:218~219). 또한 시간 표현의 등급별 제시를 고찰하는 것이 목적 중에 하나이므로 선정 교재는 초급 단계부터 고급 단계까지 체계성을 가진 시리즈 교재이어야 한다. 이러한 기준을 적용하여 한국에서 개발한 교재 『서울대 한국어』, 『연세 한국어』, 『재미있는 한국어』, 『이화 한국어』를 선정하게 되었으며, 중국 국가에서 대학 교육용 교재로 선정한 『大学韩国语(대학한국어)』와 『基础/高级韩国语(기초/고급한국어)』를 선정하게 되었다. 기술의 편의상 분석 대상 교재 『서울대 한국어』를 'A교재', 『연세 한국어』를 'B교재', 『재미있는 한국어』를 C교재, 『이화 한국어』를 D교재, 『大学韩国语』를 'E교재', 『基础/高级韩国语』를 'F교재'로 기술하겠다. 분석 대상 및 구체적인 분석 범위는 아래 <표 Ⅲ-16>과 같이 제시하였다.

〈표 Ⅲ-16〉 분석 대상 교재의 목록 및 정보

구분	출판 연도	교재명	기관명(저자)
A	2013-2015	『서울대 한국어』1A~6B	서울대학교 언어교육원
B	2013	『연세 한국어』1-1~6-2	연세대학교 한국어학당

C	2008-2010	『재미있는 한국어』1~6	고려대학교 한국어문화교육센터
D	2010-2012	『이화 한국어』1-1~6	이화여자대학교 언어교육원
E	2009-2014	『대학 한국어』1~6	牛林杰 외
F	2009-2011	『기초/고급 한국어』기초1~고급2	金永寿 외

교재 전체 학습 내용에서의 시간 표현 제시 양상을 살펴보기 위해서 교재 말뭉치를 구축하였다. 교재 말뭉치는 교재의 교수 학습의 대상이 되지 않는 지시문, 학습 목표 등을 제외한 부분을 입력하여 구축된 총 487,910 어절 규모를 갖춘 것이다. 각 교재의 어절 수 정보는 아래 <표 Ⅲ-17>과 같이 제시한다.

〈표 Ⅲ-17〉 교재 말뭉치 어절 수

	A교재	B교재	C교재	D교재	E교재	F교재	합계
어절 수	100,125	83,516	77,068	64,330	94,092	68,779	487,910

4.2. 분석 결과

(1) 교재 어휘 목록 분석 결과

이 절에서는 교재 어휘 목록에서의 시간 표현 제시 양상을 제시 유형 및 중복도, 제시 단계, 제시 방식 측면에서 살펴보겠다.

① 제시 유형 및 중복도

먼저 각 교재 어휘 목록에 제시되는 시간 표현의 유형 수를 살펴보면, <표 Ⅲ-18>에서 보이듯이 중국 교재인 E와 F교재에서는 시간 표현을 아예 제시하지 않았다. 중국 교재에서 시간 표현 외에 다른 다단어 표현도 제시하지 않았으며 단어만 제시하였다는 것이 주목되기도 한다. 이는 중국 교재에서 시간 표현은 물론, 다단어 표현에 대한 교육이 중요시되지 않고 있음을 보여 준다. 한국 교재의 경우, A~D교재에서는 각각 6, 5, 11, 11로 아주 적은 수의 시간 표현만을 제시하였다. 그중에서 C교재와 D교재에서 제시한 시간 표현은 11가지로 A교재 6가지, B교재 5가지보다 2배 정도 더 많았다. 이는 한국의 네 교재 어휘 목록에서 제시한 시간 표현은 그 수가 적고 교재 간에 수적인 차이가 존재함을 보여 준다. 이상을 통해서 시간 표현의 실제 사용을 반영하도록 교재 어휘 목록에 시간 표현을 보다 적극적으로 제시하고, 통일된 교육용 시간 표현 선정 작업이 필요함을 확인하게 된다.

<표 Ⅲ-18> 각 교재 어휘 목록에서 제시된 시간 표현의 유형

	유형	유형 수
A교재	시간을 보내다, 시간을 내다, 시간이 나다, 시간을 지키다, 시간이 지나가다, 시간 가는 줄 모르다	6
B교재	시간을 내다, 시간이 나다, 시간이 흐르다, 시간에 쫓기다, 시간을 관리하다	5
C교재	시간이 없다, 시간이 있다, 시간이 나다, 시간이 되다, 시간이 지나다, 시간이 흐르다, 시간에 쫓기다, 시간을 내다, 시간을 되돌리고 싶다, 시간을 때우다, 시간을 보내다	11
D교재	시간이 있다, 시간을 내다(두 번 제시), 시간에 쫓기다, 시간을 벌다, 시간을 보내다, 시간을 쪼개다, 시간이 가다, 시간이 나다, 시간이 지나다, 시간이 흐르다	11
E교재	없음	0
F교재	없음	0

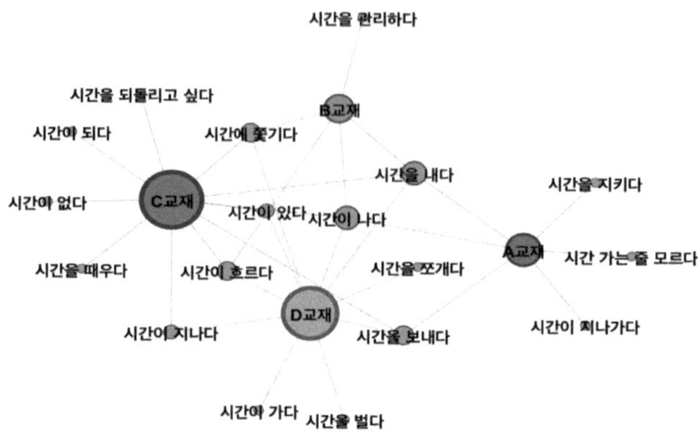

〈그림 Ⅲ-10〉 각 교재 어휘 목록에 제시된 시간 표현 네트워크

이어서 각 교재 어휘 목록에서 제시한 시간 표현 중에 공통적으로 제시하는 표현이 얼마 정도 되는지, 즉 교재 간 시간 표현의 중복도가 어느 정도 되는지 시각화하기 위해 네트워크 분석을 수행하였다. 그 결과는 아래 <그림 Ⅲ-10>과 같다. 각 노드의 크기는 해당 노드의 출현 빈도에 비례하도록 하였다. 교재명 관련 노드의 경우, 노드가 클수록 해당 교재에서 제시되는 시간 표현이 많음을 의미한다. 앞서 확인하였듯이 교재 C와 D에서 제시된 시간 표현이 가장 많으므로 그 크기 또한 가장 크다.

시간 표현 관련 노드가 클수록 해당 표현의 중복도가 큼을 의미한다. 분석 대상 교재의 어휘 목록에 제시되는 시간 표현의 유형 수는 총 22가지인데 <그림 Ⅲ-10>에서 보듯이 노드가 큰 시간 표현은 몇 개에 불과하다. 중복되는 표현이 많지 않다는 점에서 각 교재에서 제시한 시간 표현의 유형은 사뭇 다름을 알 수 있다. 네 교재에서 공통적으로 제시하는 시간 표현은 '시간이 나다, 시간을 내다' 두 표현뿐이다. 그림에서 보이듯이 두 표현의 노드 크기가 가장 크다. 세 교재에서 공통적으로 제시하는 표현은 '시간을 보내다, 시간에 쫓기다, 시간이 흐르다'의

세 개뿐이었으며, 두 교재에서 공통적으로 제시하는 표현은 '시간이 있다, 시간이 지나다' 두 개뿐이었다. 이와 같이 교재에서 제시되는 시간 표현 유형이 다르다는 것은 통일된 교육용 시간 표현 선정 작업의 필요성을 다시금 확인해 준다.

② 제시 단계

다음으로 각 교재 어휘 목록에서의 등급별 시간 표현 제시 양상이 어떠한지 아래 <그림 Ⅲ-11>과 같이 제시한다. 시간 표현은 한국에서 개발한 A~D 교재의 어휘 목록에만 제시되었기 때문에 한국 교재를 중심으로 분석하고자 한다.

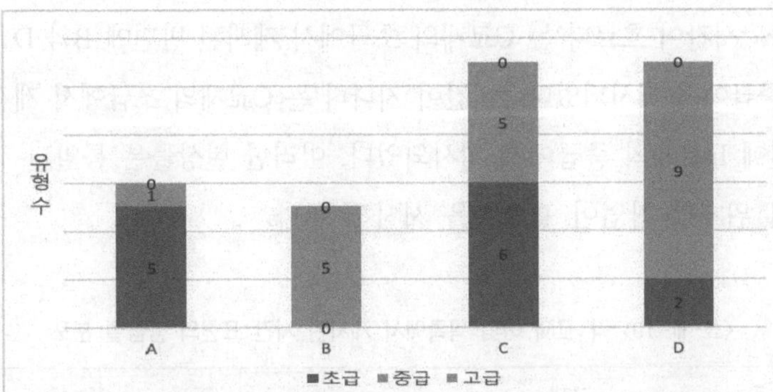

〈그림 Ⅲ-11〉 교재 어휘 목록에서의 등급별 시간 표현 제시 양상

<그림 Ⅲ-11>에서 보듯이 네 교재는 시간 표현을 고급에서 제시하지 않았다는 점에서 공통적이나, 제시 단계 및 등급별 제시 비중은 서로 다른 양상을 보인다. 제시 단계를 보면 B교재는 시간 표현을 중급에서만 제시하였고 A, C, D교재는 초급과 중급에서 두루 제시하였다. 제시 비중을 보면 A와 C교재는 시간 표현을 초급에서 많이 제시하는 반면에 B와 D교재는 제시의 중점을 초급에 둔다는 것이 역시 뚜렷한

차이점이다. 이는 각 교재마다 시간 표현의 제시 단계가 통일되지 않았으며, 동일한 숙달도의 교재임에도 교재별로 제시되는 시간 표현의 양에서 차이가 있음을 보여 준다.

이뿐만 아니라, 아래 <표 Ⅲ-19>에서는 각 교재 어휘 목록에서 제시된 시간 표현의 등급별 분포를 제시하였는데 표에서 보이는 바와 같이 동일한 시간 표현임에도 각 교재에서 제시되는 등급이 다른 경우가 적지 않다. 예컨대, '시간이 나다'는 B와 D교재의 중급에서 제시된 반면에 A와 C교재에서는 초급에서 제시되었다. '시간을 내다'는 A교재의 초급에서 제시된 반면에 B와 C교재의 중급에서 제시되었다. 그리고 D교재에서는 초급과 중급 모두에서 제시되었다. 또한, '시간을 보내다'는 A교재의 초급에서 제시된 반면에 C와 D교재의 중급에서 제시되었다. '시간이 흐르다'는 C교재의 초급에서 제시된 반면에 B와 D교재의 중급에서 제시되었다. '시간이 지나다'는 C교재의 초급에서 제시된 반면에 D교재의 중급에서 제시되었다. 이러한 현상들은 통일된 시간 표현 위계화 작업이 필요함을 시사해 준다.

〈표 Ⅲ-19〉 각 교재 어휘 목록에서 제시된 시간 표현의 등급별 분포

교재 / 시간 표현	A	B	C	D
시간이 나다	초급	중급	초급	중급
시간을 내다	초급	중급	중급	초급, 중급
시간을 보내다	초급	-	중급	중급
시간에 쫓기다	-	중급	중급	중급
시간이 흐르다	-	중급	초급	중급
시간이 있다	-	-	초급	초급

시간이 지나다	-	-	초급	중급
시간이 가다	-	-	-	중급
시간이 가는 줄 모른다	중급	-	-	-
시간을 관리하다	-	중급	-	-
시간이 되다	-	-	초급	-
시간이 되돌리고 싶다	-	-	중급	-
시간을 때우다	-	-	중급	-
시간을 벌다	-	-	-	중급
시간이 없다	-	-	초급	-
시간이 지나가다	초급	-	-	-
시간을 지키다	초급	-	-	-
시간을 쪼개다	-	-	-	중급

③ 제시 방식

이어서 교재에서의 시간 표현 제시 방식을 살펴보겠다. 6가지 교재 중에 A, B, E, F교재에서는 시간 표현이 임의적으로 대화문이나 읽기 텍스트에 제시되었으며 시간 표현의 의미 해석과 연습이 마련되어 있지 않는 반면에 C와 D교재에서는 시간 표현을 한데 모아서 제시하였다. 그러나 C교재는 아래 <그림 Ⅲ-12>에서 보이듯이 '시간 경과'를 나타내는 표현만을 묶어서 제시하였으나 문법 '-(으)ㄴ 지'를 연습하기 위해서 제시한 것이고 시간 표현을 익히는 데에 주요 목적을 두지 않았다.

이와 반대로 D교재에서는 아래 <그림 Ⅲ-13>에서 보이듯이 '어휘를 늘려 봅시다'라는 페이지를 두어 시간 표현을 비교적 체계적으로 제시하고 있어 다른 세 교재와 차이를 보인다. 또한 학습자로 하여금 시간 표현의 의미를 파악하게 하는 담화 완성 연습 문제, 배운 표현을 다시금 생산해 보도록 하는 시간 경험에 대해서 이야기하는 활동까지 제시하고 있다.

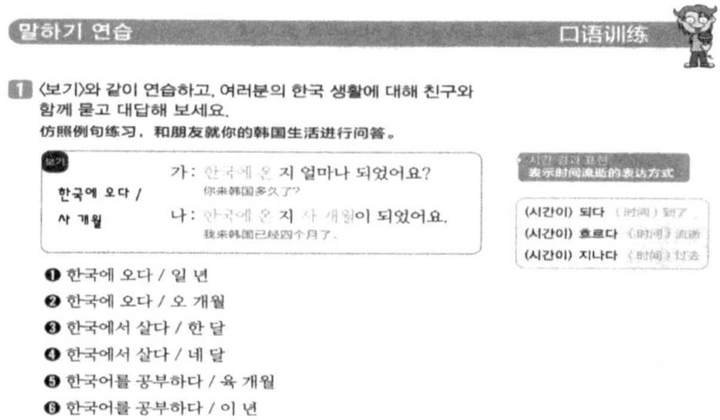
말하기 연습 口语训练

1 〈보기〉와 같이 연습하고, 여러분의 한국 생활에 대해 친구와 함께 묻고 대답해 보세요.
仿照例句练习，和朋友就你的韩国生活进行问答。

보기
한국에 오다 / 사 개월
가: 한국에 온 지 얼마나 되었어요?
你来韩国多久了?
나: 한국에 온 지 사 개월이 되었어요.
我来韩国已经四个月了。

시간 경과 표현
表示时间流逝的表达方式
(시간이) 되다 (时间) 到了
(시간이) 흐르다 (时间) 流逝
(시간이) 지나다 (时间) 过去

❶ 한국에 오다 / 일 년
❷ 한국에 오다 / 오 개월
❸ 한국에서 살다 / 한 달
❹ 한국에서 살다 / 네 달
❺ 한국어를 공부하다 / 육 개월
❻ 한국어를 공부하다 / 이 년

〈그림 Ⅲ-12〉 C교재 2권 12과

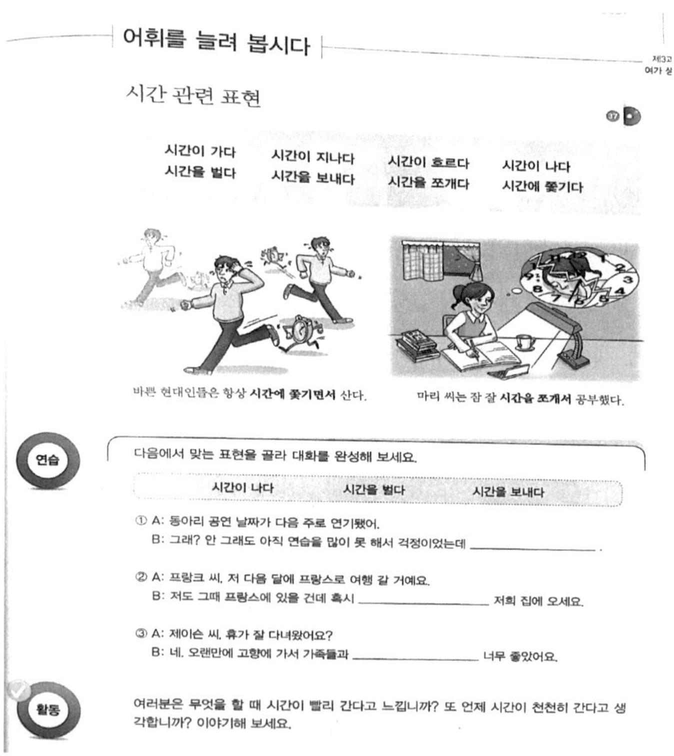
어휘를 늘려 봅시다

시간 관련 표현

시간이 가다
시간을 벌다
시간이 지나다
시간을 보내다
시간이 흐르다
시간을 쪼개다
시간이 나다
시간에 쫓기다

바쁜 현대인들은 항상 **시간에 쫓기면서** 산다.

마리 씨는 잠 잘 **시간을 쪼개서** 공부했다.

연습

다음에서 맞는 표현을 골라 대화를 완성해 보세요.

시간이 나다 　 시간을 벌다 　 시간을 보내다

① A: 동아리 공연 날짜가 다음 주로 연기됐어.
B: 그래? 안 그래도 아직 연습을 많이 못 해서 걱정이었는데 ________________.

② A: 프랑크 씨, 저 다음 달에 프랑스로 여행 갈 거예요.
B: 저도 그때 프랑스에 있을 건데 혹시 ________________ 저희 집에 오세요.

③ A: 제이슨 씨, 휴가 잘 다녀왔어요?
B: 네, 오랜만에 고향에 가서 가족들과 ________________ 너무 좋았어요.

활동

여러분은 무엇을 할 때 시간이 빨리 간다고 느낍니까? 또 언제 시간이 천천히 간다고 생각합니까? 이야기해 보세요.

<그림 Ⅲ-13> D교재 3-1권 4과(p.73)

그리고 아래 <그림 Ⅲ-14>에서 보이듯이 제시 부분에서 '시간에 쫓기다'와 '시간을 쪼개다'의 의미 생성 원리를 그림을 통해서 보여 줌으로써 학습자의 이해를 증진시킨다는 점이 주목된다. 이는 시간 표현에 내재된 은유 원리를 활용해서 학습자의 이해를 증진시키는 방식이 이미 한국어교육에서 적용되고 있음을 보여 준다. 이러한 점에서 보다 많은 한국어교육용 시간 표현을 발굴하고 이들 표현의 은유 원리를 규명하는 것은 의의가 있는 작업이라 할 수 있다.

바쁜 현대인들은 항상 **시간에 쫓기면서** 산다.

마리 씨는 잠 잘 **시간을 쪼개서** 공부했다.

〈그림 Ⅲ-14〉 D교재 3-1권 4과(p.73)

그러나 D교재에서는 은유 원리를 활용하기는 하였으나 그림을 제시하는 데에 그쳐 은유 원리를 보다 명시적으로 표면에 내세우지 못하여 은유의 전략 활용을 적극적으로 장려하지 못하였다는 한계가 있다. 이와 같이 개념적 은유 이론을 적용한 한국어교육 연구 성과가 아직 적극적으로 교재에 스며들지 못하였다는 문제점은 인지언어학 이론을 적용한 한국어교육 연구 현황을 분석한 진영하(2021ㄱ)에서도 지적한 바가 있다. 즉 인지언어학 이론을 적용한 한국어교육 연구에서는 이론에서 실천으로 전이의 결핍 문제를 안고 있다. 개념적 은유의 교육 효율성을 가장 먼저 역설한 영어 교육에서도 교재 개발과 교육 현장에서 개념적 은유를 적극적으로 활용하는 데는 아주 오랜 시간 걸렸다(Kellerman, 2001:182).

이렇게 교재 개발자와 교사가 개념적 은유를 활용하는 데 소극적인 태도를 보인 이유는 아래와 같은 몇 가지 점에서 찾을 수 있다. 먼저 비록 라이코프를 비롯한 여러 학자가 역설하였듯이 개념적 은유가 분석 가능하고 구조화되어 있기는 하나, 전통적 언어학에서 주장하는 문법 규칙보다 덜 명확하고 규칙적이지 않다는 것이 사실이다. 이로 인하여 규칙을 가르치고 규칙을 암기하는 것을 위주로 하는 교육 현장에서 외면당할 수밖에 없다. 그리고 은유는 문학적인 수사 장치로서 다소 이해하기 어려운 것이며, 은유 표현은 소수 화자들에게만 사용되는 것이므로 학습자에게 교수할 필요가 없다는 관점이 여전히 많기 때문이다. 이외에 평가되지 않으면 교육되지 않게 되므로 은유 이해 및 사용을 평가하는 테스트가 아직 잘 개발되어 있지 않다는 것도 이유 중에 하나이다. 그러나 이미 많은 연구에서 증명하였듯이 은유는 학습자의 이해 능력, 기억 능력, 의사소통 능력 신장에 긍정적 영향을 미친다는 점에서, 시간 표현을 체계적으로 제시하고 이에 대한 연습 활동을 마련하는 동시에 시간 표현에 내재된 은유 원리를 추가적으로 제시하는 것은 시간 표현을 익히는 데에 효율적인 방안이 될 것이다.

(2) 교재 말뭉치 분석 결과

① 출현 빈도

이어서 전체 교재 학습 내용이 포함된 교재 말뭉치를 분석하여 전체 학습 내용에서의 시간 표현 제시 양상을 분석하고자 한다. 우선 전체 교재 말뭉치에서의 시간 표현 빈도 및 누적 비율을 아래 <표 Ⅲ-20>에 제시하였다.

〈표 Ⅲ-20〉 전체 교재 학습 내용에 제시된 시간 표현 빈도와 누적 비율

순위	표현	빈도	누적 비율	순위	표현	빈도	누적 비율
1	시간이 있다	59	21.77%	18	시간을 절약하다	2	92.62%
2	시간이 걸리다	48	39.48%	19	시간을 줄이다	2	93.36%
3	시간이 없다	43	55.35%	20	시간을 지키다	2	94.10%
4	시간이 지나다	21	63.10%	21	시간이 길다	2	94.83%
5	시간이 되다	16	69.00%	22	시간이 나다	2	95.57%
6	시간을 보내다	13	73.80%	23	시간이 부족하다	2	96.31%
7	시간이 짧다	7	76.38%	24	시간에 맞추다	1	96.68%
8	시간이 가다	7	78.97%	25	시간을 갖다	1	97.05%
9	시간을 내다	6	81.18%	26	시간을 늘리다	1	97.42%
10	시간이 흐르다	5	83.03%	27	시간을 쪼개다	1	97.79%
11	시간을 낭비하다	4	84.50%	28	시간이 넘다	1	98.15%
12	시간이 많다	4	85.98%	29	시간이 들다	1	98.52%
13	시간이 지나가다	4	87.45%	30	시간이 생기다	1	98.89%
14	시간이 필요하다	4	88.93%	31	시간이 소중하다	1	99.26%
15	시간을 활용하다	3	90.04%	32	시간이 아깝다	1	99.63%
16	시간이 남다	3	91.14%	33	시간이 중요하다	1	100.00%
17	시간을 쓰다	2	91.88%				

교재 말뭉치에서 총 33가지 271개의 시간 표현이 검색되었다. 가지 수가 많아 보이지만 빈도 1이나 2의 시간 표현만이 17가지에 달하였다. 30여만 어절 정도의 교재 말뭉치에서 단 한두 번 출현한 것은 의미가 크지 않다고 본다. 또한, 진영하(2020ㄴ)에 따르면 한국어 모어 화자의 말뭉치에서 전체 시간 표현의 86.83% 이상이 상위 50개 시간 표현으로

실현되는 반면에 <표 Ⅲ-20>에서 보이듯이 교재 말뭉치에서 전체 시간 표현의 81.92%가 상위 10개 시간 표현으로 실현된다. 그리고 '시간이 있다' 하나만으로는 전체 시간 표현의 21.77%를 차지하였으며 상위 3개 시간 표현인 '시간이 있다', '시간이 걸리다', '시간이 없다'의 빈도를 합하면 이미 전체 빈도의 55%를 상회한다는 점 역시 도드라지는 특징이다. 이러한 현상들은 모두 교재에서의 시간 표현 제시가 몇 개의 시간 표현에 편향되어 다양한 시간 표현을 제시하는 데 한계를 가지고 있음을 보여 준다.

다음으로 각 교재의 전체 학습 내용에서 제시된 시간 표현의 양상을 보겠다. 관련 정보는 아래 <표 Ⅲ-21>에 정리하였다. 우선, 유형 수를 보면 가장 많은 유형을 제시한 교재는 20가지 표현을 제시한 A교재이다. 나머지 B, C, E교재는 14가지 혹은 15가지 표현을 제시하였으며 D와 F교재는 각 10가지, 12가지 표현을 제시하였다. 그리고 빈도수를 보면 C와 A교재는 시간 표현을 60번 이상을 제시하였으며 B와 E교재는 50번 안팎을 제시하였다. 이와 반대로 D와 E교재는 전체 초중고급 학습 내용에서 시간 표현을 20번 정도만 제시하여 다른 교재와의 격차가 심하다.

〈표 Ⅲ-21〉 각 교재의 전체 학습 내용에서 제시된 시간 표현의 정보

		A교재	B교재	C교재	D교재	E교재	F교재
유형 수		20	15	15	10	14	12
빈도수		60	47	69	24	50	23
다양도		0.33	0.32	0.22	0.42	0.28	0.52
상위 3위	표현	시간을 보내다,	시간이 걸리다,	시간이 있다,	시간이 걸리다,	시간이 있다,	시간이 걸리다,

		시간이 걸리다, 시간이 없다	시간이 있다, 시간이 없다	시간이 없다, 시간이 걸리다	시간이 있다, 시간이 지나다	시간이 지나다, 시간이 되다	시간이 없다, 시간이 있다
	누적비율	36.21%	65.96%	73.91%	62.50%	52.00%	60.87%

그리고 <표 Ⅲ-21>에서 보이듯이 전체 교재 말뭉치에서 확인한 바와 같이 각 교재에서 제시된 빈도순 상위 3위인 시간 표현은 대체로 '시간이 있다', '시간이 없다', '시간이 걸리다'로 구성된다. 상위 3위 표현의 누적 비율을 통해서 교재 전체 학습 내용에서 제시되는 시간 표현의 집중도를 어느 정도 엿볼 수 있다. 즉 누적 비율이 높을수록 해당 교재에서 몇 개의 시간 표현에 집중적으로 제시하고 있는 경향이 있다고 볼 수 있다. C교재에서 세 표현의 누적 비율은 73.91%로 가장 높았다. 즉, C교재에서 전체 시간 표현의 73.91%가 상위 3개의 시간 표현으로 실현되어 집중도가 가장 큰 교재로 판단된다. B교재, D교재와 F교재에서 누적 비율은 모두 60%대를 보였으며 E교재에서 누적 비율은 역시 높은 수준인 50%대를 보였다. 이는 앞서 전체 교재 말뭉치 분석에서 확인하였듯이 이들 교재 전체 학습 내용에서 한정된 몇 개의 시간 표현을 집중적으로 제시하고 있음을 확인해 준다. 다른 교재와 달리 A교재에서 누적 비율은 36.21%로 가장 낮은 것으로 나타났다. 앞서 A교재에서 제시된 표현의 유형 수나 빈도수 면에서 비교적으로 높은 수준에 있다는 것을 통해서 A교재는 다른 교재보다 다양한 시간 표현을 전체 학습 내용에 적극적으로 제시하고 있다고 할 수 있다.

아래 <그림 Ⅲ-15>는 각 교재 전체 학습 내용에 제시된 시간 표현의 중심어 '시간'과 공기어들이 구성된 네트워크 분석을 실시한 결과이다. 네트워크에서 연결선의 길이와 굵기는 출현 빈도를 반영하는데, 빈도가 높을수록 연결선이 더 짧아지고 굵어진다. 그림을 통해서 각 교재의 전체 학습 내용에서 어떤 시간 표현이 제시되고 있는지, 어떤 시간 표현에 편향되어 제시되고 있는지를 일목요연하게 확인할 수 있다.

② 빈도와 t점수의 상관관계

교재 전체 학습 내용에서 시간 표현을 몇 개에만 집중적으로 제시하는 것은 물론, 시간 표현을 균형적으로 제시하는 것은 역시 지양해야 한다. 개별 시간 표현에 따라 그 학습 중요성이 달라지므로 제시되는 빈도는 학습 중요성에 비례하도록 조정될 필요가 있다. 앞서 Ⅲ장에서 검토하였듯이 모어 화자 말뭉치에서 시간 표현의 공기 강도, 즉 t 점수는 시간 표현의 공기 빈도와 유용성을 반영하므로 시간 표현의 학습 중요성과 연결될 수 있다. 따라서 교재에서 제시된 시간 표현의 빈도가 해당 표현의 t 점수를 반영한다면 교재의 학습 효율성이 높을 것이다. 이러한 전제하에, 본 연구에서는 교재 말뭉치에서 제시된 시간 표현의 빈도가 시간 표현의 t 점수를 반영하는지를 살펴보고자 한다. 이를 위해서 교재에서 제시된 각 시간 표현의 출현 빈도와 모어 화자 말뭉치 분석을 통해서 얻은 각 표현의 t 점수 간의 상관관계 분석을 실시하였으며 그 결과를 아래 <표 Ⅲ-22>에 정리하였다.

〈표 Ⅲ-22〉 교재 말뭉치에서의 시간 표현 출현 빈도와 공기 강도의 상관관계 분석

		평균	표준화 편차	상관계수	유의확률
전체	빈도	7.74	13.984	.345	0.049*
	t 점수	11.00	7.434		
A교재	빈도	3.05	2.223	.625	0.004**
	t 점수	10.40	7.812		

B교재	빈도	3.13	3.833	0.325	0.237
	t 점수	8.81	6.215		
C교재	빈도	4.60	7.099	-0.112	0.691
	t 점수	12.40	7.841		
D교재	빈도	2.40	2.066	0.317	0.372
	t 점수	13.63	8.138		
E교재	빈도	3.57	3.413	0.248	0.393
	t 점수	11.92	8.467		
F교재	빈도	2.09	1.814	0.362	0.273
	t 점수	11.61	6.168		

*p〈0.05, **p〈0.01

앞서 한국어 모어 화자 말뭉치에서 시간 표현의 공기 빈도와 t 점수 간에는 높은 정적인 상관관계를 보였다고 언급한 바가 있다(r=.786, p=.000). 그러나 전체 교재 말뭉치에서의 결과를 보면, 시간 표현의 빈도와 t점수의 상관관계에 대한 유의확률은 .049이며 상관계수는 .345이다. 상관계수가 .20~.40일 경우에는 상관이 낮(김동성, 2010:183)으므로 전체 교재 말뭉치에 출현한 시간 표현의 빈도와 t점수 간에는 유의미한 상관관계를 보였으나 그 상관관계가 다소 약한 것으로 보인다는 결론을 내릴 수 있다.

이어서 개별 교재를 보면 A교재에서만 유의확률 .006로 시간 표현의 제시 빈도와 t 점수 간에 유의미한 상관관계를 보였다. 상관성의 강도 판단에 있어서 일반적으로 상관계수가 .40~.70에 있으면 비교적 높은 상관성이 있다고 한다(김동성, 2010:183). 이러한 점에서 A교재에서 상관계수가 .625로 .40~.70에 있으므로 시간 표현의 빈도와 t 점수 간에 비교적 높은 상관이 있다.

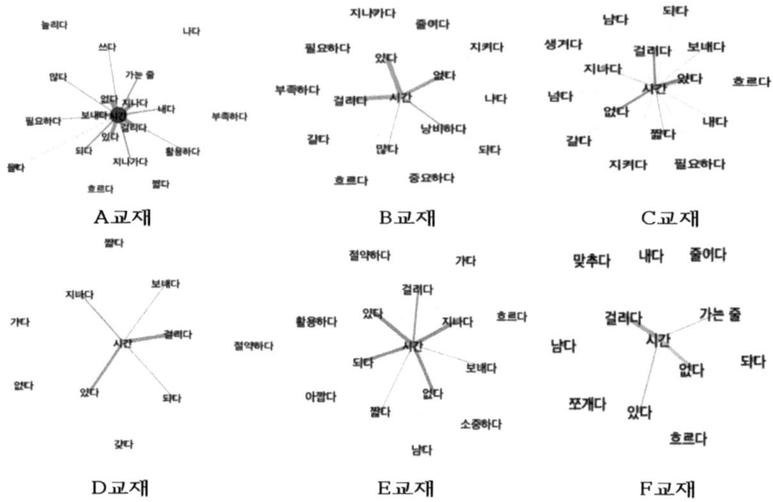

〈그림 Ⅲ-15〉 교재별 전체 학습 내용에 제시된 시간 표현 네트워크

즉 A교재에서는 시간 표현이 t점수에 상응되는 빈도로 제시되고 있다고 할 수 있다. 나머지 5가지 교재에서 시간 표현의 출현 빈도와 t 점수 간에 상관관계에 관한 유의확률이 .05보다 높기 때문에 유의미한 상관관계를 보이지 않았다. 즉, A교재를 제외한 나머지 교재에서 각 시간 표현이 제시되는 빈도는 그 공기 강도에 대해 상당히 낮은 예측력을 지니며, 이는 한국어 시간 표현에 학습자들이 노출된 횟수나 한국어 시간 표현에 대한 친숙도로 공기 강도를 예측하기 어렵다는 것을 의미한다. 또한 공기 강도와 빈도 수준 간의 불일치로 인해 높은 공기 강도를 지닌 시간 표현들이 이에 상응하는 빈도로 충분히 반복 제시되지 못해 학습 효율이 낮을 것으로 보인다.

이상으로 본 연구에서는 6권 교재의 어휘 목록에서의 시간 표현 제시 양상과 전체 학습 내용으로 구성된 교재 말뭉치에서의 시간 표현 제시 양상을 살펴보았다. 결과를 정리하면 아래와 같다. 먼저 각 교재의 어휘 목록에서 제시된 시간 표현의 유형 수가 적고 또 제시되는 시간 표현의 유형이 통일되지 않았으며, 등급별 시간 표현 제시 비중이 다른 것과, 같은 시간 표현이더라도 서로 다른 등급에서 제시된다는 것을 확인하였다. 이러한 결과는 통일된 교육용 시간 표현 선정 및 위계화 작업이 필요함을 시사해 준다. 대부분의 교재에서 시간 표현은 임의적으로 대화문이나 읽기 텍스트에 제시되었으며 시간 표현의 의미 해석과 연습이 마련되어 있지 않았다. 일부 교재에서는 부분적으로 시간 표현의 이해를 돕기 위한 의미 생성 과정을 제시하려는 시도가 이루어지고 있기는 하지만 개념적 은유 원리를 표면에 내세우지 못하였다는 한계점이 있다. 교재 말뭉치를 분석한 결과, 교재에서의 시간 표현 제시는 몇 개의 시간 표현에 편향되어 다양한 시간 표현을 제시하는 데 한계를 보였다. 그리고 교재에서 각 시간 표현이 제시되는 빈도는 그 공기 강도에 대해 상당히 늦은 예측력을 보였다. S. Krashen에 의하면 습득은 결정적으로 입력의 양과 질에 의존한다는 점에서 교재에서 앞서 언급한 한계점을 보완하여 보다 다양한 시간 표현을 적극적으로 제시하는 것이 바람직하다.

IV

중국인 학습자의 시간 은유 표현 이해·산출 양상

넓은 의미에서 은유 능력을 학습자가 은유 표현을 이해하고 산출하는 능력(Littlemore, 2001: 461)으로 본다면, 그중에서도 시간 은유 능력은 학습자가 시간 은유 표현을 이해하고 산출하는 능력이라 하겠다. 이 장에서는 연구 문제 3인 중국인 학습자의 시간 은유 능력, 즉 시간 은유 표현 이해 양상과 산출 양상을 살펴보고자 한다. 이를 위해 중국인 학습자를 대상으로 한 설문 조사를 실시하여 아래와 같은 세분적인 연구 문제를 해결하고자 한다.

우선, 학습자의 시간 표현 이해 능력과 산출 능력에 영향을 미치는 변인이 무엇인지를 찾아내고자 한다. 유력한 변인 중 하나는 언어 발달 연구에서 쟁점이 되어 온 숙달도일 것이다. 이를 검증하기 위해서 숙달도에 따라 시간 표현 이해 및 산출 테스트의 정답률이 차이를 보이는가를 고찰하고자 한다.

또한, 앞서 Ⅲ장에서는 한국어 시간 표현의 은유 유형을 이동화와 자원화, 그리고 공간화로 분류하였는데, 이러한 은유 유형은 학습자가 시간 표현을 이해하거나 산출하는 데 영향을 미칠 수 있는 또 다른 변인이 될 것으로 예측된다. 이를 검증하기 위해서 초·중·고급 각 등급에서 은유 유형에 따라 시간 표현 이해 및 산출 정답률에 차이가 있는지를 살펴보고자 한다.

그리고 Ⅲ장에서는 문자적 의미, 은유적 의미, 개념적 은유라는 세 가지 측면에서 한중 시간 표현 대응 유형을 분석하여 대응 유형 네 가지를 도출하였다. Kellerman(1995: 143)에서는 제1언어의 인지와 언어가 제2언어에 영향을 줄 수 있다고 주장하였는데, 그렇다면 중국어에는 없고 한국어에만 있는 시간 은유는 습득하기 어려운 것일까? 문자적 의미는 다르지만 동일한 개념적 은유가 사용된 표현의 경우, 학습자들은 해당 은유를 습득하는 데 실패하는 것일까? 또 동일한 문자적 의미와 은유적 의미를 가지고 그 은유적 의미는 또한 동일한 개념적 은유에서 비롯된 시간 표현의 경우, 학습자들은 해당 표현을 습득하는 데 어려움이 없는 것일까? 이러한 질문은 중국인 학습자의 시간 표현 이해 및 산출 능력에 모국어의 영향을 받는지에 관한 것이라 할 수 있다. 이러한 문제를 해결하기 위해서 한중 대응 유형에 따라 시간 표현 이해 및 산출 정답률에 차이가 있는지 고찰하고자 한다.

이미 많은 연구(Nation, 2013; Webb, 2008 등)에 의해 증명되었듯이 학습자가 알고 있는 어휘량이 실제 사용할 수 있는 어휘량보다 더 크다는 점에서 이해 어휘와 산출 어휘[59] 사이에 격차가 존재한다. 그렇다면 전체 시간 표현에 대한 중국인 학습자의 이해 지식과 산출 지식의 크기 차이는 어떠하며 두 지식 간의 상관관계는 어떠한가? 그리고

59 이해 어휘는 수용적 어휘, 수동적 어휘, 인식 어휘 등의 용어로도 쓰이고 사용 어휘는 생산적 어휘, 능동적 어휘, 산출 어휘 등의 용어로 사용되기도 한다. 본 연구에서는 용어의 통일을 기하고자 이해 어휘와 산출 어휘라는 용어를 사용하고자 한다.

Nation(2013: 73)에서는 산출을 위해서는 이해를 위한 학습만으로는 충분하지 않은 경우가 많다는 점에서 교수학습에서 이해를 위한 학습과 산출을 위한 학습에 대한 구분이 중요하다고 주장하였다.[60] 즉, 이해에 어려움이 있는 표현, 산출에 어려움이 있는 표현에 따라 교육적 처치가 달라져야 한다는 점에서 각 분류에 해당되는 표현을 도출하는 것 역시 해결되어야 할 문제이다. 이에 본 연구에서는 시간 은유 표현 습득 단계에 있어서도 이해 차원의 표현과 산출 차원의 표현 사이에 간격이 존재함을 전제로 하여, 전체 시간 표현 이해 및 산출 지식 크기를 비교한 다음에 개별 시간 표현의 이해 지식과 산출 지식을 비교하여 이해나 산출 각각에 어려움이 있는 표현이 무엇인지를 구체적으로 정리할 것이다.

앞서 언급한 숙달도와 유형, 혹은 이해 지식과 산출 지식의 격차뿐 아니라 학습자가 개별적인 시간 표현을 이해하고 산출하는 데 또 다른 어려움들이 존재할 수 있다. 이러한 세부적인 어려움 역시 학습자의 시간 은유 표현의 이해와 산출에 영향을 미치며, 곧 시간 은유 표현의 이해 및 산출 능력과도 직결된다고 할 수 있기에, 학습자가 보이는 구체적인 오류에도 주목이 요청된다. 따라서 마지막으로 본 연구에서는 개별 시간 표현의 오류 양상을 분석하여 오류 원인을 보다 구체적으로 규명하고자 한다.

이상의 검토를 바탕으로 연구 문제 3을 연구 문제 3-1~3-3로 세분화하여 논의를 진행하고자 한다.

연구 문제 3: 중국인 학습자의 시간 은유 표현 이해 및 산출 양상은

---

60 그리고 Read(2000)에서는 이해 어휘 지식과 산출 어휘 지식에 대한 명확한 구분은 어휘 교육에서뿐만 아니라 어휘 평가에서도 중요하다고 강조한 바가 있다.

어떠한가?

연구 문제 3-1: 숙달도, 은유 유형, 한중 대응 유형에 따라 학습자의 이해 및 사용 정답률에 차이가 있는가?

연구 문제 3-2: 시간 표현의 이해와 산출 간 상관관계는 어떠하며, 이해와 산출 각각에 어려움이 있는 표현으로는 어떤 것이 있는가?

연구 문제 3-3: 학습자가 시간 표현을 이해하거나 산출하는 데 오류를 보이는 구체적인 원인은 무엇인가?

1. 실험 대상 및 방법

1.1. 실험 대상

본 연구에서는 중국인 학습자를 대상으로 시간 표현 이해 및 산출 양상을 파악하고자 한다. 학습자의 습득 양상을 파악하기 위해서 학습자 언어의 특정 요소가 발달 단계의 각 지점에서 사용되는 빈도수를 계산하는 종적인 방법이 있다. 그러나 여러 가지 현실적 제약으로 종적 자료 확보가 용이하지 않다는 점을 감안하여 본고에서는 유사통시적 연구(pseudo-longitudinal study)(Gass & Selinker, 1994: 34-36)를 실시하고자 한다.[61] 유사 통시적 연구 방법을 활용하기 위해서는 다양한

61 유사통시적 연구란 통시적 연구와 같이 언어변화에 강조점을 두고 있는데, 서로 다른 숙달도에 있는 학습자의 언어를 일시에 수집하고 분석하는 것이다. 다양한 숙달도의 학습자 자료를 단일 시점에 수집하고 숙달도별 습득 양상을 분석함으로써 발달의 방향을 추정할 수 있다는 점에서 종적 연구와 유사한 효과를 얻을 수 있다고 할 수 있다.

숙달도 단계에 놓인 학습자들의 자료가 요구되는데 본고에서는 중국 4년제 대학 중에서 임의로 대학 3개를 선정하여 한국어 전공 1, 2, 4학년을 마친 학습자[62]를 대상으로 하여 편의 표집 방식으로 수집한다. 본 연구에 참여한 4학년 학습자는 모두 TOPIK 고급 자격증을 소지하고 있으나 1, 2학년 학습자는 아직 TOPIK에 응시하지 않아 숙달도를 확인하는 것이 현실적으로 쉽지 않다. 따라서 선정된 대학의 한국어 교사에게 연락하여 1, 2학년 학습자의 숙달도 수준이 어느 정도 되는지 문의하였는데 1학년은 초급 수준에 해당되고 2학년은 중급 수준에 해당된다는 일치한 응답이 나왔다. 따라서 본 연구에 참여한 1, 2, 4학년 학습자의 한국어 수준은 각각 초급, 중급, 고급이라 할 수 있겠다.

Siyanova & Schmitt(2008)에서는 목표어 국가에서 일 년 이상 거주한 경험이 있는 학습자는 덩어리 표현의 공기어 선택이 더 정확하다고 밝힌 바가 있다. 이해영·정혜선(2019)에서도 학습자의 한국 거주 경험은 학습자의 은유 표현의 이해 능력에 있어 중요한 변인이라고 주장하였다. 이렇듯 목표어 국가 거주 경험은 언어 습득에 중요한 영향 요인이 된다. 이러한 변인을 통제하기 위해서 본 연구에서는 한국 거주 경험이 1년 이하인 학습자를 실험 대상으로 삼고자 한다. 따라서 수거된 설문지에서 한국 거주 경험이 1년 초과인 학습자의 응답 자료와 불성실한 응답 자료를 제외한 후 1학년 학습자 39명, 2학년 학습자 40명, 4학년 학습자 30명의 자료를 최종 분석 대상으로 하였으며 참여자의 정보는 아래 <표 Ⅳ-1>과 같이 제시한다.

---

62 중국 대학은 새 학기를 9월부터 시작하는 가을학기제이고 설문 조사는 7월에 실시된 것이다. 따라서 여기의 1, 2, 4학년 학습자는 해당 학년 학습 과정을 이미 마친 학습자라고 할 수 있다.

〈표 Ⅳ-1〉 실험 참여자 정보

구분	1학년	2학년	4학년
모국어	중국어	중국어	중국어
숙달도	초급	중급	고급
유학 경험	무	무	4개월~1년
참여 인원	39	40	30

한편, 본 연구에서는 한국어 모어 화자 31명(여자 20명, 남자 11명)으로 구성된 참조 집단을 설정하였다. 미세한 의미 차이나 관습성의 차이, 또는 구어·문어 사용역의 차이로 인하여 유의 관계에 있는 시간 표현은 구별되어 사용되기도 하고 대치 사용되기도 한다. 이러한 특성으로 인하여 시간 표현의 정확성 판단은 개인의 직관에 따라 다를 수 있다. 따라서 일정한 규모를 가진 모어 화자들의 응답 분포를 통해서 연구자 개인의 직관에 따른 정확성 판단 문제를 해소할 수 있을 것이다. 또한, 모어 화자의 시간 표현 응답 분포는 학습자의 시간 표현 응답 분포와 비교될 수 있다는 점에서 학습자의 응답 분포 특성을 분석하는 데에도 그 활용 가치를 찾을 수 있다.[63]

1.2. 실험 도구 및 문항 설정

(1) 이해·산출 양상 측정 도구

본 연구에서는 중국인 한국어 학습자의 시간 표현 이해 양상과 산출

63 이와 관련하여 이해영(2011b: 318)에서도 학습자 언어에 나타난 오류나 중간언어 현상을 설명하기 위해서는 한국어 모어 화자가 구사하는 한국어 현상들을 참조해야 한다고 강조한 바가 있다.

양상을 살펴보기 때문에 시간 표현 이해 양상과 산출 양상 각각을 측정하는 테스트를 구성하여야 한다.

O'Reilly & Marsden(2020)에 따르면 지금까지 은유 이해 및 산출 양상을 측정하는 방법에는 대체로 두 가지 수집 방법이 사용되어 왔다. 첫 번째는 자연적인 자료 수집 방법이다. 영어 학습자의 은유 표현 산출 양상을 고찰한 Pitzl(2016)에서 사용한 학습자의 자연적인 발화 자료를 수집하는 방법, 영어 학습자의 은유 표현 이해 양상을 고찰한 Kathpalia & Carmel(2011)와 영어 학습자와 영어 모어 화자의 은유 표현 산출 양상 차이를 비교 분석한 Nacey(2013)에서 채택한 작문 자료를 수집하는 방법이 이에 해당된다. 두 번째 수집 방법은 유도적 자료를 수집하는 방법이다. 예를 들어 선다형 테스트나 번역 테스트, 빈칸 채우기 테스트, 혹은 수용성 판단 테스트, 실험 자극 테스트 등이 이해 해당된다. 유도적 자료보다 자연적인 자료는 학습자가 사용하고 있는 진정한 목표 언어 수준을 반영할 수 있다는 장점이 있으나, 자료에서 관찰되지 않은 항목에 대해서 명확한 답을 제공해 주지 못한다는 한계점이 있다. 예를 들어, 학습자가 특정한 은유 표현을 만들어내지 않는다면, 연구자는 학습자가 그것을 모르는지 아니면 단지 그것을 사용할 기회가 없었는지 알 수 없다. 달리 말하자면, 자연적인 자료는 학습자의 언어 사용 빈도 분포를 고찰하는 데 의의가 있으나, 목적형 자료가 아니므로 연구자가 원하는 은유 표현 추출 시 빈칸이 많을 것이며 빈칸이 단순 부재인지 아니면 회피로 인한 오류인지 확인할 수 없다는 한계가 있다. 그리고 실제적으로 중국인 학습자의 말뭉치에 나타난 시간 표현 산출 양상을 고찰한 진영하(2021ㄴ)의 연구 결과를 살펴보면 학습자 말뭉치에서 한정된 몇 개의 시간 표현만 높은 빈도로 출현하고 시간 표현의 다양성은 다조 부족한 것으로 나타났다. 따라서 본

연구에서는 연구자가 유도한 학습자 언어 자료를 수집하고자 한다.

앞서도 언급하였듯이 유도적 학습자 자료를 수집하는 방법으로는 선다형 테스트나 번역 테스트 등 여러 가지가 있는데 O'Reilly & Marsden(2020)에서는 선다형 테스트와 수용성 판단 테스트를 이용하여 모어 화자와 제2언어 학습자의 은유 이해 능력을 측정하였으며, 빈칸 채우기 테스트를 이용하여 은유 산출 능력을 측정하였다. 그리고 그는 이 테스트들의 신뢰성을 고찰하였는데 그 결과 세 테스트 모두는 학습자의 은유 이해와 산출 능력을 측정하는 데 높은 대표성과 신뢰성을 갖추고 있는 것으로 나타났으나, 수용성 판단 테스트에서는 여러 문제점들이 발견되었다. 예컨대, 여러 은유 표현에 대한 모어 화자의 수용성 판단에서 큰 차이가 났다는 점, 또 일부 수용성이 낮은 은유 표현은 사람들이 연상하는 맥락에 따라 수용 가능해질 수 있다는 점이었다. 수용성 테스트의 이러한 한계점을 감안하여 본 연구에서는 은유 이해 능력을 측정하는 데 의미 인식(meaning recognition)을 포착하기에 더 적절한 선다형 테스트만 사용하고[64] 은유 산출 능력을 측정하는 데 O'Reilly & Marsden(2020)과 같이 빈칸 채우기 테스트를 사용하고자 한다.

선다형 테스트는 4지 선다형 문항으로 구성하였다. 5지 선다형 문항은 읽는 데 시간이 더 필요하며, 3지 선다형 문항은 우연히 점수를 얻을 확률이 높기 때문이다. 그리고 2장에서 언급하였듯이 은유 능력의

64 본 연구와 같이 학습자의 언어 항목 이해 능력을 측정하는 데 선다형 테스트를 활용한 연구로는 남주연(2017), 엄녀(2009), Türker(2017), O'Reilly & Marsden(2020) 등이 있다. 남주연(2017)에서는 선다형 테스트를 통해서 한국어 학습자의 이해 언어 능력을 측정하였고, 엄녀(2009)에서는 선다형 테스트를 통해서 중국인 고급 학습자의 한국어 양태 표현 이해 양상을 고찰하였으며 Türker(2017)에서는 선다형 테스트를 통해서 영어권 학습자의 한국어 '-으(로)'의 이해 양상을 고찰하였다.

세부 능력에는 모국어와 목표어의 개념 체계와 언어 실현 방식 간의 차이를 인식하는 능력과 유의관계에 있는 시간 표현에 대한 변별 능력이 포함된다. 따라서 선다형 테스트의 4개의 선택 문항 중에 하나는 정답이고 다른 세 개 문항은 모국어 시간 개념을 반영한 표현이나 정답과 유의나 반의관계에 있는 표현으로 구성되었다. 예컨대 아래 <자료 1>에서 보이듯이 '시간에 쫓기다'에 대응되는 중국어는 '赶时间(시간을 쫓기다)'이므로 '시간을 쫓기다'를 선택항으로 설정하였다. 그리고 '시간을 때우다'는 할 일이 없어서 한가함을 나타내므로 아주 바쁨을 나타내는 '시간에 쫓기다'와 반의관계에 있다고 할 수 있다. 따라서 선택 문항으로 '시간을 때우다'를 설정하게 되었다. 모든 선다형 문항에 '기타' 선택항을 설정하여 본 연구자가 설정한 선택 문항과 다른 답이 있을 경우 '기타' 항에 쓰도록 하였다. 빈칸 채우기 테스트에서는 '시간'만을 제시하고, 공기어 부분을 삭제함으로써 학습자들이 적절한 시간 표현을 산출하도록 하였다.[65] 번역 테스트에서는 모르면서도 응답하는 것을 피하기 위해서 답을 모를 경우 '잘 모르겠다'를 쓰도록 하였다.

은유 처리는 고립된 언어 능력이 아니며 은유에 대한 이해와 사용은 항상 문맥적이고 의사소통적이다(임지룡·김동환 역, 2020: 678). 따라서 모든 문항은 맥락이 제공되어야 한다. 이외에, Kasper & Rose(1999: 87)에서는 실험 참여자의 언어 능력이 자료 수집 도구로 사용된 언어의 수준에 이르지 못할 경우 실험 결과의 신뢰성이 떨어진다(이해영, 2011: 344)고 지적한 바가 있는데 이를 극복하기 위해서, 우선 테스트에 사용된 모든 문항은 학습자들에게 익숙한 대화 주제와 초급 수준의 쉬운 어휘와 문법으로 구성하였으며 학습자가 어려워할 것으로 예상되

65 본 연구와 같이 학습자의 은유 표현 사용 능력을 측정하는 데 빈칸 채우기 테스트를 활용한 연구로는 Charteris-Black(2002), O'Reilly & Marsden(2020) 등이 있다.

는 단어 옆에 중국어 뜻풀이를 병기하였다. 또한, 이해영(2011)과 이해영·Tran Thi Thu Phuong(2020)에서는 상황을 설명하는 지시문을 실험 참여자의 모국어로 제시하는 방법이 이러한 한계점을 어느 정도 극복할 수 있게 한다고 하였다. 본 연구에서도 한국어 능력의 부족으로 인하여 시간 표현 이해 및 사용에 실패하는 것을 방지하기 위해서 이해영(2011)과 이해영·Tran Thi Thu Phuong(2020)을 따라 대화 상황에 대해 학습자의 모국어인 중국어 번역을 제시하였다. 연구의 목적이 시간 표현을 습득했는지를 밝히는 것이지 상황 설명을 한국어로 이해하는지를 밝히는 것이 아니기 때문이다(이해영, 2011: 345). 그리고 학습자의 시간 표현 이해 지식과 사용 지식을 비교하는 것이 본고의 연구 목적 중의 하나이므로, 이해와 사용 구분을 제외한 나머지 학습 난이도에 영향을 미치는 자질들이 모두 동등하게 처치된 테스트 문항 유형을 사용할 필요가 있다(김창구 역, 2018: 69). 이에 선다형 테스트와 빈칸 채우기 테스트에 사용된 어휘와 문법, 그리고 주제의 난이도를 비슷한 수준으로 처리하였다.

테스트에 사용된 문항은 본 연구에서 구축한 교재 말뭉치와 『표준국어대사전』을 참고하여 만들어진 것이다. 이들 문항의 적합성, 난이도, 중복 응답의 가능성에 초점을 두고 한국어교육 전공 전문가 두 명에게 내용 타당도 검토를 의뢰하였으며 문항을 여러 차례 교정하는 과정을 거쳤다. 최종적으로 확보한 테스트의 예시는 다음과 같이 제시하였으며 전체 테스트는 부록에 제시하였다.

<4지 선다형 테스트 문항 예시>

* 아래 대화를 읽고 가장 적합한 답을 고르십시오. 다른 답이 있으실 경우 '기타'에 쓰십시오.

상황 : 敏浩最近很忙。

민호: 난 요즘 너무 바빠서 정신없어.

유미: 그렇지 않아도 요즘 널 보면 ________ 것 같아.

A. 시간에 쫓기는(정답)　　B. 시간을 잡는

C. 시간을 쫓는　　D. 시간을 때우는

E. 기타____

<빈칸 채우기 테스트 문항 예시>

* 아래 대화를 잘 읽고 빈칸에 가장 적합한 단어를 써 보세요. 모르실 경우 '잘 모르겠다'고 쓰셔도 됩니다.

상황: 敏镐问尤美刚刚还在图书馆的哲秀去哪了，尤美说哲秀去英语辅导班了，并感叹道哲秀太忙了.

민호: 철수 어디 갔어? 아까 도서관에서 공부하는 걸 봤는데.

유미: 방금 영어 학원 갔어. 철수는 바빠서 항상 시간에 ________아서/어서/여서 사는 것 같아. 정답: 쫓기

자료 1: 테스트 문항 예시

(2) 실험 문항 설정 및 신뢰도 검증

앞서 Ⅲ장에서 선정된 교육용 시간 표현에는 총 33가지가 있는데 이들 표현의 한중 대응 쌍은 37개가 있다. 일부 한국어 시간 표현은

사용되는 맥락에 따라서 두 가지 이상의 중국어 시간 표현에 대응되기 때문이다. 두 가지 이상의 중국어에 대응되는 경우에 학습자가 각 맥락에 맞게 시간 표현을 잘 사용하고 이해하는지 고찰하기 위해 각 대응 경우가 쓰인 맥락을 만들어 문항을 설계하였다. 예컨대, '시간이 걸리다'는 '需要时间'과 '用时间'와 같은 두 가지 중국어 표현에 대응되는데 학습자가 '시간이 걸리다'가 각각 서로 다른 중국어 표현에 대응될 경우에도 모두 정확하게 이해하고 산출하는지 고찰하기 위해서 두 가지 대응 맥락이 포함된 문항을 만들었다. 그러므로 본 연구에서 고찰하고자 하는 시간 표현은 33가지로 구성된 37개 시간 표현이라고 할 수 있다. 본 연구에서는 학습자의 이해 양상과 산출 양상 모두를 고찰하기 때문에 설문은 37개 대응 표현별 이해 문항 하나, 산출 문항 하나, 총 74개 문항을 설정하였으며 아래 <표 Ⅳ-2>와 같다. 문항은 모두 무작위로 배열하였다.

〈표 Ⅳ-2〉 테스트 문항 설정

번호[66]	표현	번호	표현	번호	표현
1	시간을 되돌리다	14	시간의 흐름	26	시간을 줄이다
2	시간이 남다	15	시간을 들이다	27	시간이 줄어들다
3	시간이 많다	16	시간이 걸리-	28	시간이 지나-
4	시간이 없다	17	시간을 잡다	29	시간을 보내다
5	시간이 필요하다	18	시간에 쫓기다	30	시간이 흐르-
6	시간을 낭비하다	19	시간을 내다	31	시간이 걸렸-
7	시간이 넘다	20	시간을 벌다	32	지난 시간
8	시간을 지키다	21	시간을 쪼개다	33	시간에 맞추다
9	시간이 있다	22	시간이 나다	34	시간이 가는 줄

10	시간이 길다	23	시간을 잡아먹다	35	시간을 두다
11	시간이 짧다	24	시간을 뺏다	36	시간을 갖다
12	시간을 채우다	25	시간을 때우다	37	시간이 갈수록
13	시간이 되다				

4지 선다형 테스트와 빈칸 채우기 테스트의 내적 일관성 신뢰도를 판단하기 위해서 크론바흐 알파(Cronbach α)값을 사용하여 신뢰도 분석을 진행하였다. 아래 <표 Ⅳ-3>에서 보이는 바와 같이 두 테스트의 문항 평균 크론바흐 알파값이 각각 .748과 .753으로 산출되었다. Alpha 계수가 0.6이상이면 신뢰도가 비교적 높다(채서일, 1993)고 볼 때, 이 연구에서 사용한 두 테스트는 그 신뢰도가 비교적 높아 신뢰할 수 있는 도구로 판단된다.

〈표 Ⅳ-3〉 번역 테스트와 빈칸 채우기 테스트의 신뢰도 분석 결과

과제 유형	문항 수	Cronbach Alpha
선다형 테스트	37	0.748
빈칸 채우기 테스트	37	0.753

1.3. 실험 절차 및 자료 분석

(1) 실험 절차

학습자들이 4지 선다형 테스트를 수행한 후에 기억 효과의 도움으로 빈칸 채우기 테스트를 수행하는 것을 피하기 위해 먼저 빈칸 채우기

66 번역 테스트의 번호 설정은 빈칸 채우기 테스트의 번호 설정과 동일하다.

테스트를 학습자들에게 실시한 후에 선다형 테스트를 실시하였으며 또한 선다형 테스트 이후에 빈칸 채우기 테스트로 가서 수정하지 못하도록 설정하였다. 그리고 본 실험에 앞서 과제의 문항 난이도, 시간 배분의 적절성 등의 여러 면에서 발생할 수 있는 문제를 미리 파악하고 수정하기 위해서 예비 실험을 실시하였다. 예비 실험은 한국 S대에 다니는 중국인 유학생 10명을 대상으로 2020년 6월 15일부터 6월 20일까지 실험을 진행하였다. 참여자 중에서 4명은 TOPIK 중급 자격증 소지자이고 6명은 고급 자격증 소지자이다. 예비 실험 후에 문항에 모르는 단어와 문법이 있는지, 이해하지 못한 문항이 있는지 등에 대해서 참여자들과 인터뷰를 진행하였다. 실험 참여자들이 언급한 일부 어려운 단어(예컨대 '이어지다', '말을 걸다', '줄넘기' 등) 옆에 중국어 번역어를 병기하였다. 빈칸 채우기 테스트의 경우, 연구자가 유도하고자 하는 표현 대신에 다른 유사 표현을 산출한 문항을 수정하였다.

본 실험은 중국 대학에서 한국어를 전공하는 학습자를 대상으로 7월 9일부터 7월 20일까지 약 2주 사이에 실시되었으며, 한국어 모어 화자를 대상으로 7월 1일부터 7월 3일까지 약 이틀 사이에 실시되었다. 학습자의 평균 응답 시간은 46분이었으며 모어 화자의 평균 응답 시간은 12분이었다. 모든 실험 참여자에게 한화 5000원에 해당되는 사례비를 지급하였다.[67]

(2) 정확성 판단과 기술

본 연구에서 설정한 총 37개 문항에 대해서 각 문항당 배점 1점을 주어 선다형 테스트와 빈칸 채우기 테스트의 총점은 각각 37점이다.

67 예비 실험과 본 실험에 대한 IRB 승인을 받았다. 승인 번호는 2106/004-016이다.

채점의 기준에 있어서 선다형 테스트의 경우, 모어 화자의 응답은 본 문항에서 기대했던 표현과 90.32%[68] 이상 일치한 것으로 나타났으므로 선다형 테스트에서는 본 문항에서 설정한 정답만을 정답으로 처리하였다.

이와 달리 빈칸 채우기 테스트는 주관식이므로 정확성 판단은 다소 복잡하다. 기본적으로 본 문항에서 기대했던 표현과 일치한 시간 표현을 정답으로 처리하였으나, 한국인 모어 화자 집단에서 비교적 높은 빈도로 나타난 시간 표현도 정답으로 처리하였다. 예를 들어, '시간을 들이다'를 의도한 문항에서 12.90%의 모어 화자가 답한 '시간을 쏟아'도 정답으로 처리하였으며 '시간을 때우다'를 의도한 문항에서 25.81%의 모어 화자가 답한 '시간을 죽이다'도 정답으로 처리하였다. 그리고 기본형과 준말도 정답으로 처리하였다. 예를 들어 '시간을 가지다'를 '시간을 갖다', '시간을 빼앗다'를 '시간을 뺏다'로 답한 경우이다.

본 연구는 형태나 통사 면에서 학습자가 시간 표현을 얼마나 정확하게 산출하는지가 아닌 어떤 시간 표현을 머릿속 사전(mental lexion)에서 찾아내어 산출하는지를 살펴보는 것을 주된 목적으로 하기 때문에 의미상 맞는 답이라면 정답으로 처리하였다. 달리 말하자면, 시간 표현 철자 오류나 문법적 오류를 오답으로 처리하지 않았다는 것이다. 구체적인 예는 '시간이 걸렸다'를 '시간이 걸렀다', '시간을 줄이다'를 '시간을 줄리다', '짧은 시간'을 '짋은 시간'으로 표기한 경우와 같이 시간 표현 산출 능력은 있으나 철자를 잘못 사용한 경우, 그리고 '시간을 보냈다'를 '시간이 보냈다', '시간이 있어서'를 '시간이 있으니까'로 표현한 경우와 같이 문법적인 오류를 나타낸 경우이다. 또 해당 문항에서 다룬 시간 표현과 교체하여 쓰일 수 있는 다른 시간 표현을 쓴 경우도 정답으로 처리하였다. 예컨대, '시간을 낭비하다'를 '시간을 허비하

68 90.32%는 모어 화자 응답에서 보이는 가장 낮은 문항별 이해 정답률이다.

다', '시간이 갈수록'을 '시간이 지날수록'이나 '시간이 흐를수록', '긴 시간'을 '오랜 시간'으로 답한 경우이다.

(3) 자료 분석 통계 방법

중국인 학습자를 대상으로 하는 설문 조사는 问卷星(문권성) 설문지(https://www.wjx.cn/)로 실시되었으며 한국어 모어 화자를 대상으로 하는 설문 조사는 구글 설문지(https://www.google.com/intl/ko_kr/forms/about/)로 실시되었다.

집단 간 차이를 검정하기 앞서 샤피로-윌크 검정(Shapiro-Wilk Test)를 통해서 집단의 정규성 검정을, 레빈 검정(Levene's Test)을 통해서 집단의 등분산 검정을 실시하였다. 정규성 및 등분산 가정이 충족되었을 경우에는 일원배치 분산분석(one-way ANOVA)를 실시하였으며, 정규성 가정이 충족되지 않은 경우에는 비모수 검증인 크루스칼 왈리스 검정(Kruskal-Wallis Test)을 실시하였다. 일원배치 분산분석과 크루스칼 왈리스 검정 결과 집단 간의 차이가 유의하게 나타난 경우, 차이가 있는 원인을 확인하기 위하여 사후 검정을 실시하였다. 일원배치 분산분석을 실시한 경우 쉐페 검정(Scheffe Test)을 실시하였고, 크루스칼 왈리스 검정을 실시한 경우 본페러니-던 검정을 실시하였다. 통계 분석은 IBM SPSS 26 프로그램에서 실시하였다.

먼저 연구 문제 3-1에 해당하는 숙달도, 은유 유형, 한중 대응 유형이라는 세 변인에 따라 이해나 산출 정답률에 차이가 있는지를 검정하였다. 변인에 의해 나누어진 각 집단 간 차이를 검정하기 앞서 샤피로-윌크 검정(Shapiro-Wilk Test)를 통해서 집단의 정규성 검정을, 레빈 검정(Levene's Test)을 통해서 집단의 등분산 검정을 실시하였다. 그 결과를 아래 <표 Ⅳ-4>에 제시하였다.

〈표 Ⅳ-4〉 연구 목적에 따른 정규성 및 등분산 검정 결과

연구 목적			정규성 검정 결과(샤피로-윌크 검정)	등분산 검정 (레빈 검정)	모두 충족 여부
숙달도에 따른 정답률 차이	이해		W=0.992, p=0.752	L=0.603, p=0.549	충족
	산출		W=0.987, p=0.376	L=0.477, p=0.622	충족
은유 유형에 따른 정답률 차이	이해	초급	W=0.977, p=0.044	L=4.082, p=0.019	미충족
		중급	W=0.965, p=0.003	L=2.353, p=0.1	미충족
		고급	W=0.975, p=0.08	L=1.347, p=0.265	충족
		모어 화자	W=0.514, p=0.000	L=29.792, p=0.000	미충족
	산출	초급	W=0.95, p=.000	L=7.983, p=.001	미충족
		중급	W=0.943, p=0.043	L=6.818, p=0.002	미충족
		고급	W=0.965, p=0.42	L=3.749, p=0.027	미충족
		모어 화자	W=0.793, p=0.000	L=3.685, p=0.029	미충족
대응 유형에 따른 정답률 차이	이해	초급	W=0.953, p=0.000	L=0.857, p=0.465	미충족

		중급	W=0.941, p=0.000	L=8.008, p=0.000	미충족
		고급	W=0.938, p=0.000	L=8.661, p=0.000	미충족
		모어 화자	W=0.466, p=0.000	L=20.578, p=0.000	미충족
	산출	초급	W=0.871, p=0.000	L=1.308, p=0.274	미충족
		중급	W=0.911, p=0.000	L=505, p=0.679	미충족
		고급	W=0.923, p=0.000	L=1.662, p=0.179	미충족
		모어 화자	W=0.701, p=0.000	L=18.359, p=0.000	미충족

정규성 검정과 등분산 검정의 유의확률 p값이 모두 .05를 넘어선다는 것은 해당 표본이 정규성과 등분산 가정이 모두 충족된다는 의미이며, 집단 간 분산분석을 실시할 수 있는 표본을 함의한다. 위의 <표>에서 보이듯이 정규성 및 등분산 가정이 모두 충족된 경우는 숙달도에 따른 이해와 산출 정답률, 은유 유형에 따른 고급 학습자의 이해 정답률이다. 그 외의 경우는 정규성과 등분산 가정 중에 하나일지라도 충족되지 않은 경우이다. 정규성 및 등분산 가정이 충족되었을 경우에는 일원배치 분산분석(one-way ANOVA)를 실시하였으며, 정규성 가정이 충족되지 않은 경우에는 비모수 검증인 크루스칼 왈리스 검정(Kruskal-Wallis Test)을 실시하였다. 일원배치 분산분석과 크루스칼 왈리스 검정 결과 집단 간의 차이가 유의하게 나타난 경우, 차이가 있는 원인을 확인하기 위하여 사후 검정을 실시하였다. 일원배치 분산

분석을 실시한 경우 쉐페 사후검정(Scheffe Test)을 실시하였고, 크루스칼 왈리스 검정을 실시한 경우 본페러니-던 사후검정(Bonferroni-Dunn Test)을 실시하였다.

다음으로, 연구 문제 3-2에 해당하는 분석으로서 먼저 이해 지식과 산출 지식의 크기를 비교하기 위해 집단별 평균 이해 정답률과 산출 정답률에 대한 기술통계 분석을 실시하였다. 이어서 이해 정답률과 사용 정답률 간의 상관관계를 살펴보기 위해 피어슨의 상관관계 분석을 실시하였다. 이해하거나 산출하는 데 어려움이 있는 시간 표현을 도출하기 위해 개별 시간 표현에 대한 모든 등급의 이해 정답률과 산출 정답률을 바탕으로 얻은 평균 정답률에 대한 기술통계를 산출하였다. 분석 방법을 표로 정리하면 아래와 같다.

〈표 Ⅳ-5〉 분석 목적에 따른 통계 방법

연구 문제	분석 목적	분석 방법
3-1	숙달도에 따라 이해나 산출 정답률에 차이가 있는지 살펴보기	- 정규성 및 등분산이 총족된 경우 일원배치 분산분석 및 쉐페 사후검정(Scheffé Test) - 정규성 및 등분산이 가정되지 않은 경우 크루스칼 왈리스 검정 및 본페러니-던 검정
	은유 유형에 따라 이해나 산출 정답률에 차이가 있는지 살펴보기	
	한중 시간 표현 대응 유형에 따라 이해나 산출 정답률에 차이가 있는지 살펴보기	
3-2	이해 지식과 산출 지식 크기 비교	기술통계
	이해 지식과 산출 지식의 상관성 고찰	피어슨의 상관관계
	이해나 산출에 어려움이 있는 표현 도출	기술통계

2. 시간 은유 표현의 이해·산출에 영향을 미치는 변인 분석

2.1. 숙달도에 따른 이해·산출

(1) 숙달도에 따른 이해

이 절에서는 숙달도별 이해 테스트 정답률을 비교함으로써 숙달도에 따라 이해 정답률에 차이가 있는지 살펴보고자 한다. 초·중·고급 학습자, 모어 화자를 대상으로 전체 시간 표현 문항에 대한 이해 여부를 측정한 결과는 아래 <표 Ⅳ-6>과 같으며, 집단에 따른 이해 테스트 정답률을 상자그림으로 나타내면 아래 <그림 Ⅳ-1>과 같다.

<표 Ⅳ-6> 숙달도별 이해 테스트의 평균 정답률

구분	N	평균 정답률	표준편차	평균에 대한 95% 신뢰구간		최솟값	최댓값
				하한	상한		
초급	39	44.63%	0.134	0.403	0.490	16.22%	64.86%
중급	40	55.00%	0.118	0.512	0.588	29.73%	78.38%
고급	30	62.61%	0.130	0.578	0.675	43.24%	89.19%
모어 화자	31	97.56%	0.032	0.964	0.987	86.49%	100.00%

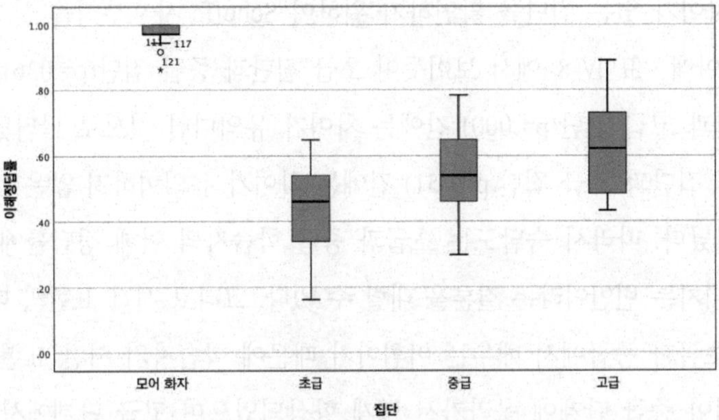

〈그림 Ⅳ-1〉 집단별 이해 테스트 정답률 비교

학습자 집단의 경우, 초급 학습자의 정답률은 44.63%로 측정되었고, 중급 학습자의 정답률은 55.00%로 측정되었으며 고급 학습자의 정답률은 62.61%로 측정되어 숙달도가 높아짐에 따라 시간 표현 이해 정답률이 증가하는 것을 알 수 있었다. 모어 화자 집단의 정답률은 97.56%로 학습자 집단의 정답률과 현저한 차이를 보였다. 학습자 집단 간의 정답률 차이가 통계적으로 유의미한지 검정하기 위해서 집단을 독립변수로, 정답률을 종속변수로 한 일원분산분석과 사후 분석을 실시하였다. 그 결과, 아래 <표 Ⅳ-7>과 같이 평균 차이가 0.001의 수준에서 유의한 전제 하에, 학습자 집단 간 이해 정답률에 유의미한 차이가 나타났다(p=.000).

〈표 Ⅳ-7〉 숙달도에 따른 이해 정답률에 대한 분산분석 결과

	제곱합	자유도	평균제곱	F	유의확률
집단-간	0.565	2	0.282		
집단-내	1.717	106	0.016	17.433	.000***
전체	2.282	108			

***p〈0.001

차이가 있는 집단을 확인하기 위하여 Scheffe 사후분석을 실시하였다. 아래 <표 Ⅳ-8>에서 보이듯이 초급 집단과 중급 집단(p=.036), 초급 집단과 고급 집단(p=.000) 간에는 차이가 유의미한 것으로 나타났으나 중급 집단과 고급 집단(p=.051) 간에는 차이가 유의미하지 않은 것으로 나타났다. 따라서 숙달도는 초급과 중급 학습자의 이해 정답률에 영향을 미치는 변인이라는 결론을 내릴 수 있다. 그리고 시간 표현의 대부분은 초급과 중급에서 배우는 어휘이기 때문에 학습자의 시간 표현 이해 지식이 중급 단계에 올라가서 크게 향상되었으며 고급 단계에서는 이해 지식이 성장되기는 하였으나 성장 폭이 현저하지 않은 것으로 해석된다.

〈표 Ⅳ-8〉 집단 간 차이 검정을 위한 사후분석 결과

		평균 차이	표준화 오류	p
초급(n=41)	중급	-10.37%	0.029	.002**
	고급	-17.98%	0.031	.000***
중급(n=41)	고급	-7.61%	0.031	.051

**p〈0.01, **p〈0.001

(2) 숙달도에 따른 산출

이어서 숙달도별 산출 테스트 정답률을 비교함으로써 숙달도에 따른 시간 표현의 산출 양상을 살펴보고자 한다. 초·중·고급 학습자, 모어 화자를 대상으로 전체 시간 표현 문항에 대한 산출 여부를 측정한 결과는 아래 <표 Ⅳ-9>와 같으며 집단에 따른 산출 테스트 정답률을 상자그림으로 나타내면 아래 <그림 Ⅳ-2>와 같다.

〈표 Ⅳ-9〉 집단별 산출 테스트의 평균 정답률

구분	N	평균 정답률	표준편차	평균에 대한 95% 신뢰구간		최솟값	최댓값
				하한	상한		
초급	39	27.58%	0.110	0.240	0.311	2.70%	45.95%
중급	40	36.69%	0.101	0.335	0.399	24.32%	59.46%
고급	30	44.32%	0.096	0.408	0.479	24.32%	62.16%
모어 화자	31	91.97%	0.068	0.895	0.945	75.68%	100.00%

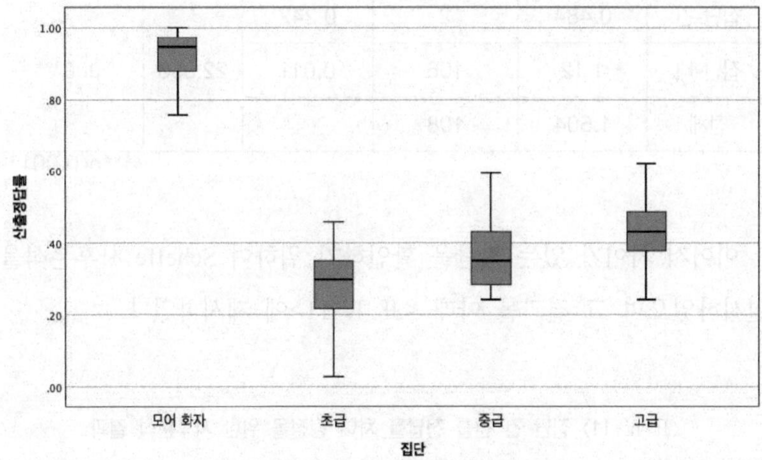

〈그림 Ⅳ-2〉 집단별 산출 정답률 비교

우선, 학습자의 경우, 초급 학습자의 평균 정답률은 27.58%로 측정되었고, 중급 학습자의 평균 정답률은 36.69%로 측정되었으며 고급 학습자의 평균 정답률은 44.32%로 측정되었다. 숙달도가 높아짐에 따라 산출 정답률이 높아진 것으로 나타났으나, 고급에 이르러서도 정답률이 50% 미만인 것을 통해서 시간 표현을 산출하는 데 적지 않은 어려움을 겪고 있음이 확인되었다. 이와 반대로 모어 화자는 91.97%로 높은 정답률을 기록하였다. 학습자 집단에 따른 산출 정답률의 차이가 유의미한지 검정하기 위해서 집단을 독립변수로, 정답률을 종속변수로 한 일원분산분석과 사후 분석을 실시하였다. 그 결과, 아래 <표 Ⅳ-10> 에서 보이는 바와 같이 숙달도에 따른 차이가 통계적으로 유의미함을 보였다(p=.000).

〈표 Ⅳ-10〉 숙달도에 따른 산출 정답률에 대한 분산분석 결과

	제곱합	자유도	평균제곱	F	유의확률
집단-간	0.484	2	0.242	22.893	.000***
집단-내	1.12	106	0.011		
전체	1.604	108			

***p〈0.001

이어서 차이가 있는 집단을 확인하기 위하여 Scheffe 사후분석을 실시하였으며 그 결과를 아래 <표 Ⅳ-11>에 제시하였다.

〈표 Ⅳ-11〉 집단 간 산출 정답률 차이 검정을 위한 사후분석 결과

		평균 차이	표준화 오류	p
초급	중급	-9.11%	0.023	.001*
	고급	-16.74%	0.025	.000***
중급	고급	-7.64%	0.025	.011*

*p〈0.05, ***p〈0.001

표에서 보이듯이 초급 집단과 중급 집단(p=.001), 초급 집단과 고급

집단(p=.000), 중급 집단과 고급 집단(p=.011) 간에 차이가 모두 유의미한 것으로 나타났다. 따라서 숙달도는 학습자의 산출 정답률에 영향을 미치는 변인이라는 결론을 내릴 수 있다. 앞서 학습자의 이해 지식 발달 양상을 확인한 결과, 중급 단계에서 50%를 넘은 정답률을 보였으며 고급 단계에 가서 유의미하게 성장하지 못하였다. 즉 학습자는 중급에 올라가서 시간 표현을 이미 잘 이해할 수 있다는 것이다. 이와 반대로 학습자의 산출 양상을 보면, 모든 등급에서 낮은 정답률을 보였으며 산출 정답률이 숙달도 향상됨에 따라 유의미하게 증가하였다. 따라서 이해 지식의 습득은 중급에서 완료된 모습을 보인 반면에 산출 지식의 습득이 이해 지식의 습득보다 그 속도가 느려 산출 지식 크기가 이해 지식의 크기보다 훨씬 뒤떨어진다고 할 수 있다. 이는 시간 표현의 산출 지식에 대한 교육이 필요함을 시사해 준다.

그리고 한 가지 더 주목할 만한 것은 앞서 Ⅲ장에서 시간 표현에 쓰인 공기어가 대부분 초·중급 단계에서 배우는 기초 어휘임을 확인하였는데 실제 이해 및 정답률을 보면 고급에 이르러서도 이해 정답률은 62.61%에 불과하고 산출 정답률은 44.32%밖에 되지 않는다. 이는 기초 어휘의 교육은 그 어휘의 은유 표현 등의 활용 정보과 함께 이루어져야 함을 시사해 준다.

2.2. 은유 유형에 따른 이해·산출

이 절에서는 두 번째 연구 문제, 즉 은유 유형에 따라 학습자의 시간 표현 이해와 산출 테스트 정답률에 차이가 있는지, 그렇다면 어떤 은유 유형에 따라 차이가 발생했는지에 대해서 알아보고자 한다.

(1) 은유 유형에 따른 이해

우선, 각 집단에서 은유 유형에 따라 이해 테스트 정답률에 차이가 있는지와 어떤 은유 유형에 따라 차이가 발생했는지를 살펴보고자 한다. 각 집단에서의 은유 유형별 평균 정답률에 대한 기술통계 결과를 아래 <표 Ⅳ-12>와 <그림 Ⅳ-3>에 정리하였다.

〈표 Ⅳ-12〉 은유 유형과 집단에 따른 이해 정답률에 대한 기술통계

		자원화	이동화	공간화
초급(n=39)	정답률	45.99%	47.52%	40.17%
	표준편차	0.146	0.182	0.222
중급(n=40)	정답률	54.53%	57.17%	58.75%
	표준편차	0.022	0.027	0.027
고급(n=30)	정답률	61.67%	62.78%	67.22%
	표준편차	0.125	0.166	0.183
모어 화자(n=31)	정답률	98.19%	98.49%	93.55%
	표준편차	0.033	0.033	0.111

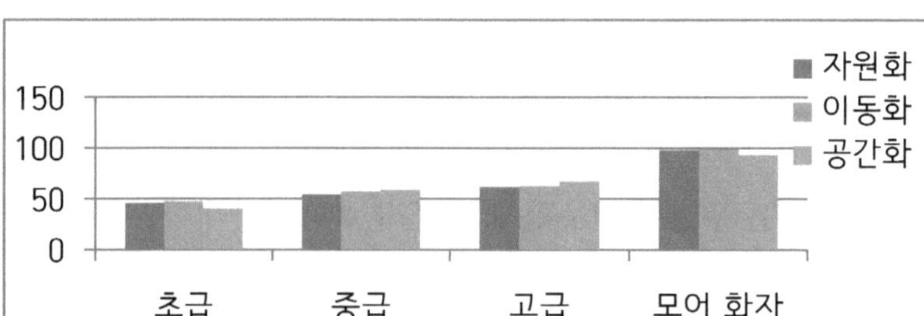

〈그림 Ⅳ-3〉 은유 유형과 집단에 따른 이해 정답률

학습자의 경우, 초급에서 세 가지 은유 유형의 정답률은 모두 50% 미만인 것으로 나타났다. 그중에서 이동화의 정답률이 47.52%로 가장 높았고 자원화는 45.99%로 그 뒤를 이었으며 공간화는 40.17%로 가장 낮은 정답률을 보였다. 중급에서 세 가지 은유 유형의 정답률은 초급보다 높았으며, 50%~60% 사이에서 조금씩 다른 모습을 보였다. 구체적으로 초급에서 가장 낮은 정답률을 보인 공간화는 중급에서 가장 높은 정답률을 보였으며 이동화는 57.17%로 그 뒤를 이었으며 자원화는 54.53%로 정답률이 가장 낮은 것으로 나타났다. 고급에서 세 가지 은유 유형의 정답률은 중급보다 높은 60%대를 기록하였으며 그 순위는 중급에서와 같이 공간화, 이동화, 자원화의 순으로 나타났다. 숙달도별 정답률 순위를 보면, 공간화는 정답률 순위 변동이 가장 심한 유형이다. 이는 공간화 유형에 해당되는 시간 표현은 대부분 초급에서 배우지 못한 어휘이기 때문에 초급에서 가장 낮은 정답률을 보였으며 중급에 올라가서 공간화 표현이 학습되어 이에 따라 정답률이 향상된 것으로 해석된다.

모어 화자의 경우, 세 가지 유형의 정답률은 모두 90% 이상으로 높았다. 그중에서 자원화와 이동화 유형의 정답률은 각각 98.19%, 98.49%로 비슷하지만 공간화의 정답률은 다른 두 가지 유형보다 낮은 93.55%를 기록하였다.

은유 유형에 따른 각 집단의 정답률 차이가 통계적으로 유의미한지 살펴보기 위하여 크루스칼 왈리스 검정을 실시하였다. 그 결과, 아래 <표 Ⅳ-13>에서 보이는 바와 같이 모든 집단에서 유의확률이 .05보다 높아 은유 유형에 따른 정답률 차이가 유의미하지 않은 것으로 나타났다. 즉, 정답률 수치상으로 봤을 때 은유 유형에 따라 정답률 차이는 있으나 그 차이가 통계적으로 유의미하지 않았다.

〈표 Ⅳ-13〉 은유 유형에 따른 이해 정답률 비교 결과

집단	사례수	자유도	통계량	유의확률[69]
초급(n=39)	116	2	3.571	0.168
중급(n=40)	120	2	1.185	0.553
고급(n=30)	90	2	1.449	0.485
모어 화자(n=31)	93	2	1.894	0.388

*$p<0.05$

(2) 은유 유형에 따른 산출

이 절에서는 각 집단에서 은유 유형에 따라 산출 테스트의 정답률에 차이가 있는지와 어떤 은유 유형에 따라 차이가 발생했는지를 검정하고자 한다. 각 집단에서의 은유 유형별 평균 산출 정답률에 대한 기술통계 결과를 아래 <표 Ⅳ-14>와 <그림 Ⅳ-5>에 정리하였다.

〈표 Ⅳ-14〉 은유 유형과 집단에 따른 산출 정답률에 대한 기술통계

		자원화	이동화	공간화
초급(n=39)	정답률	31.74%	25.81%	21.37%
	표준편차	0.103	0.151	0.179
중급(n=40)	정답률	38.75%	34.33%	37.08%
	표준편차	0.101	0.140	0.167
고급(n=30)	정답률	43.96%	43.56%	47.22%
	표준편차	0.108	0.139	0.186

69 본페러니-던 사후검정을 통해서 얻은 유의확률이다. 즉 여러 검정에 대해 본페러니 수정을 통해 유의성 값이 수정된 것이다.

	사례 수	30	30	30
모어 화자(n=31)	정답률	89.92%	93.55%	93.55%
	표준편차	0.107	0.072	0.103

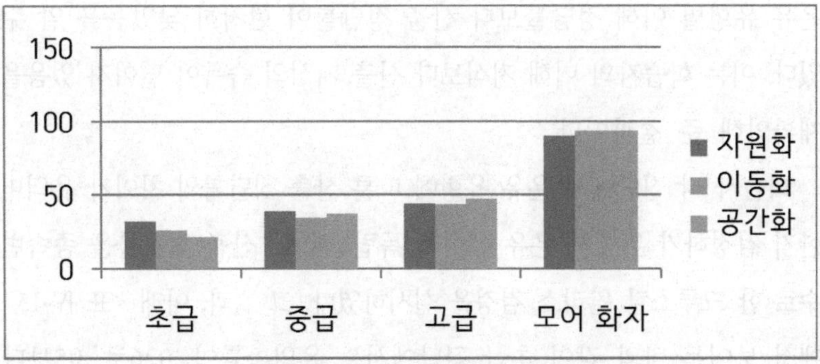

〈그림 Ⅳ-4〉 은유 유형과 집단에 따른 산출 정답률

모어 화자의 경우, 이동화와 공간화는 동일하게 93.55%의 정답률을 기록하였으며 자원화의 정답률은 89.92%로 가장 낮았다. 학습자 집단의 경우, 표에서 보이는 바와 같이 초급에서 세 가지 은유 유형의 정답률은 모두 30% 안팎으로 매우 낮았다. 그중에서 자원화의 정답률이 31.74%로 가장 높았고 이동화는 25.81%로 그 뒤를 이었으며 공간화는 21.37%로 가장 낮은 정답률을 기록하였다. 중급에서의 은유 유형별 정답률을 살펴보면, 세 가지 은유 유형의 정답률은 초급보다 향상되었으나 여전히 30%대에 그쳤다. 정답률 순위는 초급과 달리 자원화(38.75%), 공간화(37.08%), 이동화(34.33%)의 순으로 나타났지만, 은유 유형 간 정답률 차이는 수치상으로 봤을 때 크지 않은 것으로 나타났다. 고급에서 세 가지 은유 유형의 정답률은 중급보다 향상되었으나 40%대에 불과하였다. 정답률 순위는 공간화(47.22%), 자원화(43.96%), 이동화(43.56%)의 순으로 나타나 초급이나 중급과 다른 양상을 보였으나, 역시 은유 유형 간의 정답률 차이는 크지 않은 것으로 나타났다. 그리고 고급에 이르러서도 각 은유 유형의 산출 정답률이 모두 50% 미만인 것으로 나타났다는 결과를 앞서 확인된 각 은유 유형의 이해 정답률이 중급에 이르러 50%를 넘었다는 결과와 비교해 보면, 은유 유형별 이해 정답률보다 산출 정답률이 현저히 낮았음을 알 수 있다. 이는 학습자의 이해 지식보다 산출 지식의 습득이 떨어져 있음을 재확인해 준 결과이다.

학습자 각 집단에서 은유 유형에 따른 산출 정답률의 차이가 유의미한지 검정하기 위해서 은유 유형을 독립변수로, 산출 정답률을 종속변수로 한 크루스칼 왈리스 검정을 실시하였다. 그 결과, 아래 <표 Ⅳ-15> 에서 보이는 바와 같이 초급 집단에서는 유의확률이 .026로 .05보다 낮아 그 차이가 유의미하였음을 확인할 수 있다. 그러나 중급 집단(p=.216)과 고급 집단(p=.552), 그리고 모어 화자 집단(p=.196)에서는 유의미한 차이를 보이지 않았다. 이는 은유 유형이 초급 학습자의 산출 정답률에만 영향을 미치는 변인임을 알려 준다.

〈표 Ⅳ-15〉 은유 유형에 따른 산출 정답률 비교 결과

집단	사례 수	자유도	통계량	유의확률
초급(n=39)	116	2	7.303	0.026*
중급(n=40)	120	2	3.067	0.216
고급(n=30)	90	2	1.188	0.552
모어 화자(n=31)	93	2	3.261	0.196

*p〈0.05

은유 유형은 3종이므로 구체적으로 초급 집단에서 유의미한 차이가 어떤 유형에 의해서 일어난 것인지를 파악하기 위해 사후분석을 실시

하였다. <표 Ⅳ-16>에서 보이듯이 유의수준 .05 하에서 공간화의 정답률은 자원화보다 통계적으로 유의미하게 낮은 것으로 나타났으며(p=.022), 공간화와 이동화 정답률 간에는 유의미한 차이가 나타났지 않았다(p=.816). 즉, 공간화의 정답률이 이동화보다 수치상으로 봤을 때는 낮았으나 이러한 차이는 통계적으로 유의미하지 않았다. 따라서 초급 학습자가 공간화 유형 관련 표현을 산출하는 것이 이동화 유형을 산출하는 것보다 더 어렵다고 단언할 수는 없지만, 자원화 유형보다 어려움을 더 겪는다는 것이 확인될 수는 있다.

〈표 Ⅳ-16〉 은유 유형에 따른 초급 산출 정답률에 대한 사후분석 결과

		평균 차이	표준오차	유의확률
초급	자원화-이동화	5.93%	7.585	.331
	자원화-공간화	10.38%	7.634	.022*
	이동화-공간화	4.44%	7.634	.816

*p〈0.05

위에서 은유 유형이 학습자의 이해 및 산출 정답률에 미치는 영향에 대한 분석 결과를 종합하면, 은유 유형은 초급 학습자의 시간 표현 산출 정답률에만 영향을 미치는 변인인 것으로 나타났다. 또한, 초급 학습자에게 발생한 은유 유형 정답률 간의 유의미한 차이는 모두 공간화 유형에 의한 것이며, 공간화 유형은 다른 유형보다 낮은 정답률을 보였다. 이를 통해서 공간화 유형은 초급 학습자가 산출하기에 어려운 은유 유형임을 알 수 있다. 이는 공간화 유형 관련 시간 표현 중에 '시간을 채우다', '시간을 때우다', '시간을 줄이다' 등과 같이 아직 배우지 않은 표현이 대부분이기 때문인 것으로 추측된다.

2.3. 한중 대응 유형에 따른 이해·산출

이 절에서는 세 번째 연구 문제, 즉 한중 시간 표현 대응 유형에 따라 시간 표현 이해와 산출 정답률에 차이가 있는지, 차이가 있다면 어떤 유형에 따라 차이가 발생했는지에 대해서 살펴보고자 한다.

앞서 Ⅲ장에서 논의한 대응 유형과 시간 표현의 이해 및 산출 능력과의 관련성을 추정해 볼 수 있을 것이다. 중국인 학습자가 한국어 시간 표현을 습득함에 있어 중국어에서의 시간 개념과 언어화 방식을 활용한다면, 같은 문자적 의미와 개념적 은유를 공유하는 '문자-은유 동일' 대응 유형의 정답률이 높을 것이고, 반면에 문자적 의미나 개념적 은유면에서 차이가 나는 '문자-은유 상이', '은유 동일', '은유 부재' 유형의 정답률은 낮을 것이라는 연구 가설을 설정할 수 있다. 그러나 '문자-은유 동일' 유형이 다른 유형보다 통계적으로 유의미한 높은 정답률을 보인다고 하더라도 이를 근거로 모국어 간섭이 발생했다는 결론을 내리기는 어렵다. 오류의 원인은 다양하며, 모국어 간섭 이외에 유형론에 근거한 언어 보편성과 유표성에 기초하여, 학습자의 모국어의 특성과는 무관하게 공통적으로 학습이 어려운 '유표적 자질'과 관련될 수 있기 때문이다(신자영, 2010: 78). 따라서 학습자 언어에서 나타나는 특정 현상을 모국어에 의한 전이로 규정하기 위해서 모어 화자의 대응 유형별 정답률을 참고하기로 한다. 만약에 학습자 집단뿐만 아니라 모어 화자의 경우에도 '문자-은유 동일' 유형이 다른 유형보다 그 정답률이 유의미하게 높게 나타났다면 이는 '문자-은유 동일' 유형은 원래 난이도가 낮은 유형임을 보여 주므로 대응 유형에 따른 차이가 모국어 전이에 의한 것이라는 결론을 내리기가 어려울 것이다. 이와 반대로 만약 학습자 집단과 달리 모어 화자의 '문자-은유 동일' 유형이 다른 유형과 유의미한 차이를 보이지 않았거나 다른 유형보다 통계적으로 유의미하게 낮은 정답률을 보였다면, 학습자가 '문자-은유 동일' 유형에서 유의미하게 높은 정답률을 보인 것은 모국어 전이에 의한 것으로 결론을 내릴 수 있을 것이다.

(1) 대응 유형에 따른 이해

먼저 각 등급의 학습자가 각 대응 유형에 해당되는 시간 표현을 얼마나 정확하게 이해하고 있는지에 대한 기술통계 결과를 살펴보겠다.

<표 Ⅳ-17> 대응 유형과 집단에 따른 이해 정답률에 대한 기술통계

		문자-은유 동일	문자-은유 상이	은유 동일	은유 부재
초급	정답률	57.59%	43.27%	32.05%	19.87%
	표준편차	0.576	0.433	0.321	0.199
	사례 수	39	39	39	39
중급	정답률	74.04%	49.38%	31.25%	30.00%
	표준편차	0.120	0.172	0.276	0.198
	사례 수	40	40	40	40
고급	정답률	81.03%	61.46%	39.17%	31.67%
	표준편차	0.106	0.175	0.284	0.227
	사례 수	30	30	30	30
모어 화자	정답률	96.77%	98.59%	99.19%	94.35%
	표준편차	0.052	0.031	0.045	0.106
	사례 수	31	31	31	31

위의 <표 Ⅳ-17>에서 보이듯이 우선 모어 화자의 경우, 모든 대응 유형은 높은 정답률을 기록하였으며 그 순서는 '은유 동일(99.19%)', '문자-은유 상이(98.59%)', '문자-은유 동일(96.77%)', '은유 부재(94.35%)'이다. 즉, 모어 화자의 '문자-은유 동일' 유형 이해 정답률은 다른 두 유형의 이해 정답률보다 낮은 것으로 나타났다. 따라서 '문자-은유 동일' 유형의 난이도가 원래 낮은 것이라는 가능성을 배제할 수 있다고 본다.

다음으로 학생 집단의 대응 유형별 이해 정답률을 보겠다. 대응 유형별 정답률 순위를 보면, 모든 등급에서 '문자-은유 동일' 유형은 가장 높은 정답률을 기록하였으며 나머지 유형은 '문자-은유 상이', '은유 동일', '은유 부재'의 순으로 나타났다. 또한 개별 대응 유형의 등급별 이해 정답률의 변화를 보면, 초급에서 57.59%를 보인 '문자-은유 동일' 유형은 중급에 올라가서 정답률이 74.04%로 높았으며 고급에서 정답률이 80% 넘는 높은 정답률을 기록하였다. 이와 반대로 '문자-은유 상이' 유형은 초급에서 정답률이 43.27%로 낮았고 중급에 이르러서도 정답률이 여전히 50%에 도달하지 않았으며 고급에 올라가서야 정답률이 61.46%로 비교적 높았다. 이는 '문자-은유 상이' 유형은 고급에 이르러서야 비교적 능숙하게 이해되는 유형임을 보여 준다. '은유 동일' 유형은 초급에서 32.05%라는 낮은 정답률을 보였으며 중급에서는 오히려 초급의 정답률보다 더 낮아져 31.25%를 보였다. 고급에 이르러서 39.17%로 증가하였으나 그 정답률이 여전히 낮은 수준에 그쳤다. 이는 '은유 동일' 유형은 숙달도가 향상됨에 따라 이해 능력도 꼭 향상되는 유형이 아님을, 즉 이해가 비교적 어려운 유형임을 사시해 준다. '은유 부재' 유형은 한국어에만 존재하는 은유 표현인데 정답률을 보면 초급에서는 19.87%, 중급에서는 30.00%, 고급에서는 31.67%를 기록하였다. 이를 통해, '은유 동일' 유형과 '은유 부재' 유형은 전반적으로 정답률이 숙달도가 향상됨에 따라 증가하기는 하였으나, 고급에 올라와도 정답률이 아주 낮은 수준에 머물렀음을 알 수 있다. 이상과 같은 기술 통계 결과를 요약하자면, 가설에서 예상했던 것과 같이 모든 등급에서 네 가지 대응 유형 중 '문자-은유 동일'의 이해 정답률이 가장 높은 것으로 나타났다. 그리고 '문자-은유 동일' 유형의 이해 정답률은 중급과 고급에서 높은 정답률을 기록한 반면에 나머지 세 가지 유형은 등급이 향상됨에 따라 정답률이 증가하기는 하였으나 '문자-은유 동일' 유형에 비해서 증가하는 폭이 훨씬 좁으며 또 고급 수준에 이르러서도 정답률이 낮다는 점으로 미루어 이 세 가지 유형의 이해 지식을 습득하는 데 학습자들이 어려움을 겪고 있다는 것을 알 수 있다.

다음으로 학습자 집단에서 대응 유형에 따른 정답률 차이가 유의미한지를 확인하기 위하여 대응 유형을 독립변수로, 정답률을 종속변수로 한 크루스칼 왈리스 검정을 실시하였다. 아래 <표 Ⅳ-18>를 보면 모든 등급에서 대응 유형에 따른 이해 정답률의 차이가 유의하다는 강한 결과를 보였다(p=.000). 따라서 한중 대응 유형은 숙달도가 낮은 초급은 물론, 숙달도가 비교적 높은 중급과 고급에서의 시간 표현 이해 점수의 차이를 발생시키는 변수라는 결론을 내릴 수 있다. 이를 통해서 숙달도가 높은 학습자라도 시간 표현을 이해하는 데 모국어의 영향을 받았음을 확인할 수 있다.

<표 Ⅳ-18> 대응 유형에 따른 이해 정답률 비교 결과

집단	사례 수	자유도	통계량	유의확률
초급	156	2	x^2=54.907	0.000***

중급	160	2	x^2=78.158	0.000***
고급	120	2	x^2=59.721	0.000***

***p〈0.001

대응 유형은 4종이므로 구체적인 차이를 확인하기 위해서 사후분석을 실시하였으며 그 결과를 아래 <표 Ⅳ-19>와 같이 제시한다.

<표 Ⅳ-19> 대응 유형 검정을 위한 사후분석 결과

			정답률 차이	표준오차	유의확률
초급	문자-은유 동일	문자-은유 상이	14.32%	0.042	.011*
		은유 동일	25.54%	0.042	.000***
		은유 부재	37.72%	0.042	.000***
	문자-은유 상이	은유 동일	11.21%	0.042	.108
		은유 부재	24.70%	0.042	.000***
	은유 동일	은유 부재	12.18%	0.042	.218
중급	문자-은유 동일	문자-은유 상이	24.66%	0.045	.000***
		은유 동일	42.79%	0.045	.000***
		은유 부재	44.04%	0.045	.000***
	문자-은유 상이	은유 동일	18.13%	0.045	.021*
		은유 부재	19.38%	0.045	.006**
	은유 동일	은유 부재	1.25%	0.045	1.000
고급	문자-은유 동일	문자-은유 상이	19.57%	0.055	.006**
		은유 동일	41.86%	0.055	.000***
		은유 부재	49.36%	0.055	.000***
	문자-은유 상이	은유 동일	22.29%	0.055	.004**

	은유 부재	29.79%	0.055	.001**
은유 동일	은유 부재	7.50%	0.055	1.000

*p〈0.05, **p〈0.01, ***p〈0.001

먼저, 대응 유형 '문자-은유 동일'의 정답률이 다른 세 가지 대응 유형보다 통계적으로 유의미하게 높다는 것은 모든 등급에 나타난 현상이다. 이를 통해서 한국어 시간 표현 이해에서는 '문자-은유 동일' 대응 유형의 습득이 일반적으로 다른 유형보다 더 쉬운 것으로 보인다. 이는 중국인 학습자가 시간 표현을 이해하는 데 모국어의 영향을 받았음을 다시 확인해 준 결과이다.

다음으로 대응 유형 '문자-은유 상이'의 정답률이 '은유 부재'보다 통계적으로 유의미하게 높은 것은 역시 초·중·고급 모두에서 나타났다. 이를 통해서 '문자-은유 상이' 대응 유형의 이해 지식 습득이 '은유 부재' 유형보다 일반적으로 더 쉽다는 결론을 도출할 수 있다.

그리고 '문자-은유 상이'와 '은유 동일'의 정답률은 초급에서는 통계적 차이가 없는 것으로 나타났으나 중급과 고급에서는 통계적 차이가 있는 것으로 나타났다. 이는 등급이 향상됨에 따라 '은유 동일'의 정답률이 '문자-은유 상이' 유형의 정답률을 따라가지 못해 벌어진 차이로 해석된다. 등급에 따라 개별 대응 유형의 발달 추이를 시각화한 아래 <그림 Ⅳ-5>를 통해서도 이를 확인할 수 있다.

<그림 Ⅳ-5>에서 보고된 정답률 격차를 보면, 초급에서 두 유형의 정답률 간에 벌어진 간격이 차이가 크지는 않았다. 그러나 초급에서 정답률이 낮았던 '문자-은유 상이'의 정답률은 등급이 향상됨에 따라 꾸준히 증가하여 고급에 이르러서 62.88%를 기록한 반면에, 앞서도 언급하였듯이 '은유 동일'의 정답률은 중급에 이르러서 정답률이 떨어

져 후퇴 양상을 보이다가 고급에서는 초급의 32.93%보다 소폭 증가한 40.83%에 그쳤다. 이로 인하여 중·고급에서 두 대응 유형 간에 차이가 발생한 것이다. 이러한 현상은 '은유 동일' 유형의 이해 지식 습득이 '문자-은유 상이' 유형보다 더 어려움을 확인해 준다.

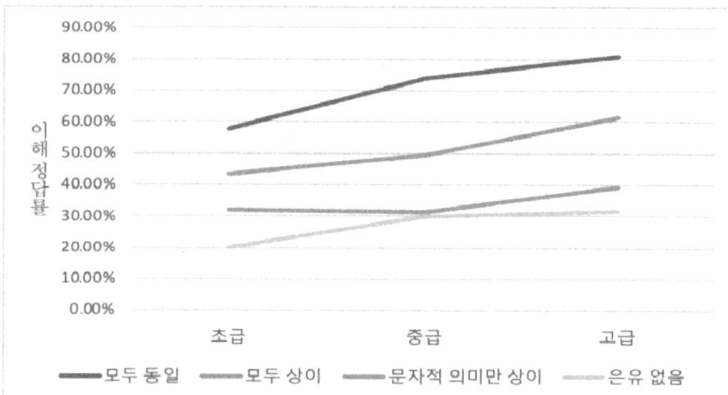

〈그림 Ⅳ-5〉 각 대응 유형의 이해 능력 발달 추이

마지막으로, '은유 동일'과 '은유 부재'의 정답률은 초급에서는 통계적 차이가 있는 것으로 나타났으나 중급과 고급에서는 통계적 차이가 없는 것으로 나타났다. <그림 Ⅳ-6>에서 보이는 바와 같이 초급에서 '은유 동일'과 '은유 부재'의 정답률 간의 격차가 비교적 큰 것으로 나타났다. 전술하였듯이 중급에 이르러서 '은유 동일'의 정답률은 후퇴 양상을 보였다. 이와 반대로 '은유 부재'은 등급이 향상됨에 따라 정답률이 꾸준히 증가했기 때문에 '은유 동일'과의 차이가 줄어든 것이다. '은유 동일'과 '은유 부재' 유형의 정답률이 모든 등급에서 낮은 정답률을 보였다는 것과 중·고급에서 유의미한 차이를 보이지 않았다는 점에서 볼 때, 두 유형의 이해 지식은 모두 습득되기 어려운 것이며, 어느 한 유형의 이해 지식을 습득하는 것이 더 용이하다고 단언할 수는 없다고 본다.

이상에서 대응 유형에 따른 이해 정답률 차이에 대한 분산분석 결과를 종합하면, '문자-은유 동일' 대응 유형은 네 가지 대응 유형 중에서 이해 지식 습득이 가장 용이하다는 것, '문자-은유 상이' 대응 유형의 이해 지식 습득이 '은유 동일'과 '은유 부재' 유형보다 더 쉽다는 것, '은유 동일'과 '은유 부재' 유형의 이해 지식은 습득하기 가장 어려운 유형이라는 결론을 내릴 수 있다.

(2) 대응 유형에 따른 산출

앞서 한중 대응 유형에 따른 시간 표현 이해 양상을 살펴보았는데 이어서 한중 대응 유형에 따른 시간 표현 산출 양상을 살펴보겠다. 각 집단에서 각 대응 유형에 해당되는 시간 표현을 얼마나 정확하게 산출하고 있는지에 대한 기술통계 결과를 <표 Ⅳ-20>과 같이 제시한다.

〈표 Ⅳ-20〉 대응 유형과 집단에 따른 산출 정답률에 대한 기술통계

		문자-은유 동일	문자-은유 상이	은유 동일	은유 부재
초급	평균 정답률	44.77%	23.56%	6.41%	8.97%
	표준편차	0.155	0.143	0.111	0.121
	사례 수	39	39	39	39
중급	평균 정답률	58.27%	30.63%	8.75%	18.75%
	표준편차	0.125	0.152	0.145	0.147
	사례 수	40	40	40	40
고급	평균 정답률	68.21%	37.71%	11.67%	25.83%

	표준편차	0.119	0.138	0.183	0.180
	사례 수	30	30	30	30
모어 화자	평균 정답률	92.02%	91.52%	91.02%	89.40%
	표준편차	0.047	0.105	0.168	0.169
	사례 수	31	31	31	31

먼저 학습자 집단의 산출 정답률을 보면, 등급별 산출 정답률 순위를 보면, 위의 <표 Ⅳ-20>에서 보이듯이, 초·중·고급에서 각 대응 유형의 정답률 순위는 동일하게 '문자-은유 동일', '문자-은유 상이', '은유 부재', '은유 동일'의 순으로 나타났다. 앞서 대응 유형에 따른 이해 양상에서 확인한 것과 같이 '문자-은유 동일' 유형은 산출에 있어서도 모든 등급에서 가장 높은 정답률을 보였다.

개별 대응 유형의 등급별 산출 정답률 변화를 보면, 앞서 '문자-은유 동일' 유형의 이해 정답률이 중급에 이르러서 이미 74.04%로 보고된 바가 있는데, 그러나 해당 유형의 산출 정답률은 고급에 이르러서도 68.21%에 불과하다는 것을 위 <표 Ⅳ-20>을 통해 확인할 수 있다. 이는 '문자-은유 동일'의 산출 지식에 대한 교육이 필요함을 보여 준다. 나머지 세 유형의 산출 정답률을 보면, '문자-은유 상이' 유형의 정답률은 23.56%에서 37.71%까지의 범위에 있었고 '은유 부재' 유형의 정답률은 8.97%에서 25.83%까지의 범위에 있었으며, '은유 동일' 유형의 정답률은 6.41%에서 11.67%까지의 범위에 있었다. 이 세 가지 유형의 산출 정답률은 모든 등급에서 현저히 낮은 것으로 나타났다. 그리고 숙달도가 향상됨에 따라 증가하기는 하였으나 산출 정답률 발달 추이를 제시한 <그림 Ⅳ-6>에서 보이듯이 '문자-은유 동일' 유형보다 느리게 발달한 것으로 나타났다. 따라서 '문자-은유 상이', '은유 부재', '은유 동일' 유형의 이해 지식과 산출 지식, 그중에서 특히 산출 지식에 대한 명시적인 교육적 처치가 필요함을 시사해 준다.

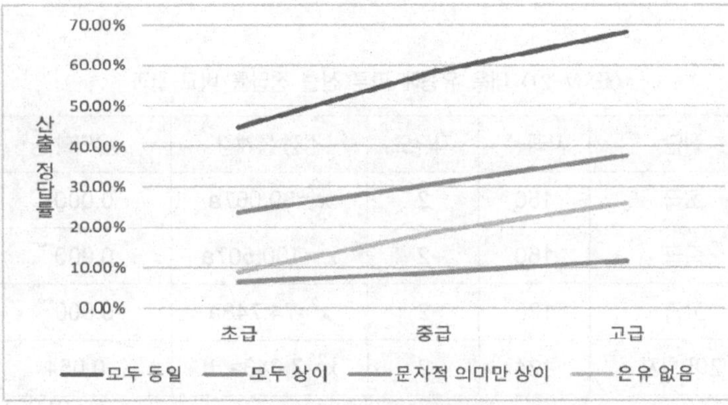

〈그림 Ⅳ-6〉 각 대응 유형의 산출 능력 발달 추이

앞에서 모든 등급에서 네 가지 대응 유형 중 '문자-은유 동일'의 산출 정답률이 가장 높았음이 확인되었다. 그러나 이를 통해서 학습자가 시간 표현을 산출하는 데 모국어의 영향을 받았다고 단언하기가 어렵다. 왜냐하면 위의 <표 Ⅳ-20>에서 보이듯이 모어 화자 집단에서도 학습자 집단과 같이 '문자-은유 동일' 유형의 정답률이 가장 높은 것으로 나타나서 '문자-은유 동일' 유형이 원래 난이도가 낮은 유형일 가능성을 간과할 수 없기 때문이다. 그러나 아래 <표 Ⅳ-21>에서 보이듯이 모어 화자 집단에서 대응 유형에 따른 정답률 차이가 유의미하지 않은 것으로 나타났다. 달리 말하자면 '문자-은유 동일' 유형과 다른 유형과의 정답률 차이가 유의미하지 않았다는 것이다. 따라서 네 가지 대응 유형 중에서 '문자-은유 동일' 유형이 원래 난이도가 낮다는 가능성을 배제하게 된다. 모어 화자 집단과 달리 학습자 집단의 경우, 모든 등급에서 대응 유형에 따른 차이가 유의미하다는 강한 결과를 보였다(p=.000). 이를 통해서 대응 유형은 학습자들의 시간 표현 산출에 관여하는 변인이라는 결론을 내릴 수 있다.

〈표 Ⅳ-21〉 대응 유형에 따른 산출 정답률 비교 결과

집단	사례 수	자유도	검정 통계량	유의확률
초급	156	2	x^2=89.067a	0.000***
중급	160	2	x^2=100.507a	0.000***
고급	120	2	x^2=74.748a	0.000***
모어 화자	124	2	x^2=7.643a, b	0.054

***p〈0.001

대응 유형은 4종이므로 분산의 원인을 살펴보기 위해서 사후분석을 실시하였으며 그 결과를 아래 <표 Ⅳ-22>와 같이 제시한다.

〈표 Ⅳ-22〉 대응 유형 검정을 위한 사후분석 결과

			평균 차이	유의확률
초급	문자-은유 동일	문자-은유 상이	21.21%	.000***
		은유 동일	38.36%	.000***
		은유 부재	35.80%	.000***
	문자-은유 상이	은유 동일	17.15%	.000***
		은유 부재	14.58%	.001*
	은유 동일	은유 부재	-2.56%	1
중급	문자-은유 동일	문자-은유 상이	27.64%	.000***

		은유 동일	49.52%	.000***
		은유 부재	39.52%	.000***
	문자-은유 상이	은유 동일	21.86%	.000***
		은유 부재	11.88%	.039*
	은유 동일	은유 부재	-10.00%	.229
고급	문자-은유 동일	문자-은유 상이	30.50%	.000***
		은유 동일	56.54%	.000***
		은유 부재	42.37%	.000***
	문자-은유 상이	은유 동일	26.04%	.000**
		은유 부재	11.88%	.045*
	은유 동일	은유 부재	-14.17%	.169

*p〈0.05, **p〈0.01, ***p〈0.001

먼저, 모든 등급에서 대응 유형 '문자-은유 동일'의 정답률은 다른 세 가지 대응 유형의 정답률보다 통계적으로 높은 것으로 나타났다. 이와 같은 현상은 앞서 대응 유형에 따른 시간 표현 이해 정답률의 차이를 살펴본 결과와 일치하다. 따라서 한국어 시간 표현 이해뿐만 아니라 산출에서도 '문자-은유 동일' 대응 유형의 습득이 일반적으로 다른 유형보다 더 쉽다는 결론을 도출할 수 있다. 이는 Charteris-Black(2002)의 연구 결과와 일치한 것이다. 그는 학습자가 가지고 있는 모국어 개념 체계와 언어 지식이 목표어 신체 관련 은유 표현 산출 양상을 설명할 수 있는지의 여부를 조사하였는데, 그 결과 모국어와 목표어의 은유 표현이 개념적 기초와 언어 형태를 공유할 때 습득이 가장 성공적인 것으로 나타났다. 그는 특히 모국어와 목표어가 서로 다른 개념적 기초를 가질 때 그러한 차이를 강조하는 것이 학습자에게 유익할 수 있다고 제안한 바가 있다. 본 연구에서도 시간 표현 교육에서 '문자-은유 동일' 유형보다는 나머지 세 가지 유형, 특히 '은유 동일' 유형과 '은유 부재' 유형의 교육적 처치에 비중을 두어야 한다고 본다.

Kellerman(1987)에서는 모국어가 학습자의 은유 습득에 미치는 영향이 초급 단계와 고급 단계에서 가장 현저하다고 하였으며, 또 Ellis(2001)에서는 제2언어 습득에서 모국어의 영향이 초급에서 가장 크고 등급이 향상됨에 따라 그 영향이 점점 감소하는 경향을 보인다고 주장하였다. 그러나 '문자-은유 동일' 유형의 정답률이 모든 등급에서 다른 유형보다 통계적으로 유의미하게 높다는 결과를 통해서 모국어는 고급 단계를 포함한 모든 단계의 학습자 시간 표현 습득에 영향을 미친 것으로 나타났다. 이러한 점으로 미루어 보아 모국어 간섭 오류를 보이는 시간 표현에 대한 교육적 처치가 필요함을 알 수 있다.

다름으로, 초·중·고급 모두에서 대응 유형 '문자-은유 상이'의 산출 정답률은 '은유 동일', '은유 부재'과 통계적으로 유의미한 차이가 나타났다. 이는 역시 앞서 대응 유형에 따른 이해 정답률의 차이를 살펴본 결과와 유사하다. 이를 통해서 '문자-은유 상이' 대응 유형의 이해 및 산출 지식 습득이 '은유 동일'와 '은유 부재' 유형보다 더 쉽다는 결론을 도출할 수 있다.

그리고 '은유 동일'와 '은유 부재' 유형은 모든 등급에서 낮은 정답률을 기록하였으며 그 차이가 통계적으로 유의미하지 않았다. 앞서 이해 양상 부분에서 이 두 가지 유형의 이해 정답률은 초급에서만 유의미한 차이가 나타났다. 이를 통해서 이 두 유형은 모두 학습자가 시간 표현을 이해하거나 산출하는 데 큰 어려움을 겪는 유형이고 이 두 유형 중에 어느 한 유형이 더 용이하다고 단언하기가 어렵다는 것이 확인되었다.

(3) 결과에 대한 논의

지금까지 대응 유형에 따른 이해 및 산출 양상을 살펴본 결과, 대응 유형은 학습자들의 시간 표현 이해뿐만 아니라 산출에도 관여하는 변인이라는 것, 즉 학습자는 시간 표현을 이해하고 산출하는 데 모국어의 영향을 받았다는 결론을 내릴 수 있다. 앞서 은유 유형은 초급 집단의 이해 정답률에만 영향을 미치는 변인이라는 결과와 비교해 보면, 대응 유형은 은유 유형보다 이해 및 산출 정답률에 영향을 미치는 더 강력한 변인임이 확인되었다. 달리 말하자면, 학습자의 시간 표현 이해 및 사용에 더 관여하는 것은 은유 유형보다는 대응 유형임을 알 수 있다. 이 절에서는 이와 같은 결과에 대해 논의해 보고자 한다.

Coulson(2008)에서는 은유의 이해가 근원영역의 구성 요소와 목표영역의 구성 요소 간의 대응구조, 즉 사상을 확립하는 과정인데 사상은 유사성을 기반으로 하므로 은유 이해는 근본적으로 유추를 통해서 서로 다른 영역 간의 유사한 구성 요소를 연결하는 과정이라고 하였다. 이와 같은 견해로 Keil(1986: 76)에서는 은유 표현의 의미를 이해하기 위해 목표영역과 근원영역 사이의 유사성을 찾는 과정이 요구된다고 하였다(이해영·Tran Thi Thu Phuong, 2020: 244 재인용). 그리고 은유 표현의 이해는 두 영역 간의 유사성을 찾는 과정이라고 하면 은유 표현의 산출은 목표영역과 유사성이 존재하는 근원영역을 찾아내고 사상을 만들어내는 과정이라고 할 수 있다. 예를 들어, '시간을 빼앗다'라는 은유 표현을 이해하려면 시간 영역과 자원 영역 간의 유사성을 찾는 과정이 필요하다. 즉, 시간이 자원과 같이 소중한 것이라는 유사성을 찾아낸 후에 '시간을 빼앗다'가 '남의 시간을 억지로 차지하다'를 뜻하는 것을 유추할 수 있을 것이다. 또 '시간을 빼앗다'라는 은유 표현을 산출하려면 시간 영역과 유사한 자원 영역을 찾아내서 '남의 시간을 억지로 차지하다'는 것은 바로 '남의 자원을 억지로 차지하다'는 것이므로 '시간을 빼앗다'를 산출하게 된다.

중국인 학습자의 경우에도 한국어 시간 은유 표현의 의미를 파악하거나 표현하고자 하는 의미에 맞는 은유 표현을 산출하기 위해 근원영역과 목표영역을 비교하여 두 영역 간의 유사성을 찾는 과정이 요구될 것이다. 이때 본인이 이미 형성한 시간 개념 체계나 이를 언어화하는 언어 지식이 동원되어 한국어 시간 은유 표현 이해 및 산출에 영향을 미칠 것이다.

만약에 한국어의 시간 표현이 문자적 의미, 은유적 의미, 개념적 은유 면에서 중국어와 동일한 표현, 즉 은유 표현의 의미 투명성이 높은 표현일 경우, 학습자는 이러한 표현을 이해하고 사용하는 데 큰 어려움을 겪지 않을 것이다. Buckingham(2006)에서도 주장하였듯이 L2 학습자는 L1과 L2의 어휘적 특성과 문법적 특성을 비교함으로써 긍정적 전이를 획득하는 것처럼 은유적 표현의 기초가 되는 개념 시스템의 공통성으로부터 이익을 얻을 수 있다. 이해 및 산출에서 대응 유형 '문자-은유 동일'이 4가지 대응 유형 중에서 가장 높은 정답률을 보였다는 결과는 이러한 주장을 뒷받침하는 결과라고 할 수 있다.

그러나 만약에 한국어 시간 표현 이해 및 산출에 사용할 자료가 존재하기는 하지만 중국어로는 다르게 사용된다면, 오히려 중국어 시간 표현 정보는 한국어 시간 표현 이해 및 산출에 방해 요인이 될 것이다. 모국어 전이 전략은 두 언어에서 공유하는 총칭 층위의 개념적 은유와의 연관성을 통해 은유 표현의 습득을 촉진할 수 있지만, 모국어와 목표어에 대한 직접적인 번역은 오류를 가져오기도 한다(Cornell, 1999). 특정 층위의 개념적 은유와 이를 언어로 언어화하는 방식이 언어마다 다르기 때문이다. '문자-은유 상이' 유형은 한국어 시간 표현에 대응되는 중국어 시간 표현이 있지만 두 표현의 문자적 의미와 개념적 은유가 다른 경우를 말하고, '은유 동일' 유형은 한국어 시간 표현과 이에 대응되는 중국어 시간 표현이 동일한 개념적 은유를 공유하지만 문자적 의미가 다른 경우를 말하는데, 두 유형이 이해 및 산출에서 '문자-은유 동일' 유형보다 통계적으로 유의미하게 낮은 정답률을 보인다는 것이 이를 보여 주고 있다.

그리고 만약에 학습자의 모국어에 해당 목표어 시간 표현에 대응되는 시간 표현과 개념적 은유가 모두 부재하면, 학습자는 가장 큰 어려움을 겪게 된다. 시간 표현 이해 및 산출에 사용할 근거 자료가 전혀 없기 때문이다. '은유 부재' 유형은 한국어 시간 표현이 대응되는 중국어 시간 표현이 존재하지 않는 경우인데 이 유형의 정답률은 시간 표현 이해 및 산출에서 모두 현저히 낮은 것으로 나타났다. 이러한 결과는 모국어가 프랑스어인 영어 학습자들이 영어 은유 표현을 이해하는 양상을 살펴본 Boers & Demecheleer(2001)에서도 보고된 바가 있다. 이 연구에서는 학습자들이 프랑스어에도 있는 은유보다는 영어에만 존재하는 문화적으로 특수한 은유를 이해하는 데 더 어려움을 겪는 것으로 나타났으며, 이를 통해 은유의 문화적 차이가 학습자의 은유 습득에 영향을 줄 수 있다고 밝혔다.

그러나 흥미로운 것은, 은유의 투명성 면에서 볼 때, 문자적 의미만 다른 '은유 동일'보다는 문자적 의미와 개념적 은유 모두 다른 '문자-은유 상이' 유형에 해당되는 표현의 의미가 덜 투명하기 때문에 습득하는 데 응당 더 어려움을 겪어야 하는데 실제 분산분석 결과를 보면 '은유 동일' 유형의 정답률은 '문자-은유 상이'보다 현저히 낮은 것으로 나타났다. 그리고 이해 테스트와 산출 테스트에서 낮은 정답률을 보인 '은유 부재' 유형과 유의미한 차이를 보이지 않았으며, 산출 테스트의 점수를 수치상으로 봤을 때 심지어 '은유 부재' 유형보다 더 낮았다. 이와 같은 결과는 영어를 모국어로 하는 한국어 학습자의 한국어 감정 은유 표현 이해 양상을 고찰한 Türker(2016)에서도 보고된 바가 있다. 이러한 결과를 통해서 같은 개념적 은유가 모국어에 존재하더라도 문자적 의미가 다르면 해당 표현에 대한 습득이 여전히 어렵다는 것을 확인할 수 있다. 학습자가 이러한 은유 표현을 이해할 때, 해당 표현의 문자적 의미에 대해 많이 집중하게 되어 결국에 해당 표현에 대한 문자적 의미의 직역이 학습자가 모국어 개념을 상기하는 데 방해가 될 수 있는 것으로 해석된다. 그리고 학습자가 이러한 표현을 산출할 때, 개념적 은유를 공유하더라도 문자적 의미가 다르기 때문에 해당 표현을 머릿속 사전에서 찾아내는 것이 쉽지 않은 것으로 보인다. 앞서 2장에서 언급하였듯이 Danesi(1994)에서는 모국어와 목표어의 개념적 은유의 차이를 학습자 오류의 주요 원인이라고 주장하였다. 그러나 '은유 동일' 유형의 정답률이 낮다는 결과, 즉 시간 은유가 학습자의 모국어에 존재하더라도 해당 은유의 언어 실현 방식이 모국어와 다름으로 인해 오류를 보인다는 결과는 목표 언어에서 개념적 은유의 언어 실현 방식을 배우는 것이 또한 중요함을 시사해 준다. 이와 관련하여 Cameron & Deignan(2006)에서는 제2언어 학습자들이 은유를 습득하기 위해 세 가지 유형의 정보를 습득해야 한다고 언급하였는데 그중의 첫 번째 정보는 언어적 정보이다. 즉 학습자는 은유를 수반하는 어휘 문법적 정보를 알아야 한다는 것이다.

3. 시간 은유 표현의 이해·산출 지식 비교

3.1. 전체 시간 은유 표현의 이해·산출 지식 비교

(1) 이해·산출 지식 크기 비교

본절에서는 전체 시간 표현의 등급별 이해 지식(이해 정답률)과 산출 지식(산출 정답률)의 크기를 비교하고 두 지식 간의 상관관계를 분석할 것인데, 우선 두 지식의 크기를 비교하고자 한다. 집단별 이해 테스트와 산출 테스트의 정답률은 아래 <표 Ⅳ-23>과 <그림 Ⅳ-7>에서 정리하였다.

〈표 Ⅳ-23〉 집단별 이해 정답률과 산출 정답률의 차이

	이해 정답률	산출 정답률	정답률 차이
초급(n=41)	44.63%	27.58%	17.05%
중급(n=41)	55.00%	36.69%	18.31%
고급(n=30)	62.61%	44.32%	18.29%
모어 화자(n=31)	97.56%	91.98%	5.58%

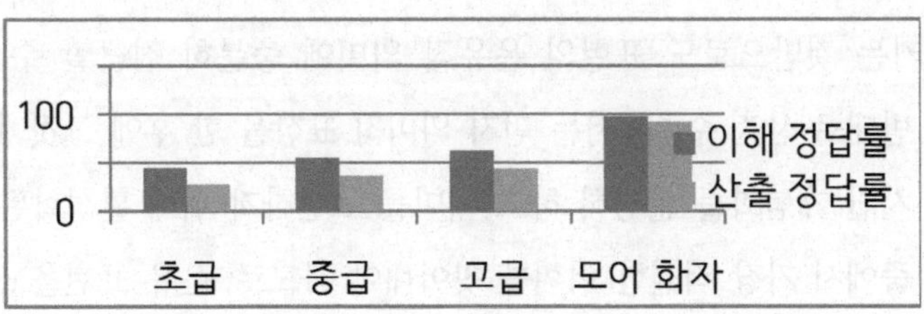

〈그림 Ⅳ-7〉 집단별 이해 및 산출 테스트의 정답률 비교

모어 화자의 경우, 이해 정답률이 산출 정답률보다 5.58%p 더 높았다. 이는 모어 화자라도 이해 지식이 산출 지식보다 더 많음을 알려준다. 학습자의 경우에도 이해 정답률이 산출 정답률보다 높은 것으로 나타났으나, 두 테스트의 정답률 차이를 보면 초급에서는 17.05%, 중급에서는 18.31%, 고급에서는 18.29%로 두 지식 간의 크기 격차가 모국어의 5.58%보다 현저히 큰 것으로 나타났다. 그리고 학습자가 고급에 이르러서도 산출 테스트의 정답률이 44.32%로 이해 테스트의 초급 정답률인 44.63%에 가까운 수준이었다. 이상을 통해서 학습자의 시간 표현 산출 지식이 이해 지식보다 훨씬 뒤떨어지고 이러한 현상은 고급에 이르러서도 개선되지 않았음이 확인된다. 이와 같은 현상이 나타난 원인은 아래의 몇 가지로 정리할 수 있다.

첫째, 이해 수준의 지식과 산출 수준에서 요구되는 지식의 양의 차이가 근본적인 원인이다. 이해 수준에서는 해당 표현이 학습자에게 친숙한 표현이라면 몇 가지 변별적 자질만 알아도 은유 표현의 의미를 이해할 수 있다. 또 해당 표현이 학습자에게 낯선 표현일 경우, 은유의 구조사상(structure-mapping) 이론에 따르면 학습자가 처음에 근원영역과 목표영역 개념들(예컨대, 공간 개념과 시간 개념)의 표상을 정렬해서 은유 표현을 처리하기 시작한다(Gentner 외, 2001). 이때 학습자는 주어진 은유 표현의 문자적 의미를 분석하고 근원영역과 목표영역을 연상시키는 것만으로도 표현의 은유적 의미에 충분히 접근할 수 있다. 이와 반대로 산출 수준에서는 먼저 의미적 표상을 한 후에 그것에 상응하는 시간 개념화를 분명히 하고 의미를 표현하기 위해 활성화된 경쟁어휘 중에서 가장 적절한 어휘를 찾아내야 하므로, 은유 표현을 산출하는 데 목표어의 시간 개념 지식과 유의어 변별 지식, 철자 지식, 패턴지식 등 많은 양의 지식이 필요하다.

둘째, 산출 기회가 부족하기 때문이다. Nation(2013)의 '동기화' 가설에 따르면 학습자가 사회문화적 배경 등 다양한 이유로 특정 유형의 지식을 생산적으로 사용하도록 동기화되어 있지 않기 때문에, 일부 어휘들은 학습자가 잘 알고 있고 생산적으로 사용할 수 있을지라도 사용되지 않으면 이해 어휘에 그친다. 특히, 발화 기회가 많은 KSL 상황과는 달리, 중국 국내에서 한국어를 학습하는 상황 하에서는 한국어로 의미 전달을 목적으로 하는 의사소통 기회가 많지 않고 일상생활에서 시간 표현의 생산적 사용이 강요되지 않으므로 시간 표현을 사용하도록 동기화하는 환경이 조성되어 있지 못하다. 따라서 수업에서라도 학습자들이 시간 표현을 생산적으로 산출할 수 있는 기회를 제공해야 한다. 그러나 앞서 교재 분석에서 확인하였듯이 시간 표현을 명시적으로 다루는 교재가 소수에 불과하고 명시적으로 다루더라도 이해를 위한 연습 활동이 주를 이루고 있으며 산출을 위한 연습 활동이 마련되어 있지 않고 있다. Nation(2013)의 '연습' 가설에 따르면 이해를 위한 연습 방식은 이해 어휘 지식 습득에 효과적이며, 산출을 위한 어휘 연습 방식은 산출 지식 습득에 효과적이다. 이해 지식이 산출 지식으로 발전하기 위해서는 학습자가 시간 표현을 산출할 기회를 부여받아야 한다. 이러한 점에서 교재에서 제공되는 이해 위주의 연습 방식은 역시 시간 표현 산출 지식을 습득하는 데 큰 도움을 주지 못하고 있다고 할 수 있다.

셋째, 입력 기회가 부족하기 때문이다. 입력이란 학습자가 노출되는 목표어 표본을 말하는데, 입력이 충분하면 일부 표현의 이해 지식이 산출 지식으로 발전하는 것을 촉진시킬 수 있다. 중국 국내에서 한국어를 학습하는 상황에서는 자연스러운 입력이 부족하며, 한국어를 접하는 주된 경로인 교재에서도 어휘 목록에 수록된 시간 표현의 수가 적고 교재 전체 학습 내용에도 그 출현 빈도가 낮아서 충분한 입력을 제공하지 못하고 있음이 산출 정답률의 저하를 가중시키는 이유 중의 하나이다.

넷째, 시간 표현의 교수·학습 방법, 즉 단순한 번역어 제시와 이것의 암기는 이러한 현상을 가중시키는 원인이기도 하다. 교재에서 시간 표현을 제시할 때 중국어 번역어만 제시하고 있다. 이로 인하여 학습자는 의미에 대한 깊이 있는 이해 없이 기억될 때까지 단순 반복적으로 학습하는 방법을 통해서 시간 표현을 학습할 수밖에 없다. 그러나 의미 이해에 대한 이해 과정을 거치지 않고 단순하게 암기된 정보는 실용 가능한 지식으로 전환되는 것이 어려우며 인지적으로 납득이 되지 않고 의미화되지 않은 지식은 필요시에 사용할 수 있는 지식으로 전환되지 못한다는 한계가 있다(김호정, 2011:16). 또한, 이해되지 않는 현상은 기억하기 어렵고 오래 기억하기도 용이하지 않은 것이다. 이와 반대로 Boers(2000a)에서는 실험을 통해 만약에 학습자들이 해당 표현에 사용된 개념적 은유에 관심을 두게 되면, 그 표현에 대한 학습자의 지식의 깊이와 그것을 유지하는 능력, 즉 장기기억 능력은 현저하게 향상될 수 있다는 것을 발견하였다. 그러므로 시간 표현을 교수할 때 학습자로 하여금 시간 개념을 구성하는 다양한 방식을 경험하여 시간 표현이 왜 이러한 의미를 가지게 되는지를 이해하게 한다면, 학습자가 시간 표현을 내재화하여 맥락에 맞게 산출하고 머릿속 사전에 더 오래 기억하도록 도울 수 있을 것이다.

(2) 이해·산출 지식 상관관계 분석

이어서 시간 표현 이해 지식과 산출 지식의 상관관계를 알아보고자 한다. 이를 위해서 두 정답률에 대해 피어슨 상관분석을 진행하였다.

아래 <표 Ⅳ-24>에서 제시한 바와 같이 학습자 집단의 경우, 모든 집단에서 이해 정답률과 산출 정답률에 유의한 정적인 상관이 있음이 확인되었다(초급과 고급: p=.001, 중급: p=.022). 이는 시간 표현을 이해하는 능력이 뛰어난 학습자가 산출 테스트에서도 더욱 우수한 성취도를 보인다는 것을 뜻한다. 그리고 이러한 결과는 이해 지식이 산출 지식에 영향을 미칠 수 있음을 의미한다. 일찍이 Teichroew(1982)에서는 이해 지식과 산출 지식이 서로 양분되는 것이 아니며 이해하는 시작 단계에서부터 산출하는 마지막 단계까지 이어지는 연속체라고 주장한 바가 있다. 모어 화자의 집단에서는 이해 정답률과 산출 정답률 간의 상관계수가 .021로 낮았으며 그리고 유의확률이 .910로 유의수준 .05보다 높아 유의미한 상관관계를 보이지 않았다. 이는 모어 화자의 경우 산출 능력이 뛰어나기 때문에 그것이 이해 능력의 영향을 받지 않은 것으로 해석된다.

〈표 Ⅳ-24〉 집단별 이해 정답률과 산출 정답률의 상관관계

	이해 정답률	산출 정답률	상관계수	유의확률
초급(n=39)	44.63%	27.58%	.635	.000***
중급(n=40)	55.00%	36.69%	.362	.022*
고급(n=30)	62.61%	44.32%	.769	.000***
모어 화자(n=31)	97.57%	13.57	.021	.910

*p〈0.05, ***p〈0.001

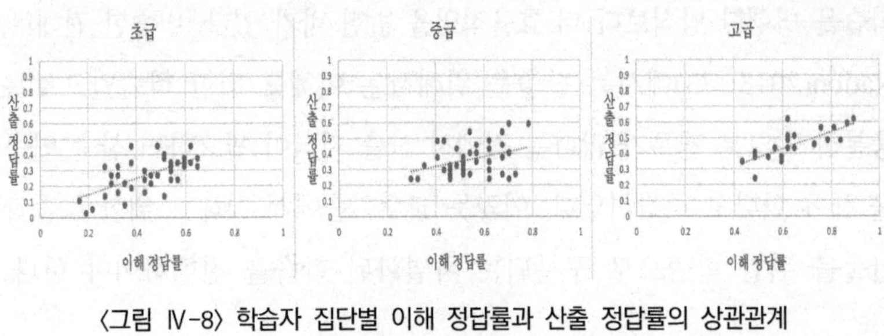

〈그림 Ⅳ-8〉 학습자 집단별 이해 정답률과 산출 정답률의 상관관계

초급과 고급에서는 상관계수가 각각 .635와 .769로 이해 능력과 산출 능력이 높은 상관성을 보여 주었으나, 중급에서는 상관계수가 .362로 낮아 상관성이 다른 등급보다는 약한 모습을 보였다. 위의 <그림 Ⅳ-9>에 제시된 집단별 이해 정답률과 산출 정답률의 관계를 보여 주는 추이선의 경사도를 통해서도 이를 확인할 수 있다. 중급에서 추이선의 경사도가 초급과 고급의 그것보다 더 완화된 모습을 보여 이해 정답률과 산출 정답률 간의 상관성이 더 약해 보인다. 이러한 현상은 초급에서 중급에 올라감에 따라 산출 지식이 이해 지식의 성장을 따라가지 못하기 때문에 일어난 것으로 해석된다. 교재 분석에서 확인되었듯이 대부분 교재에서는 중급에서 시간 표현을 비중 있게 제시하는 편이다. 따라서 학습자는 중급에 이르러서 많은 양의 시간 표현을 학습하게 되는데, 그중의 일부는 빈도수가 다소 낮은 표현이다. 이러한 표현은 사용될 기회가 많지 않으므로 중급 단계에서 이해 어휘로만 남게 된다. 결국에 산출 지식은 이해 지식의 성장을 따라가지 못하게 되어 두 지식 간의 상관성이 약해진 것으로 해석된다.

3.2. 개별 시간 은유 표현의 이해·산출 지식 비교

Mondria & Wiersma(2004)에서는 실험을 통해서 특정 유형의 지식만을 목표로 한 학습이 이해 지식을 위한 학습과 산출 지식을 위한 학습을 병행한 방식보다 더 효율적임을 밝힌 바가 있다. 비슷한 견해로, Nation(2013: 73)에서는 산출을 위해서는 이해를 위한 학습만으로는 충분하지 않은 경우가 많다는 점에서 산출 지식이 필요하면 산출 연습을 해야 한다고 주장하였다. 이렇듯 교수학습에서 이해를 위한 학습과 산출을 위한 학습으로 구분되는 차별화된 학습을 진행하여야 한다.

이를 위해서 이해 학습이 필요한 표현이 무엇인지와 산출 학습이 필요한 표현이 무엇인지, 즉 이해에 어려움이 있는 표현이 무엇인지와 산출에 어려움이 있는 표현이 무엇인지를 규명하는 것이 선행되어야 한다. 이에 이 절에서는 개별 시간 표현에 대한 초·중·고급에서의 이해나 산출 정답률의 합을 3으로 나눈 평균 이해 정답률과 평균 산출 정답률을 바탕으로 그 답을 찾고자 한다.

정답률을 바탕으로 이해나 산출에 어려움이 있는지 논하려면 먼저 어려움이 있다고 판정해 주는 경계 정답률을 설정하는 일이 필요하다. 그러나 일반적으로 동일한 대상에 대해 이해하는 것보다 이를 산출하는 것이 더 어려우며, 이해 지식보다 산출 지식이 더 습득하기 어렵다. 즉 이해 테스트와 산출 테스트의 난이도 그 자체가 다르다는 것이다. 이러한 점을 감안하여 어려움이 있는지의 여부를 판정하기 위해서 통일된 어떤 수치의 정답률을 정하는 것은 사실상 합리적이지 않다. 따라서 어려움이 있는지의 여부를 판정하는 기준을 설정하는 데 통일된 기준이 부재하며 각 테스트에 대한 학습자의 정답률 분포를 고려해야 한다는 것이다. 이와 관련하여 Mills(1983)에서 제안한 경계선 방법은 전체 학습자의 점수 분포를 고려하여 준거 점수를 설정한다는 점에서 합리적이라고 판단하여 본 연구에서는 경계선 방법을 활용하고자 한다. 경계선 방법에 따르면 완전학습자로 분류할 수 있는 확실한 최저 점수와 어느 점수 미만이면 불완전학습자로 분류할 수 있는 확실한 최고 점수를 설정해야 한다. 불완전학습자로 분류되는 최고 점수와 완전학습자로 분류되는 최저 점수 사이에 있는 피험자들의 검사 점수들의 중앙값을 어려움의 여부를 판별하는 준거 점수로 설정한다. 본 연구의 경우, 학습자의 정답률 분포를 보면 난이도가 낮은 표현의 정답률은 대체로 80% 이상의 정답률을 보였으므로 정답률이 80% 이상이면 완전학습자로 분류하고, 난이도가 높은 표현의 정답률은 대체로 50% 이하의 정답률을 보였으므로 50% 미만이면 불완전학습자로 분류하고자 한다. 이해 정답률 50%~80% 사이에 있는 정답률들의 중앙값은 64.81%, 사용 정답률 50%~80% 사이에 있는 정답률들의 중앙값은 55.73%이다. 따라서 본 연구에서는 이해 정답률 64.81% 이하를 보인 표현을 이해에 어려움이 있는 표현으로, 산출 정답률 55.73% 이하를 보인 표현을 산출에 어려움이 있는 표현으로 판단하기로 한다. 이 기준에 따라서 시간 표현은 아래와 같은 세 가지로 분류될 수 있다. 즉, 이해 및 산출 지식에 모두 어려움이 없는 표현, 산출에만 어려움이 있는 표현, 이해 및 산출 모두에 어려움이 있는 표현이다. 산출에 어려움이 없으나 이해에 어려움이 있는 표현이 발견되지 못하였다는 점에서 이해 지식보다 산출 지식의 습득이 뒤떨어진다는 것이 다시금 확인되었다. 앞서 변인 분석에서 한중 대응 유형이 이해 및 산출에 영향을 미치는 변임임을 확인하였는데 이번 절에서는 시간 표현의 대응 유형과 관련지어 세 가지 분류를 차례대로 논의하고자 한다.

(1) 이해와 산출 모두에 어려움이 없는 표현

아래 <표 Ⅳ-25>에서 제시한 바와 같이 이해 정답률 64.81% 이상, 사용 정답률 55.73% 이상을 보인 표현, 즉 이해와 산출 모두에 어려움이 없는 표현으로는 ‘시간이 있다’, ‘시간이 없다’, ‘시간이 많다’, ‘시간이 짧다’, ‘시간이 되다’, ‘시간을 지키다’, ‘지난 시간’ 7개가 있다. 이들 표현은 학습자가 이해하거나 산출함에 있어는 난이도가 낮은 표현들이라 하겠다. 이들 표현은 보편적인 시간 경험을 통해서 쉽게 이해되고 산출될 수 있으므로 굳이 심층의 개념적 은유에 초점을 두는 명시적인 교육을 실시할 필요가 없다고 판단된다.

〈표 Ⅳ-25〉 이해와 산출 테스트 모두에서 높은 정답률을 기록한 표현

대응 유형	표현	정답률	
		이해	산출
문자-은유 동일(6/13)	시간이 있다	94.91%	99.17%
	시간이 없다	90.71%	96.62%
	시간이 많다	80.38%	91.28%
	시간이 짧다	85.24%	72.14%
	시간이 되다	73.33%	65.17%
	시간을 지키다	56.94%	57.84%
문자-은유 상이(1/16)	지난 시간	79.51%	73.03%

이들 표현 중의 '시간이 있다', '시간이 없다', '시간이 많다', '시간이 짧다', '시간이 되다', '시간을 지키다'는 학습자의 모국어인 중국어에도 존재하는 '문자-은유 동일' 유형의 표현이고 또 일상생활에서 사용 빈도가 높으므로 습득이 용이한 것이다.

그러나 '지난 시간'는 문자적 의미와 개념적 은유에서 중국어와 다른 '문자-은유 상이' 유형에 해당되지만 높은 정답률을 보이기도 하였다. 그 이유는 두 가지로 추측된다. 하나는 이 표현은 t 점수 순위에서 1위를 차지한 표현인 만큼 그 출현 빈도가 높으므로 모국어 간섭을 방지한 것이기 때문이다. 고빈도 은유 표현은 학습자의 언어에서 관습화되는 정도가 더 높다. Gentner & Bowdle(2008)에서 주장한 '은유 생애 이론(career of metaphor theory)'에 따르면 은유가 관습화됨에 따라 근원영역과 목표영역에 대한 지식을 비교하는 과정에서 범주화

과정으로 이해의 방식에서 전이가 발생한다. Haught(2013)에서도 덜 익숙한 은유 표현은 근원영역과 목표영역 간의 비교 과정을 통해서 해석되지만 학습자에게 친숙한 은유 표현, 즉 관습화 정도가 높은 표현은 전형적으로 범주화 과정을 통해서 습득된다고 주장한 바가 있다. 그리고 은유 표현이 아니지만 연어 표현에 대한 제2언어 학습자의 실시간 반응을 분석한 유덕근(2020)에서는 저빈도 연어에 대해서는 학습자가 상향식 방식, 즉 분석적인 방식으로 처리하지만 고빈도 연어에 대해서는 하향식 방식, 즉 일종의 어휘 단위로 처리하는 것을 발견하였다. 모국어 간섭 오류는 영역 간의 비교 과정 등을 비롯한 표현 분석 과정에서 발생하기 쉽고 범주화 과정에서 잘 나타나지 않기 때문에 고빈도 표현은 모국어와 다르더라도 그 정답률이 높은 것으로 해석된다. 다른 하나는 '지난 시간'에 내재된 개념적 은유가 중국어 시간 표현과 다르지만 학습자가 보편적인 경험을 통해서 해석할 수 있으므로 높은 정답률을 보인 것으로 해석된다.

(2) 산출에만 어려움이 있는 표현

아래 <표 Ⅳ-26>에서 보이듯이 이해에 어려움이 없으나 산출에 어려움이 있는 표현으로는 '시간이 필요하다, 시간을 낭비하다, 시간이 남다, 시간이 길다, 시간을 줄이다, 시간을 보내다, 시간이 걸렸-, 시간이 걸리-' 등의 8개가 있다. 이들 표현의 정확한 산출을 위해서는 이해를 위한 학습(이른바 수용적 학습)이 아닌 산출을 위한 학습(이른바 생산적 학습)을 해야 한다.

〈표 Ⅳ-26〉 이해 테스트에서만 높은 정답률을 기록한 표현

대응 패턴	표현	정답률	
		이해	산출
문자-은유 동일(5/13)	시간이 필요하다	81.39%	47.39%
	시간을 낭비하다	82.09%	6.11%
	시간이 남다	75.32%	53.12%
	시간이 길다	69.04%	48.01%
	시간을 줄이다	64.81%	38.01%
문자-은유 상이(3/16)	시간이 걸렸-	82.80%	49.55%
	시간을 보내다	70.79%	51.97%
	시간이 걸리-	69.53%	45.56%

이들 표현의 대응 유형을 보면, '시간이 필요하다, 시간을 낭비하다, 시간이 남다, 시간이 길다, 시간을 줄이다'는 '문자-은유 동일' 유형에 해당되므로 학습자가 가지고 있는 모국어 시간 개념과 언어 지식을 이용해서 이들 표현을 이해하는 데 어려움을 겪지는 않았으나, 산출하는 데 여전히 어려움을 겪고 있음이 확인되었다. 나머지 표현인 '시간을 보내다', '시간이 걸리다(걸렸-, 걸리-)'는 '문자-은유 상이' 유형에 해당되지만 이해에는 높은 정답률을 보였다. 이들 표현은 공기 강도 t 점수 순위에서 각각 2위와 3위를 차지한 표현으로 출현이 빈번한 표현이다. 그중에서 '시간을 보내다'가 높은 이해 정답률을 기록한 이유는 앞서 '지난 시간'에 대한 분석에서와 같이 고빈도 출현으로 인한 모국어 간섭 방지 효과와 보편적 경험을 통한 해석 용이성 두 가지로 추측된다. 그러나 '시간이 걸리다'가 높은 이해 정답률을 기록한 원인으로는 오직 출현 빈도가 높기 때문일 것이다. '시간이 걸리다'에 쓰인

'걸리다'의 문자적 의미는 '스스로 걷게 하다'인데 이 문자적 의미는 일상 언어에 쓰이는 빈도가 낮아 학습자가 이 문자적 의미를 모를 가능성이 높다.[70] 따라서 학습자가 보편적 경험을 동원하여 '시간이 걸리다'의 근원영역과 목표영역을 연상시켜서 이 표현을 이해할 가능성이 낮을 것이기 때문에 보편적 경험을 통한 해석 용이성이라는 원인을 배제하게 된다.

(3) 이해와 산출 모두에 어려움이 있는 표현

이해와 산출 모두에 어려움이 있는 표현은 총 22개가 있으며 아래 <표 Ⅳ-27>에 제시되었다. 이들 표현을 습득하는 데 이해 지식과 산출 지식이 모두 필요하므로 이해를 위한 학습과 산출을 위한 학습을 병행하는 것이 더 적절하다고 본다.

〈표 Ⅳ-27〉 이해와 산출 모두에서 낮은 정답률을 기록한 표현

대응 유형	표현	정답률	
		이해	사용
문자-은유 동일(2/13)	시간의 흐름	51.65%	52.74%
	시간이 줄어들다	12.37%	14.47%
문자-은유 상이(12/16)	시간이 지나-	55.38%	36.60%
	시간을 내다	55.71%	48.72%

70 이와 관련하여 Schnell(2007:79)에서는 어떤 표현은 문자적 의미와 은유적 의미 모두 빈번히 사용되는 반면에 어떤 표현은 은유적 의미가 주로 사용된다고 하였다. 이러한 점에서 문자적 의미는 은유적 의미보다 더 기본적이지만 사용되는 빈도가 항상 은유적 의미보다 높은 것은 아니라고 할 수 있다.

	시간에 쫓기다	53.18%	1.97%
	시간이 넘다	47.99%	21.26%
	시간을 뺏다	47.31%	12.88%
	시간을 잡다	46.09%	12.84%
	시간이 흐르-	45.88%	22.05%
	시간을 쪼개다	40.68%	46.71%
	시간이 나다	40.60%	8.40%
	시간을 잡아먹다	29.68%	2.52%
	시간을 벌다	24.08%	28.72%
	시간을 때우다	21.84%	27.31%
은유 동일(4/4)	시간에 맞추다	40.83%	0.00%
	시간을 되돌리다	39.53%	4.19%
	시간이 가는 줄	26.60%	27.97%
	시간을 들이다	21.88%	3.61%
은유 부재(4/4)	시간이 갈수록	61.45%	53.61%
	시간을 두다	26.54%	4.44%
	시간을 채우다	23.68%	11.41%
	시간을 갖다	16.79%	1.94%

이들 표현의 대응 유형을 보면, '문자-은유 동일' 유형에 해당되는 표현은 2개가 있고, '문자-은유 상이' 유형에 해당되는 표현은 12개가 있으며 '은유 동일' 및 '은유 부재' 유형에 해당되는 표현은 각각 4개가 있다. 본 연구에서 연구 대상으로 삼는 전체 시간 표현 중에 '문자-은유 동일' 유형, '문자-은유 상이' 유형, '은유 동일' 유형, '은유 부재' 유형의 표현 수가 각각 13, 16, 4, 4개가 있다는 점과 비교해 보면, '문자-은

유 상이' 유형의 대부분 표현, '은유 동일' 유형과 '은유 부재' 유형의 모든 표현은 이해와 산출 모두에 어려움이 있는 표현임을 알 수 있다. 이러한 결과는 앞서 대응 유형에 따른 이해 및 산출 양상 분석에서 밝혀진 이 세 가지 유형이 모든 등급에서 낮은 이해 및 산출 정답률을 보였다는 결과와 일치한다.

지금까지 이해 및 산출 모두에서 어려움이 없는 표현, 산출에만 어려움이 있는 표현, 그리고 이해 및 산출 모두에서 어려움이 있는 표현이 각각이 무엇인지 살펴보았다. 각 분류에 해당되는 시간 표현의 수의 분포는 아래 <그림 Ⅳ-9>와 같다.

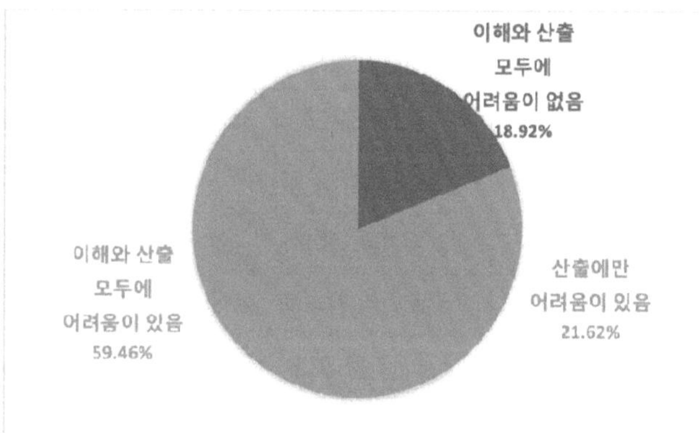

〈그림 Ⅳ-9〉 이해 표현과 산출 표현의 분포

이해와 산출 모두에 어려움이 없는 표현은 오직 6개뿐이고 전체 시간 표현의 18.92%를 차지하여 그 비중이 가장 적었다. 이해에는 어려움이 없으나 산출에는 어려움이 있는 표현은 8개로 전체 시간 표현의 21.62%를 차지하였다. 이해와 산출 모두에 어려움이 있는 표현은 23개로 전체 시간 표현의 59.46%를 차지하여 그 비중이 가장 많았다. 즉,

이해 지식과 산출 지식이 모두 습득된 시간 표현은 극히 적고, 이해 표현으로 남아 있는 표현은 일부에 불과하며, 이해 지식과 산출 지식이 모두 습득되지 못한 표현이 대부분이라는 것이다. 이러한 결과는 시간 표현을 습득하는 데 학습자가 많은 어려움을 겪고 있음을 다시 확인해 주었고, 이를 통해서 중국인 학습자에 대한 시간 표현의 명시적 교육이 필요함을 알 수 있다.

4. 시간 은유 표현 오류 양상 분석

앞서 변인 분석에서 한중 대응 유형은 학습자의 시간 표현 이해 및 산출 능력에 영향을 미치는 변인임이 확인되었다. 그렇다면 시간 은유와 문자적 의미에서 모국어 시간 표현과 동일한 표현은 항상 정답률이 높을 것인가? 개별 시간 표현의 정답률을 보면 그렇게 확언하기가 어렵다. 문자적 의미와 개념적 은유를 모국어와 공유하는 표현일지라도 낮은 정답률을 보이는 경우가 있는가 하면, 문자적 의미나 개념적 은유가 모국어와 같은 표현이지만 높은 정답률을 보이는 경우가 있기 때문이다. 따라서 한중 대응 유형은 학습자의 습득에 영향을 미치는 여러 변인 중의 하나이지 결정 요인은 아니다. 다른 세부적인 변인 역시 학습자의 시간 은유 표현의 이해와 산출에 영향을 미치므로 학습자가 보이는 구체적인 오류에도 주목이 필요하다. 이에 본 연구에서는 앞 절에서 도출된 산출에 어려움이 있는 표현과 이해 및 산출 모두에 어려움이 있는 표현을 중심으로 이들 표현의 오류 양상을 분석함으로써 오류 원인을 세분화하고자 한다.

4.1. 산출에만 어려움이 있는 표현의 오류 양상

산출에만 어려움이 있는 표현을 대응유형별로 살펴보겠다. '문자-은유 동일' 유형에 해당되는 표현은 '시간이 남다', '시간이 필요하다', '시간을 낭비하다', '시간이 길다', '시간이 되다', '시간을 줄이다'이며, 이 표현들을 의도하는 문항에서 학습자들이 비교적 많이 산출한 표현을 아래 <표 Ⅳ-28>에 제시하였다.

〈표 Ⅳ-28〉 산출에만 어려움을 보이는 '문자-은유 동일' 유형의 산출 양상

대응 유형	표현	학습자 산출 표현(대답 수)
문자-은유 동일	시간이 남다	시간 많이 있다(19)
	시간이 필요하다	시간이 있어야 되다(6)
	시간을 낭비하다	시간이 없다(32), 답을 모름(20)
	시간이 길다	시간이 많다(19)
	시간이 되다	답을 모름(11), 시간이 오다(6), 시간이 도착하다(4)
	시간이 줄어들다	시간이 줄어지다
	시간을 줄이다	시간을 적다(10), 시간을 감소하다(9), 답을 모름(8)

'시간이 남다'를 고찰하는 문항에서 학습자가 '시간 많이 있다'를 산출하였다. '시간 많이 있다'는 의미 전달에 큰 지장은 없겠으나 한국어 모어 화자에게서는 나타나지 않는 어휘 조합이다. 이러한 오류가 나타난 원인은 중국어의 시간 은유 언어화 방식의 간섭일 것이다. '시간 많이 있다'에 대응하는 중국어 직역 표현 '有很多时间'은 자연스럽기 때문이다.

'시간을 낭비하다'를 고찰한 아래 문항 6에서 '시간이 없다'나 답을 모른다고 대답한 학습자가 많았다. '시간을 낭비하다'는 한자어이므로 중국인 학습자에게는 쉬운 표현임에도 오류가 많은 것은 이 표현이 한국어에서 사용되는 패턴, 즉 '시간 낭비'에 대해 익숙하지 않기 때문인 것으로 보인다. 문항 6의 정답은 '낭비하다'의 명사형인 '낭비'인데 '낭비'에 대응하는 중국어 '浪费'는 명사로 쓰일 수 없고 형용사로만 쓰인다. 그러므로 중국인 학습자에게 '시간을 낭비하다'를 교육할 때 명사형 패턴인 '시간 낭비'를 같이 제시할 필요가 있다고 본다.

문항 6(산출)

- 윤호: 난 10분만 더 자면 안돼?
- 윤호 엄마: 시간 _____ 그만하고(停止) 빨리 공부해.(정답: 낭비)

'시간이 길다'는 역시 중국어에도 존재하는 시간 표현이지만 아래 문항 '시간이 길다'를 '시간이 많다'로 대치하여 대답하는 학습자가 많았다. 아래 문항 10에서 '시간이 많다'는 역시 의미 전달에 지장이 없지만 모어 화자의 답에서 발견되지 않은 답이다. 시간은 공간의 길이나 자원의 양을 통해서 개념화될 수 있기 때문에 '긴 시간'이나 '많은 시간'은 모두 정확한 표현이다. 그러나 아래 '시간이 길다'는 '긴 시간 동안'의 패턴으로 많이 쓰이기 때문에 문항 10에서 '시간이 길다'가 사용되어야 한다. 이는 학습자에게 해당 시간 표현의 사용 패턴을 가르칠 필요성을 시사해 준다.

문항 10(산출)

- 사회자: 송중기 씨, 팬들에게 한 마디 해주세요.

• 송중기: 10년이 넘는 ____는/은 시간 동안 항상 응원해 주셔서 감사합니다. (정답: 긴)

'시간이 되다'를 고찰하는 아래 문항 13에서 '시간이 오다'로 오답한 학습자가 많았다. 이는 학습자가 시간이 이동체로 개념화되어야 하는 것을 알고 있으나 이를 언어화하는 표현을 모르기 때문에 범한 오류이다. 또한 모국어 시간 은유 언어화 방식의 간섭을 받아 '시간이 되다'에 대응되는 중국어 '时间到'를 직역하여 '시간이 도착하다'라는 오답을 제시한 학습자도 있었다. 이러한 학습자는 모두 초급 학습자였다.

문항 13(산출)

• 민호: 기차 출발 시간 다 _____. 빨리 와.
• 유미: 알았어. 곧 도착해. (정답: 됐어)

'시간을 줄이다'를 고찰하는 문항에서 '시간을 감소하다'를 산출한 학습자가 많았다. '시간을 감소하다'는 문어성이 강하고 또 출현 빈도가 낮은 표현이기 때문에 일상 대화에서 쓰이는 것이 어색하다. 이러한 오류는 학습자에게 유의 관계에 있는 시간 표현이 문어 표현인지 구어 표현인지에 관한 사용역 정보와 관습성 정보를 제시해야 함을 시사한다.

이어서 산출에만 어려움을 보이는 표현 중에 '문자-은유 상이' 유형에 해당되는 표현의 산출 양상을 아래 <표 Ⅳ-29>에 제시하였다.

〈표 Ⅳ-29〉 산출에만 어려움을 보이는 '문자-은유 상이' 유형의 산출 양상

대응 유형	표현	학습자 산출 표현
문자-은유 상이	시간이 걸리-	시간이 필요하다(31)

시간을 보내다	시간을 지내다(37)
시간이 걸렸-	시간을 쓰다(13)

'시간이 걸리-'를 고찰하는 아래 문항 16에서 자원화 표현인 '시간이 필요하다'를 산출하는 학습자가 31명으로 많았다. 또한, '시간이 걸렸-'을 고찰하는 아래 문항 32에서 자원화 표현인 '시간을 쓰다'를 산출한 학습자도 많았다. 이는 모국어의 시간 은유 간섭을 받았을 가능성이 높다. 앞서 대응 유형에서 확인되었듯이 한국어 '시간이 걸리-'에 대응되는 중국어 표현은 '需要时间(시간이 필요하다)'이며, '시간이 걸렸-'에 대응되는 중국어 표현은 '花时间(시간을 쓰다)'이다. 즉 '시간 소요'라는 의미를 나타낼 때 한국인은 시간을 이동체로 인지하는 반면에 중국인은 시간을 자원으로 인지하는 경향이 있다는 것이다.

문항 16(산출)

- 민호: 유미야, 언제 와?
- 유미: 지금 가고 있어. 한 시간 정도 더 ____(으)ㄹ 것 같아. (정답: 걸릴)

문항 32(산출)

- 유미: 이번 숙제는 어렵지 않았어?
- 민호: 응. 별로 어렵지 않았어. 한 시간밖에 안 ____. (정답: 걸렸어)

'시간을 보내다'를 고찰하는 아래 문항 30에서 '시간을 지내다'를 사용한 학습자가 37명으로 많았다. 이는 '보내다'와 '지내다'를 구별하지 못하여 범한 오류이다. 시간 표현 '보내다'와 '지내다'는 모두 이동화 은유에서 비롯된 것이다. 그러나 '보내다'는 사건 구조화된 목적어를 요구하는 반면에 '지내다'는 시간의 길이나 속성이 표면화되어 부사나 부사어와 함께 사용된다(홍달오, 2009). 따라서 아래 문항 30와 같이 목적어 '시간'이 나타난 경우에 '지내다'를 쓰면 어색하다.

문항 30(산출)

- 민호: 방학 때 뭘 했어?
- 유미: 놀이공원에 가서 재미있게 시간을 _____. (정답: 보냈어)

4.2. 이해와 산출 모두에 어려움이 있는 표현의 오류 양상

이 절에서는 이해와 산출 모두에 어려움이 있는 표현의 오류 양상을 대응 유형별로 살펴보겠다. 먼저 '문자-은유 동일' 유형의 이해와 산출 오류 양상을 보겠다.

〈표 Ⅳ-30〉 이해와 산출 모두에 어려움을 보이는 '문자-은유 동일' 유형의 이해와 산출 양상

대응 유형	표현	학습자 이해 표현	학습자 산출 표현
문자-은유 동일	시간을 지키다	시간을 준수하다(14), 시간을 쫓다(14)	시간을 준수하다(8)
	시간의 흐름	시간의 지나감(19), 시간의 보냄(16)	시간의 지남(9), 시간의 걸음(4)
	시간이 줄어들다	시간이 줄어지다(57), 시간이 적어지다(26)	시간이 적어지다(6), 시간이 단축되다(16)
	시간이 넘다	시간이 걸리다(29)	답을 모름(15), 시간이 걸리다(3), 시간이 길다(3)

‘시간의 흐름’은 중국어에도 존재하는 표현이지만 낮은 이해 및 산출 정답률을 보였다. 이 표현을 고찰하는 문항에서 학습자는 ‘시간의 지나감’이나 ‘시간의 지남’, ‘시간의 보냄’으로 이해하거나 산출한 학습자가 많았다. 또한 ‘시간의 걸음’으로 다소 창의적인 시간 표현을 산출한 학습자도 4명이 있었다. 이와 같은 이해나 산출 표현은 모두 ‘시간의 흐름’과 같은 개념적 은유, 즉 [이동하는 시간] 은유에 의한 것이다. 따라서 학습자가 오류를 범한 것은 시간이 이동체로 개념화되어야 하는 것을 알고는 있으나 구체적인 언어화 방식을 모르기 때문이다.

‘시간이 넘다’를 고찰하는 아래 문항 7에서 ‘시간이 걸리다’를 선택하거나 산출한 학습자가 많았다. 실험 참여자와의 인터뷰를 통해서 참여자가 ‘시간이 걸리다’에 ‘시간을 쓰다’의 의미가 있다고 생각해서 답한 것이 확인되었다.

문항 7(이해)

• 민호: 유미야, 이제야 일어난 거야?

• 유미: 응. 난 어제 너무 피곤해서 10시간 _____ 잤어.

A. 지나게 B. 많게 C. 넘게(정답) D. 걸리게 E. 기타_____

문항 7(산출)

• 유미: 민호야, 우리 이미 한 시간 ____게 걸었어. 좀 쉴까?

• 민호: 그래, 좀 쉬자. (정답: 넘)

이어서 산출에만 어려움을 보이는 표현 중에 ‘문자-은유 상이’ 유형에 해당되는 표현의 산출 오류 양상을 아래 <표 Ⅳ-31>에 제시하였다.

〈표 Ⅳ-31〉 이해와 산출 모두에 어려움이 있는 '문자-은유 상이' 유형의 이해와 산출 양상

대응 유형	표현	학습자 이해 표현	학습자 산출 표현
문자-은유 상이	시간을 잡다	시간을 뽑다(44)	시간을 안배하다(10), 시간을 정하다(35)
	시간에 쫓기다	시간을 쫓다(18)	답을 모름(38), 시간을 쫓다(4)
	시간을 내다	시간을 짜다(15), 시간을 뽑다(14)	시간이 걸리다(8), 답을 모름(5), 시간을 빼다(4)
	시간을 벌다	시간을 쟁취하다(44), 시간을 만들다(28)	답을 모름(24), 시간을 만들다(4)
	시간을 쪼개다	시간을 잡다(28), 시간을 뽑다(15), 시간을 짜다(14)	시간을 뽑다(4), 답을 모름(17)
	시간이 나다	시간이 생기다(33), 시간이 나오다(26)	시간이 있다(96)
	시간을 잡아먹다	시간이 걸리다(53)	시간이 걸리다(55), 시간을 낭비하다(30)
	시간을 뺏다	시간을 점용하다(30), 시간을 내다(15), 시간을 사용하다(14)	시간을 점용하다(5), 시간이 걸리다(10), 답을 모름(22)
	시간을 때우다	시간을 지내다(61)	답을 모름(22), 시간을 보내다(37)
	시간이 지나-	시간이 가다(18), 시간을 지내다(16)	시간이 넘다(21)
	시간이 흐르-	시간을 지내다(27), 시간이 되다(20)	시간이 되다(45

'시간을 잡다'의 이해를 고찰하는 아래 문항 17에서 44명에 달하는 학습자가 '시간을 뽑다'를 선택하였다. 이는 학습자가 문항을 '시간을

내서 같이 밥 먹자'로 이해하여 '시간을 내다'에 대응되는 중국어 직역어 '시간을 뽑다'를 잘못 선택한 것이다. 이러한 오류가 범하게 되는 것은 학습자가 모국어 시간 은유 간섭을 받았음을 보여 주는 동시에 학습자가 정답인 '시간을 잡다'를 이해하지 못하였음을 간접적으로 확인해 준다. 그리고 '시간을 잡다'의 산출을 의도하는 문항에서 '시간을 안배하다'를 산출하는 학습자가 많았다. '시간을 잡다'에 대응되는 중국어는 '安排时间(시간을 안배하다)'이다. '시간을 잡다'는 [이동하는 시간] 은유에 기반한 것인 반면에, '安排时间'은 [시간은 자원이다] 은유에서 비롯된 것이다. 즉, 시간을 정할 때, 한국어에서 시간은 잡힐 수 있는 이동체로 개념화되는 반면에 중국어에서 시간은 배치될 수 있는 자원으로 개념화된다. 학습자는 모국어의 시간 은유 간섭을 받아 오류를 범한 것으로 보인다.

문항 17(이해)

- 민호: 유미야, 안녕. 오랜만이야. 우리 졸업한 지 5년 만에 만나는 거지?
- 유미: 맞아. 나중에 시간 _____아/어서 같이 밥 먹자.

A.벌어서 B. 뽑아서 C. 짜서 D. 잡아서(정답) E. 기타_____

'시간에 쫓기다'를 고찰한 문항에서 '시간을 쫓다'를 선택하거나 산출한 학습자가 많았다. 이는 모국어의 시간 은유 간섭을 받아서 범한 오류로 해석된다. 한국어에서 시간은 사람을 쫓는 대상으로 개념화되는 반면에 중국어에서 시간은 사람에게 쫓는 대상으로 개념화되기 때문이다.

'시간을 내다'를 고찰한 아래 문항 20에서 '시간을 짜다'나 '시간을 뽑다'를 선택하거나 '시간을 빼다'를 산출한 학습자가 많았다. 이러한 오류는 역시 모국어의 시간 은유 간섭에서 기인한 것이다. '시간적 여유를 만들다'라는 은유적 의미를 나타낼 때 한국어 '시간을 내다'는 총칭 층위인 [시간은 자원이다]에 기초하지만 중국어 '抽时间(시간을 뽑다/빼다)'나 '挤时间(시간을 짜다)'는 더욱 명시적인 은유인 [시간은 뽑거나 짤 수 있는 자원이다]에 바탕을 두기 때문이다.

문항 20(이해)

• 유미: 민호야, 시간을 _____ 이사 도와줘서 고마워.

• 민호: 아니야. 또 도움이 필요하면 언제든지 말해.

A.찾아서 B. 뽑아서 C. 짜서 D. 내어(정답) E. 기타_____

문항 20(산출)

• 민호: 요즘 너무 바빠서 운동을 못하고 있어.

• 유미: 아무리 바빠도 시간을 좀 _____아서/어서 운동해야 돼.

'시간을 벌다'를 고찰하는 아래 문항 21(이해)에서 '시간을 쟁취하다'를 선택한 학습자가 44명에 달하였다. 이는 모국어의 시간 은유 간섭을 받아서 범한 오류이다. 중국어에서 시간은 쟁취할 수 있는 자원으로 개념화되기 때문이다. 이외에 '시간을 만들다'를 선택하거나 산출한 학습자도 많았다. 이는 학습자가 [시간은 자원이다]라는 총칭 층위의 은유를 알고 있으나 한국어에서는 시간을 자원의 한 형태인 돈으로 특정하여 개념화하는 것을 모르기 때문에 범한 오류이다. 또한, 산출 테스트에서 답을 모른다고 대답한 학습자가 24명으로 많았다. 이는 '시간을 벌다'가 학습자에게 상당한 어려움이 있는 표현이라는 것을 암시해 준다.

문항 21(이해)

• 민호: 큰일났다. 나 할아버지가 아끼시는 도자기를 깨뜨렸어. 어떡해…

• 김범: 아, 저기 할아버지가 오고 있어. 내가 말을 걸(搭话)면서 시간을 좀 ____고 있을 테니 얼른(马上) 도망쳐(逃跑).

A.짜려고 B. 벌려고(정답) C. 뽑으려고 D. 쟁취하려고 E. 기타____

문항 21(산출)

• 김범: 아, 유미 오고 있어.

• 민호: 아직 준비가 안되었는데 큰일났네. 범아 네가 나가서 시간 좀 ____.

'시간을 쪼개다'를 고찰하는 문항에서 '시간을 뽑다', '시간을 짜다'를 선택하거나 산출한 학습자가 많았다. 이는 학습자가 모국어의 시간 은유 간섭을 받아서 범한 오류로 보인다. 한국어에서는 시간을 쪼갤 수 있는 단단한 덩어리 형태의 자원으로 개념화하는 반면에 중국어에서는 시간을 짤 수 있는 액체 형태의 자원이나 뽑을 수 있는 고체 형태의 자원으로 개념화하기 때문이다.

'시간이 나다'의 이해를 고찰하는 문항에서 '시간이 생기다'를 선택한 학습자가 33명으로 많았다. '시간이 생기다'는 '시간이 나다'와 유의 관계에 있는 문법적인 표현이지만 출현 빈도가 낮아 관습성이 '시간이 나다'보다 다소 낮다. 따라서 '시간이 생기다'를 선택한 오류는 유의 표현의 관습성에 대한 인식 부족에서 기인한 것이다. '시간이 나오다'를 선택한 학습자도 많았다. 이는 학습자가 [시간은 자원이다] 은유를 알고는 있으나 이 은유를 언어화하는 표현을 모르기 때문에 범한 오류이다. '시간이 나다'를 고찰하는 산출 문항에서 96명에 달하는 학습자가 '시간이 있다'를 산출하였다. '범이는 공부하느라 바쁘지만 시간만 ____면 운동하러 가' 문항에서 빈칸에 '시간만 있으면'을 사용하더라도 의미 전달에서 문제가 없으나 모어 화자가 산출한 답에서 '시간이 나다'가 압도적으로 많았다. 학습자가 '시간이 있다'를 압도적으로 많이 산출한 것은 모국어의 시간 은유 언어화 방식의 간섭을 받은 것이다. 다의성을 지닌 낱말인 '有(있다)'가 쓰인 '有时间(시간이 있다)'는 한국어의 '시간이 있다'는 물론, '시간이 나다'에 대응되기도 하기 때문이다.

'시간을 잡아먹다'를 고찰하는 문항에서'시간이 걸리다'가 '시간을 쓰다'를 의미한다고 생각하여 '시간이 걸리다'를 선택하거나 산출한 학습자가 많았다. 그리고 '시간을 낭비하다'를 선택하거나 산출한 학습자가 많았다. '시간을 낭비하다'를 사용해도 의미 전달의 문제가 없으나 이는 모어 화자의 대답에서는 출현하지 않은 답이다. '시간을 낭비하다'는 문어성이 다소 강한 표현인 반면에 '시간을 잡아먹다'는 구어성이 강한 표현이다. 따라서 학습자에게 '시간을 잡아먹다'의 의미와 더불어 '시간을 낭비하다'와의 사용역 차이에 관한 정보를 제시해야 한다.

문항 24(이해)

• 유미: 우리 여기 구경하고 가자.

• 민호: 이런 걸로 시간 _____ 안 돼. 나중에 다시 오자.

문항 24(산출)

• 민호: 범아, 넌 무슨 운동을 좋아해?

• 김범: 나는 줄넘기를 좋아해. 다른 운동은 시간을 많이 _____니까/으니까.

‘시간을 뺏다’를 고찰하는 이해 문항에서 ‘시간을 점용하다’를 선택한 학습자가 많았다. 이는 모국어의 시간 은유의 간섭을 받아서 범한 오류이다. 한국어에서 시간은 빼앗기는 자원으로 개념화되는 반면에 중국어에서 시간은 차지하여 쓰일 수 있는 자원으로 개념화되기 때문이다.

‘시간이 지나-’를 고찰하는 이해 문항 28에서 ‘시간이 가다’를 선택한 학습자가 많았다. ‘시간이 지나다’와 ‘시간이 가다’는 모두 [이동하는 시간] 은유에서 비롯된 것이다. 따라서 학습자가 시간이 이동체로 개념화되어야 하는 것을 알고는 있었으나 은유를 언어화는 데 ‘시간이 가다’라는 부적절한 표현을 사용한 것이다.

문항 28

- 김범: 나는 실연 당해서 너무 슬퍼.
- 민호: 너무 슬퍼하지 마. 시간 _____ 다 잊을 거야.

A. 보내면 B. 지내면 C. 가면 D. 지나면(정답) E. 기타_____

‘시간이 흐르-’를 고찰하는 아래 문항 30에서 유의관계에 있는 ‘시간이 되다’를 선택하거나 산출한 학습자가 많았다. ‘시간이 흐르-’에서 일정한 양의 시간은 흐르는 물에 개념화된다. 따라서 ‘시간이 흐르-’는 일정한 양의 시간이 지나간다는 것을 의미한다. 반면에 ‘시간이 되다’에서 각각의 시점은 시간의 이동 경로상의 지점들로 개념화되고 시간은 이동하고 지정된 지점에 도달할 수 있는 대상으로 개념화된다. 따라서 ‘시간이 되다’는 시간이 어떤 기준 시점에 도달한다는 것을 뜻한다. 그러므로 ‘3년이 되다’는 가능하지만 ‘3년이란 시간이 되다’는 어색한 표현이다.

문항 30(이해)

• 민호: 벌써 우리가 2학년이 됐네.

• 유미: 그러게. 1년이란 시간이 생각보다 금방 ____.

A. 보냈어　B. 됐어　C. 지냈어　D. 흘렀어(정답)　E. 기타_____

문항 30(산출)

• 민호: 졸업한 지 벌써 3년이란 시간이 ____.

• 유미: 맞아. 시간 참 빠르네. (정답: 흘렀어)

다음으로 이해와 산출 모두에 어려움을 보이는 '은유 동일' 유형의 이해와 산출 오류 양상을 살펴보겠다.

〈표 Ⅳ-32〉 이해와 산출 모두에 어려움을 보이는 '은유 동일' 유형의 이해와 산출 양상

대응 유형	표현	학습자 이해 표현	학습자 산출 표현
은유 동일	시간을 되돌리다	시간을 돌아가다(47)	시간을 돌아가다(35)
	시간을 들이다	시간을 쓰다(15)	시간이 걸리다(14), 시간을 투입하다(8)
	시간에 맞추다	시간에 따르다(42), 시간이 있다(21)	시간에 있다(20), 답을 모름(18),
	시간이 가는 줄	시간이 지나는 줄(33)	시간이 지나는 줄(44)

'시간을 되돌리다'를 고찰하는 이해와 산출 아래 문항 1에서 '시간을 돌아가다'를 선택하고 산출한 학습자가 많았다. 사후 인터뷰에서 공기어 '되돌리다'의 뜻을 모른다고 대답한 학습자가 많았다. 이는 시간 표현의 문자적 의미에 대한 지식 부족이 오류를 일으키는 원인 중의

하나임을 보여 준다. 이외에 '시간을 돌아가다(정확한 표현은 '시간으로 돌아가다')'를 선택하고 산출한 학습자가 많았다는 것이 주목된다. '시간을 되돌리다'는 [이동하는 시간]에 기초한 표현이라면 '시간으로 돌아가다'는 [이동하는 사람] 은유에서 비롯된 것이라 하겠다. [이동하는 사람] 은유에서 시간은 정적인 '시간 경치'로 개념화되는데 미래 시간을 향하여 이동하는 사람이 과거 시간으로도 돌아갈 수 있다. 이는 과거 시간으로 돌아간다는 의미를 표현할 때 학습자는 [이동하는 시간]보다는 [이동하는 사람] 은유에 더 선호하다는 것을 보여 준다. 이를 통해서 과거 시간으로 돌아감을 표현할 때 [이동하는 시간]에 기초한 '시간을 되돌리다'를 사용할 수 있음을 학습자게에 제시할 필요가 있다.

문항 1(이해)

- 민호: 난 동생한테 한 말 너무 후회해.
- 유미: 시간을 _____ 수는 없으니까 후회해도 소용없어.

A. 되돌릴(정답) B. 돌아갈 C. 되찾을 D. 돌아올 E. 기타_____

문항 1(산출)

- 민호: 난 초등학교 시절이 너무 그리워.
- 유미: 나도 할 수만 있으면 그 시절로 시간을 _____고 싶어.(정답: 되돌리)

'시간에 맞추다'를 고찰하는 문항에서 '시간에 따르다'를 선택하거나 산출한 학습자가 많았다. 이는 모국어의 언어화 간섭을 받아서 범한 오류이다. '시간에 맞추다'와 중국어 대응어 '按照时间(시간에 따르다)'는 모두 [사람과 같이 이동하는 시간] 은유에서 비롯된 것이지만 각 언어에서 언어화되는 방식이 다르다.

문항 33(이해)

• 선생님: 한국 문화 수업은 다음 주 화요일에 개강하니 시간에 _____ 수업을 들어오길 바랍니다.

• 학생들: 네, 알겠습니다.

A. 있어서 B. 맞춰서(정답) C. 따라서 D. 쫓겨서 E. 기타_____

문항 33(산출)

• 민호: 선생님, 여쭤볼 게 있는데 혹시 내일 시간 괜찮으세요?

• 선생님: 응. 내일 출근 시간에 _____아서/어서/여서 사무실로 오면 돼. (정답: 맞춰)

'시간이 가는 줄'을 고찰하는 문항에서 '시간이 지나는 줄'을 선택하거나 산출한 학습자가 많았다. 이는 모국어의 언어화 간섭을 받아서 오류를 일으킨 것이다. 모두 '시간이 가는 줄 모른다'에 대응되는 중국어 표현은 '不知道时间过去(시간이 지나는 줄 모른다)'인데 두 표현은 모두 [이동하는 시간] 은유에서 비롯된 것이지만 한국어에서는 '가다'로 언어화하고 중국어에서는 '지나다'로 언어화하기 때문이다.

마지막으로 이해와 산출 모두에 어려움이 있는 표현 중에 '은유 부재' 유형의 이해와 산출 오류 양상을 보겠다. 이 유형은 한국어의 은유 표현이 중국어의 문자적 표현에 대응되는 유형으로서 한국의 문화 특정적 성격이 강한 것이다.

〈표 Ⅳ-33〉 이해와 산출 모두에 어려움을 보이는 '은유 부재' 유형의 이해와 산출 양상

대응 유형	표현	학습자 이해 표현	학습자 산출 표현
은유 부재	시간을 채우다	완성하다(35), 다하다(29)	시간이 되다(20), 완성하다(11), 답을 모름(9)
	시간을 두고	시간이 걸리다(47)	시간을 내다(27), 시간이 걸리다(15), 시간을 쓰다(12)
	시간을 갖다	시간을 보내다(55)	답을 모름(19), 시간을 보내다(18), 시간을 하다(18)
	시간이 갈수록	시간이 걸릴수록(12)	배울수록/공부할수록(12)

'시간을 채우다'를 고찰하는 문항에서 '답을 모른다'고 선택하거나 산출한 학습자가 많았다. '시간을 채우다'에 대응되는 중국어 시간 표현이 없기 때문에 학습자에게 이용 가능한 모국어 시간 개념이 존재하지 않는다. 이로 인하여 '시간을 채우다'를 습득하지 못한 학습자가 이 표현이 쓰이는 맥락에서 시간을 어떻게 개념화하고 언어화하는지를 잘 모른다. '시간을 채우다'라는 은유 표현 대신에 중국어에서는 '어떤 근무를 완성하다'라는 은유 표현이 아닌 문자적인 표현을 사용한다. 이로 인한 모국어의 간섭을 받아 학습자 답안에서 '완성하다'를 선택하거나 산출한 학습자가 많았다.

'시간을 두다'는 역시 한국어에만 있는 은유 표현이다. [시간은 어떤 일에 둘 수 있는 자원이다] 은유에서 비롯된 이 표현은 '어떤 일에 시간적 여유를 주다'라는 은유적 의미를 나타낸다. '시간을 두다'를 습득하지 못한 학습자는 '시간을 걸리고', '시간을 쓰고', 혹은 '시간을 내고' 등 다양한 오답을 산출하였다.

문항 35(산출)

• 유미: 범이 미국으로 유학간대.

• 민호: 응. 범이는 유학에 대해 오랜 시간을 _____ 고민해 왔어.

'시간을 갖다'를 고찰한 아래 문항 36에서 '시간을 보내다'를 선택하거나 '답을 모른다'를 응답하거나 '시간을 하다'를 산출한 학습자가 많았다. 한국어에서 '쉬는 시간을 갖도록 하겠다'를 중국어로 표현하자면 '接下来是休息时间(이어서는 쉬는 시간이다)'이다. 즉, 여기서 한국어에서는 시간을 가질 수 있는 자원으로 개념화하여 어떤 시간이 있겠다는 의미를 나타내지만, 중국어에서는 은유 표현이 아닌 문자적 표현을 통해서 이를 나타낸다. 이 표현을 습득하지 못한 학습자는 모른다고 대답하거나 '하다', '보내다' 등 다양한 표현을 사용하여 오류를 범하였다.

문항 36(이해)

• 선생님: 자, 오늘은 한국 음식에 대해서 알아보는 시간을 ______ 하겠습니다. 여러분들이 먹어 본 한국 음식 있어요?

• 학생: 네, 김치랑 비빔밥을 먹어봤어요.

A. 보내도록 B. 채우도록 C. 내도록 D. 갖도록(정답) E. 기타_____

문항 36(산출)

• 선생님: 잠시 쉬는 시간을 _____고 10분 뒤에 다시 수업하겠습니다.

• 학생들: 네, 알겠습니다. (정답: 갖)

'시간이 갈수록'을 의도하는 산출 문항에서 모국어의 간섭을 받아 '배울수록/공부할수록'이라고 대답한 학습자가 많았다. 한국어에서 '시간이 갈수록'의 중국어 대응 표현은 은유 표현이 아닌 문자적인 표현인

'越-V-越(V-(으)ㄹ수록)'이다. 예를 들어 '한국어는 시간이 갈수록 재미있어진다'에 대응되는 중국어 '韩国语越学越有趣(한국어는 배울수록 재미있어진다)'이다.

문항 37(산출)

• 유미: 중국어는 시간이 ____(으)ㄹ수록 더 어려워지는 것 같아.

• 민호: 맞아. 근데 더 재미있어지기도 해.

4.3. 오류 원인 분석

이 절에서는 앞 절에서 살펴본 개별 시간 표현의 이해 및 산출 오류 양상을 바탕으로 오류 원인을 귀납적으로 규명하고자 한다.

Danesi(1994)에서는 학습자의 부적절한 언어 사용은 사고의 층위와 관련이 있다고 한 반면에 Philip(2006)은 학습자의 부적절한 언어 사용은 개념적이라기보다는 언어적인 측면에서 살펴보아야 하며, 즉 부적절한 사용은 모국어와 목표어에서 공유된 개념에 대한 부적절한 목표언어 언어화에서 기인한 것이라고 주장하였다. 이와 같이 학습자의 부적절한 언어 사용이 개념적인 측면에서 기인한 것인지 혹은 언어적인 측면에서 기인한 것인지에 대해서 선행 연구에서 다른 견해를 보였다. 앞 절에서 개별 시간 표현에 대한 오류 양상 분석을 바탕으로 본 연구에서는 학습자의 부적절한 목표어 이해 및 사용은 개념적인 측면과 언어적인 측면 모두와 관련이 있다고 주장한다. 그리고 개념적인 측면과 언어적인 측면에서의 오류 원인은 다시 모국어의 은유와 언어의 간섭과 목표어 은유와 언어 지식에 대한 부족으로 세분화할 수 있다고 본다. 차례대로 살펴보겠다.

(1) 모국어 간섭

① 모국어의 시간 은유 간섭

실험에 참여한 학습자들은 성인 학습자이므로 모국어에서의 시간 개념이 이미 발달되어 있었을 것이다. 따라서 비록 특정 담화 상황에서 사용해야 할 한국어의 시간 은유를 모른다고 해도 자신이 가지고 있는 모국어 시간 은유를 언어화하려는 시도를 보였다. 그러나 모국어의 은유 전이는 필연적으로 잘못된 직접 번역의 위험을 수반한다.[71] 따라서 학습자 언어에서 학습자가 한국어의 언어 형태 및 문법으로 산출을 하지만, 모국어 시간 은유 체계로 사고한다는 것을 발견하였다. 이러한 오류는 주로 '문자-은유 상이' 유형의 표현에 나타난 것이다. 예를 들어 어떤 일을 하는 데의 시간 소요를 나타낼 때 중국어에서 [시간은 자원이다] 은유를 사용한다. 학습자는 모국어 간섭을 받아 '시간이 걸리다'를 사용할 자리에 '시간을 쓰다'나 '시간이 필요하다'를 사용한다. 또한, '시간을 쪼개다' 대신에 '시간을 짜다', '시간을 잡다'를 '시간을 안배하다', '시간에 쫓기다'를 '시간을 쫓다'를 사용하는 경우 역시 그 예이다.

② 모국어의 시간 은유 언어화 간섭

한국어와 중국어에서는 비슷한 시간 은유를 공유하나 그 은유는 두 언어에서 다르게 실현되는 경우가 많다. 학습자는 한국어의 시간 은유를 알고는 있으나 모국어의 시간 은유 언어화 방식의 간섭을 받아서 비관습적인 표현을 산출하게 된 경우가 많았다. 예를 들어 '시간이 되

71 Kellerman (1987)에서는 이러한 위험이 두 언어를 실제로 가깝게 인식하는 언어 학습자들에게 특히 높게 나타난다고 밝힌 바가 있다.

다'를 '시간이 오다', '시간의 흐름'을 '시간의 지남', '시간이 나다'를 '시간이 나오다'로 대치하여 오류를 범하였다.

(2) 목표어의 지식 부족

① 목표어의 문화 특정적 시간 은유 지식 부족

예컨대 '시간을 벌다' 대신에 '시간을 만들다'를 선택하거나 산출한 학습자가 많았다. 이는 학습자가 [시간은 자원이다]라는 총칭 층위의 은유를 알고 있으나 한국어에서는 시간을 자원의 한 형태인 돈으로 특정하여 은유화하는 것을 모르기 때문에 범한 오류이다. 이러한 오류는 주로 '은유 부재' 유형의 표현에 나타난 것이다.

② 공기어 문자적 의미에 대한 지식 부족

중국어와 다르더라도 보편적 시간 경험을 통해서 일부 시간 표현의 의미 추측이 가능하나 여전히 낮은 정답률을 보인 것, 또는 중국어와 동일한 '문자-은유 동일' 유형의 표현임에도 불구하고 낮은 정답률을 보인 것은 이들 표현의 문자적 의미를 모르기 때문이다. 예컨대 사후 인터뷰에서 '시간을 되돌리다'에 쓰인 '되돌리다'나 '시간을 채우다'에 쓰인 '채우다'의 문자적 의미를 모른다고 대답한 학습자가 많았다.

③ 시간 표현의 관습성, 사용역에 대한 지식 부족

김동환·이미영 역(2016:384)에서는 동일한 개념적 은유가 여러 은유 표현에 의해 실례화될 수 있다면 두 은유 표현의 사용 빈도가 반드시 다를 것이며, 이것은 모어 화자가 주어진 은유적 의미를 표현하기 위해서 특정 은유 표현을 선호한다는 것을 의미한다고 언급한 바가 있다.

한국어에도 동일한 개념적 은유를 언어화하는 두 가지 시간 표현이 존재하나 관습성 측면에서 차이가 난 경우가 있다. 이때 만약에 두 시간 표현의 관습성에 대한 지식이 부족하면 학습자는 오류를 일으키게 된다. 예컨대 '시간이 나다'의 이해를 고찰하는 문항에서 '시간이 생기다'를 선택한 학습자가 많았다. '시간이 생기다'는 '시간이 나다'와 유의관계에 있는 문법적인 표현이지만 출현 빈도가 낮아 관습성이 '시간이 나다'보다 낮다. 그리고 시간 표현의 사용역에 대한 지식 부족도 원인 중에 하나이다. 예컨대 일상대화에서 '시간을 줄이다'를 대신에 문어성이 강한 '시간을 단축하다'나 '시간을 감소하다'를 사용하는 것이 그 예이다.

④ 표현에 대한 친숙도 부족

교재에서 낮은 빈도로 제시되는 시간 표현, 즉 학습자가 친숙하지 않은 표현은 모국어 간섭 등으로 인한 오류를 많이 범하는 반면에 교재에서 높은 빈도로 제시되는 시간 표현, 즉 학습자가 친숙한 표현은 중국어와 다르더라도 모국어 간섭을 받지 않은 것이 이를 뒷받침해 준다. 예를 들어, '시간이 걸리다'에 쓰인 '걸리다'의 문자적 의미는 '스스로 걷게 하다'인데 이 문자적 의미는 일상 언어에 쓰이는 빈도가 낮아 학습자가 이 문자적 의미를 통해서 의미를 추측하는 것이 용이하지 않을 것으로 예측되었지만, 실제로는 이해 및 산출에서 높은 정답률을 보였다. '시간이 걸리다'는 교재말뭉치에서 빈도 순위 2위를 차지한 표현으로 그 출현 빈도가 높다. 학습자가 '시간이 걸리다'에 대한 충분한 입력을 제공받았기 때문에 '시간이 걸리다'는 학습자에게 친숙한 표현이 되었다. Haught(2013)에서는 덜 익숙한 은유 표현은 근원영역과 목표영역 간의 비교 과정을 통해서 해석되지만, 학습자가 친숙한 은유 표현은 전형적으로 범주화 과정을 통해서 이해된다고 언급한 바가 있다. 비교 과정에서 모국어 간섭 오류가 동반되기 쉬운 반면에 범주화 과정에서는 모국어 간섭을 잘 받지 않기 때문에 학습자는 친숙한 표현을 성공적으로 사용하지만 친숙하지 않은 표현을 어려워한다. 이러한 현상들은 입력의 주된 경로인 교재의 중요성을 암시한다. 그러나 앞서 교재 분석에서 언급하였듯이 현재 널리 쓰이는 한국어 교재에는 시간 은유 원리를 명시적으로 내세우는 교재는 아직 없고 각 교재에서 몇몇 시간 표현만이 제한적으로 제시되고 있다.

이와 같은 문제점은 Danesi(1993)에도 지적된 바가 있다. 그는 토론토에서 스페인어를 3년이나 4년을 배운 학습자가 산출한 스페인어 작문 자료에서 은유가 나타나는 밀도를 조사하였다. 그 결과 학습자가 사용한 은유는 그들의 모국어인 영어에서의 은유와 일치한 것으로 나타났다. 즉, 학습자는 모국어와 목표어에서 비슷한 개념적 은유를 사용하는 경향이 있다는 것이다. 이는 학습자가 교실에서 3년이나 4년을 배웠다 해도 새로운 개념화 방식을 습득하지 못했음을 보여 준다. 이에 대해서 Danesi(1993)는 목표어 입력이 부족하다는 외국어 학습 환경과 교재에서 개념적 은유 관련 내용이 제시되지 않았다는 것이 그 원인으로 지적하였다. 그는 여러 권의 교재를 분석하였는데 개념적 은유 관련 이론적 내용을 명시적으로 제시한 교재가 없었으며 대화문이나 문법 예문에 산재(散在)하는 은유 표현도 아주 낮은 빈도로 출현하였다. 이는 학습자가 개념적 은유 관련 명시적 교육을 받지 못했을 뿐만 아니라 은유 표현을 자연스레 습득하는 기회도 적었음을 암시한다.

V

중국인 학습자를 위한 시간 은유 표현 교육의 설계

1. 교육 목표

앞서 2장에서 언급한 학습자가 갖춰야 할 은유 능력을 바탕으로 시간 은유 능력은 아래와 <표 V-1>과 같이 정의해 볼 수 있다. 넓은 의미에서 시간 은유 능력은 시간 표현을 정확히 이해하고 산출하는 능력이다. 이러한 은유 능력을 갖추는 데 시간 표현이 일상 언어생활에 편재하는 것을 인식하는 능력, 시간 표현이 동기화됨을 인식하는 능력, 많은 시간 표현이 같은 은유 주제를 공유함을 인식하는 능력, 모국어의 시간 은유와 목표어의 시간 은유 간의 차이를 인식하는 능력, 같은 시간 은유에 의한 모국어와 목표어의 언어 실현 차이를 인식하는 능력, 유의관계에 있는 시간 표현을 변별하는 능력(관습성이나 사용역 차이를 인식하는 능력)이 있다.

〈표 V-1〉 시간 은유 능력의 범주

넓은 의미에서의 은유 능력 범주	·이해 능력 ·산출 능력
좁은 의미에서의 은유 능력 범주	·은유 표현이 일상 언어생활에 편재하는 것을 인식하는 능력 ·은유 표현이 동기화됨을 인식하는 능력 ·많은 은유 표현이 같은 은유 주제를 공유함을 인식하는 능력 ·모국어의 개념 체계와 목표어의 개념 체계 간의 차이를 인식하는 능력 ·같은 개념적 은유에 의한 모국어와 목표어의 언어 실현 차이를 인식하는 능력 ·은유 표현의 관습성 판단 능력

중국인 학습자를 위한 시간 표현 교육의 주된 목표는 바로 시간 은유 능력을 함양하는 것이라고 하겠다. 따라서 시간 표현 교육의 목표는 아래와 같이 검토해 볼 수 있다.

우선 시간 표현은 일상 언어생활에 편재하는 것을 인식하도록 해야 한다. 이러한 능력을 배양하는 방법으로는 학습자가 스스로의 언어 사용을 관찰하게 하는 것이 있다. 예를 들어 학습자가 자신의 카카오톡이나 위챗 등 SNS에서 한국어 '시간'이나 중국어 '时间' 관련 문장을 수집하고 은유 표현을 찾아내도록 하는 것이다.

그리고 시간 표현은 자의적인 것이 아니라 개념적 은유에 의해 동기화됨을 인식하게 해야 한다. 이러한 능력을 배양하기 위해서는 학습자에게 시간 표현에 뿌리를 내린 개념적 은유의 원리를 제시하고 개념적 은유가 시간 표현의 의미를 어떻게 구성하는지에 대해서 교육해야 한다. 또한 많은 시간 표현이 같은 은유 주제를 공유함을 인식하면 장기 기억으로 저장하는 데 도움이 되므로 학습자에게 다양한 은유 표현들이 임의적인 목록이 아니라 같은 은유 유형으로 분류된다는 것을 인식시켜야 한다.

한편으로 모국어 간섭을 방지하기 위해서는 한중 시간 은유 간의 차이와 같은 시간 은유에 의한 한중 언어에서의 실현 차이를 인식하게 해야 한다. 이를 위해서 이러한 차이를 반영한 교육 내용을 학습자에게 제시해야 한다. 그리고 유의 관계에 있는 시간 표현은 관습성이나 사용역에서 차이가 있는데 학습자에게 이러한 차이를 인식하게 해야 한다.

마지막으로 은유 표현이 일상 언어생활에 널리 퍼져 있으므로 학습자는 언어를 학습하는 과정에서 여러 은유 표현을 만나게 될 것이다. 이때 만약에 개념적 은유 이론을 하나의 의미 추론 전략으로 활용하면 은유 표현의 의미를 추론하는 데 유용할 것이다. 그러므로 학습자에게 낯선 은유 표현의 의미를 추록하도록 추론 능력을 향상시켜야 한다. 이러한 점에서 볼 때, 시간 표현 교육의 목표는 시간 표현을 이해하고 산출하도록 하는 것에 그치는 게 아니라 개념적 은유를 다양한 은유 표현의 의미를 추론하는 인지 도구로 활용할 수 있는 능력을 배양하는 것을 최종적인 목표로 한다.

이상의 내용을 바탕으로 중국인 학습자를 위한 시간 표현 교육 목표는 아래와 같이 정리할 수 있다.

(1) 시간 표현이 자의적인 것이 아니라 개념적 은유에 의해 동기화됨을 인식한다.

(2) 시간 표현이 일상 언어생활에 편재하는 것을 인식한다.

(3) 많은 시간 표현이 같은 은유 주제를 공유함을 인식한다.

(4) 한중 시간 은유 간의 차이를 인식한다.

(5) 같은 시간 은유에 의한 한중 언어에서의 언어화 차이를 인식한다.

(6) 유의관계에 있는 시간 표현의 관습성을 판단하고 의미 차이를 변별

한다.

(7) 개념적 은유를 낯선 은유 표현의 의미를 추론하는 도구로 활용할 수 있다.

2. 교육 내용

2.1. 시간 은유 표현 위계화

변인분석에서 살펴보았듯이 시간 표현의 이해 및 산출은 숙달도뿐만 아니라 한중 대응 유형에 따라서 차이가 나타났다. 즉, 학습자의 한국어 숙달도가 어느 단계에 있는지, 혹은 해당 시간 표현과 중국어 시간 표현이 대응하는 대응 유형이 무엇인지에 따라 습득의 어려움이 달라진다. 따라서 시간 표현을 교육하고자 한다면 그것에 대한 위계화 작업이 필요하다. 이뿐만 아니라 앞서 교재 분석을 통해 교재마다 각 단계에서 제시되는 시간 표현이 통일되지 않았다는 것을 확인하였는데, 이러한 점 역시 위계화 작업이 필요함을 방증한다. 이에 본 연구에서는 시간 표현에 대한 위계화를 시도해 보고자 한다.

위계화의 기준에 대해서는 연구마다 다른 견해를 보이지만 난이도와 빈도를 결정적인 요인으로 보는 데에서는 견해가 일치한다. 먼저 난이도에 대해서 살펴보겠다. 학습자가 어떤 언어 항목을 습득하기 위해서는 그 항목을 습득하기에 충분한 언어 능력을 지녀야 한다(민현식, 2008:63). 그러므로 숙달도가 낮은 학습자의 경우 언어 능력이 충분하지 않기 때문에 난이도가 낮은 표현부터 교육하는 것이 적절하다. 앞서 Ⅳ장에서 정답률을 바탕으로 시간 표현을 아래 <표 V-2>와 같이 분류한 바가 있는데 이들 표현의 분류는 난이도를 함의하기도 한다. 이해와 산출 모두에 어려움이 없는 표현(이하 '분류 A')은 난도가 가장 낮은 표현이라 할 수 있다. 이와 반대로 이해와 산출 모두에 어려움이 있는 표현(이하 '분류 C')은 난도가 가장 높은 표현이며, 산출에만 어려움이 있는 표현(이하 '분류 B')은 난도가 분류 A와 분류 C 사이에 있는 표현이라 하겠다.

〈표 V-2〉 시간 표현의 난이도

난이도 분류	표현
A	시간이 있다, 시간이 없다, 시간이 많다, 시간이 짧다, 시간이 되다, 시간을 지키다, 시간이 지나다2(지난 시간)
B	시간이 필요하다, 시간을 낭비하다, 시간이 남다, 시간이 길다, 시간을 줄이다, 시간이 걸렸-, 시간이 걸리-, 시간을 보내다
C	시간의 흐름, 시간이 줄어들다, 시간이 지나다, 시간을 내다, 시간에 쫓기다, 시간이 넘다, 시간을 뺏다, 시간을 잡다, 시간이 흐르다, 시간을 쪼개다, 시간이 나다, 시간을 잡아먹다, 시간을 벌다, 시간을 때우다, 시간에 맞추다, 시간을 되돌리다, 시간이 가는 줄, 시간을 들이다, 시간이 갈수록, 시간을 두고, 시간을 채우다, 시간을 갖다

또한 빈도가 높은 표현은 학습한 이후 실제로 사용할 가능성도 높으므로 고빈도 표현은 우선적으로 교육되어야 한다. 앞서 언급하였듯이 t 점수는 빈도를 반영하는 동시에 유용성도 반영하므로 시간 표현의 학습 중요성을 함의한다. 따라서 본고에서는 단순한 공기 빈도 대신에 t 점수를 사용하고자 한다. 한편으로, 난이도와 t 점수 외에 본고에서는 위계화 기준으로 교육 효율성도 고려할 것이다. 예컨대 같은 표현의 두 가지 용법을 서로 다른 등급에서 제시하기보다는 같은 등급에서

제시하는 것, 또는 유의관계나 반의관계에 있는 표현을 같은 등급에서 제시하는 것이 더 효율적이다.

이렇듯 본 연구에서는 난이도, t 점수, 교육 효율성을 시간 표현 위계화 기준으로 삼고자 한다. 방성원(2004:15)에 따르면 위계화 고려 요인 중에서 난이도는 일반적으로 학습 항목을 배열하는 데 가장 중요하게 고려되어야 하는 요인이다. 이에 본고에서는 앞서 도출된 이해와 산출 난이도 분류를 위주로 하되, t 점수와 교육 효율성을 고려하여 개별 시간 표현의 위계화를 조정하는 방안을 취하고자 한다. 각 표현의 난이도 분류 및 t 점수는 아래 <표 V-3>에 제시하였다. 표에서 보이듯이 난도가 낮은 분류 A나 B에 해당되는 표현은 t 점수도 대체로 높다.

〈표 V-3〉 개별 시간 표현의 난이도 분류 및 t 점수

t 점수 순위	난이도 분류	표현	t 점수
1	A, C	지난 시간, 시간이 지나-	26.303
2	B	시간을 보내다	24.005
3	B	시간이 걸리-, 시간이 걸렸-	23.009
4	B, C	시간의 흐름, 시간이 흐르-	19.738
5	B	시간이 남다	14.849
6	C	시간을 갖다	13.297
7	C	시간에 맞추다	13.024
8	A	시간이 많다	12.356
9	A	시간이 없다	11.924
10	A	시간이 되다	11.104
11	C	시간을 내다	11.099
12	C	시간이 가다	10.651

13	B	시간이 필요하다	9.748
14	B	시간이 길다	9.028
15	A	시간이 짧다	8.423
16	C	시간이 넘다	8.367
17	C	시간을 벌다	7.039
18	B	시간을 낭비하다	6.638
19	C	시간을 채우다	6.445
20	C	시간을 들이다	6.079
21	C	시간을 두다	5.704
22	C	시간을 쪼개다	5.219
23	C	시간이 나다	5.028
24	C	시간을 때우다	4.907
25	A	시간을 지키다	4.630
26	C	시간에 쫓기다	4.461
27	C	시간을 줄이다	3.876
28	C	시간을 잡아먹다	3.843
29	C	시간을 되돌리다	3.522
30	A	시간이 있다	3.260
31	C	시간을 잡다	3.025
32	C	시간을 빼앗다	2.994
33	C	시간이 줄어들다	2.616

A 분류에 해당하는 표현은 이해와 산출 모두에 어려움이 없는 표현, 즉 난도가 가장 낮은 표현으로서 초급에서 다루는 것이 적절하다. 그리고 이들 표현은 보편적인 시간 경험에 의해서 쉽게 이해되고 산출될

수 있으므로 간단히 제시만 하면 되고 굳이 심층의 개념적 은유에 초점을 두어 명시적인 교육을 실시할 필요가 없다고 판단된다.

'시간이 지나다'의 '지난 시간' 패턴은 난이도가 낮은 A 분류에 속하지만 '시간이 지나-' 패턴은 난이도가 높은 C 분류에 해당한다. '시간이 지나다'는 t 점수가 높은 표현이고 또 같은 표현에 대한 두 가지 용법을 같이 교육하는 것이 효율적이라는 점에서 '지난 시간'과 '시간이 지나-'를 같은 초급에서 교육하는 것이 적절하다.

B 분류에 해당하는 표현은 이해에 어려움이 없으며 산출에만 어려움이 있는 표현으로서 초급이나 중급에서 교육하는 것이 적절하다고 본다. t 점수를 보면 '시간이 보내다', '시간이 걸리다', '시간이 남다'는 모두 t점수 상위 5위에 포함되는 표현이라는 점에서 빈도가 높고 유용성이 큰 표현들이다. 따라서 '시간을 보내다', '시간이 걸리다', '시간이 남다'를 초급에서 다루는 것이 적절하다. B 분류에 해당하는 '시간이 길다'는 t 점수가 높고 또 교육할 때 '시간이 짧다'와 함께 제시하는 것이 효율적이라는 점에서 초급에서 교육하는 것이 적절하다.

'시간이 흐르다'는 B와 C 두 가지 분류에 해당한다. '시간이 흐르다'의 '시간의 흐름' 패턴은 B 분류에 속하지만 '시간이 흐르-' 패턴은 학습자가 이해하고 산출하는 데 어려워하는 C 분류에 해당한다는 것이다. '시간이 흐르다'는 t 점수 순위 4위를 차지한 표현이지만 '시간이 흐르-' 패턴은 학습자가 이해하고 산출하는 데 어려워하는 C 분류에 해당한다. 두 가지 용법을 같이 교육하는 것이 효율적이라는 점에서 '시간의 흐름'과 '시간이 흐르-'를 같은 중급에서 교육하는 것이 적절하다.

B 분류에 해당하는 나머지 표현인 '시간이 필요하다', '시간을 낭비하다'는 t 점수 상위 10에 들어가지 못하고 또 모두 한자어이므로 한자어를 교육 내용으로 많이 다루는 중급 단계에서 교육하는 것이 적절하

다고 본다.

C 분류에 해당하는 표현은 이해와 산출 모두에서 어려움이 있는 표현으로 난도가 가장 높은 표현들이다. 따라서 이들 표현은 대체로 중급이나 고급에서 교육하는 것이 적절할 것이다. t 점수가 상위 20에 들어가는 '시간을 갖다', '시간에 맞추다', '시간을 내다', '시간이 가다', '시간이 넘다', '시간을 벌다', '시간을 채우다', '시간을 들이다'는 일상생활에서 쓰이는 빈도가 높으므로 중급 단계에서 교육하는 것이 적절하다.

'시간이 나다'는 C 분류에 해당하는 표현이다. 그러나 학습자가 '시간이 나다'를 이해하거나 산출하는 데 어려워하는 것은 '시간이 나다'와 '시간이 있다'의 의미 차이를 모르기 때문이라는 점에서 두 표현을 같은 초급에서 다루는 것이 적절하다. 그리고 '시간을 줄이다'와 '시간이 줄어들다'는 시간의 길이를 나타내는 표현인데 시간의 길이를 나타내는 '시간이 길다', 시간이 짧다' 등과 같이 같은 초급에서 다루는 것이 적절하다고 본다.

C 분류에 해당되는 나머지 표현인 '시간을 두다', '시간을 쪼개다', '시간을 때우다', '시간에 쫓기다', '시간을 잡아먹다', '시간을 되돌리다', '시간을 잡다', '시간을 빼앗다'는 t 점수가 하위권에 해당하는 표현으로 고급 단계에서 교육하는 것이 적절할 것이다. 이상의 검토를 바탕으로 시간 표현을 아래 <표 V-4>와 같이 위계화하고자 한다.

〈표 V-4〉 시간 표현 위계화

단계	표현
초급	시간이 있다, 시간이 없다, 시간이 많다, 시간이 짧다, 시간이 되다, 시간을 지키다, 시간이 지나다(지난 시간, 시간이 지나-), 시간을 보내다, 시간이 걸

	리다(시간이 걸렸-, 시간이 걸리-), 시간이 남다, 시간이 길다, 시간이 나다
중급	시간이 흐르다(시간의 흐름, 시간이 흐르-), 시간이 필요하다, 시간을 낭비하다, 시간을 갖다, 시간에 맞추다, 시간을 내다, 시간이 가다, 시간이 넘다, 시간을 벌다, 시간을 채우다, 시간을 들이다
고급	시간을 두다, 시간을 쪼개다, 시간을 때우다, 시간에 쫓기다, 시간을 잡아먹다, 시간을 되돌리다, 시간을 잡다, 시간을 빼앗다

<표 V-4>에서 정리한 위계화 순서에 따라 시간 표현을 제시할 수 있다. 그러나 효율적인 시간 표현 습득을 위해서는 시간 표현을 해당 등급 교재의 어휘 목록에 한 번만 제시하는 것으로는 부족하며 해당 등급의 교재 대화문이나 읽기 텍스트에 출현하는 빈도를 함께 높여야 한다.

인지언어학의 사용 기반 원리에 따르면 언어는 사용 사건으로부터 온다. 이와 관련하여 Wolter & Gyllstad(2013)에서는 아래와 <그림 V-1>과 같이 'fake tooth'의 형성 과정을 설명한 바가 있다. 이 그림에서 모서리가 둥근 사각형은 사용 사건을 의미한다. 그리고 점선은 방어 등급이 낮은 것을 뜻하고 실선은 방어 등급이 높은 것을 뜻한다. 'fake teeth'는 그 출현 빈도가 낮으므로 하나의 언어 항목으로 형성되지 못하는 반면에 'false teeth'는 그 출현 빈도가 높으므로 하나의 언어 항목으로 형성될 수 있다.[72]

72 인간은 환경으로부터 자동적으로 빈도 정보를 추출하는 것으로 보인다. Saffran 외(1996)에서는 유아와 성인 모두 언어적 입력의 통계적 특성을 사용해서 소리 패턴을 포함해 구조, 단어, 문법을 습득한다고 하였다.

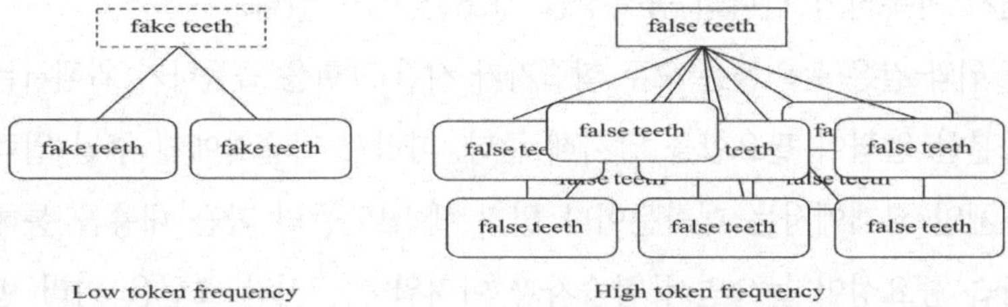

〈그림 V-1〉 저빈도와 고빈도 사용 사건의 네트워크 패턴(Wolter & Gyllstad, 2013:453)

사용 기반 원리를 바탕으로 하는 언어 습득 모형에서도 언어 항목이 머릿속 사전에 저장하게 되도록 하는 가장 중요한 요소는 출현 빈도이라고 본다(Langacker, 2005). 달리 말하자면 이 모형에서는 언어의 생성주의 접근법과 보편문법에서 주장하는 언어습득을 관장하는 '언어습득 장치'의 존재를 부인하며 언어 습득 능력을 입력으로부터 패턴을 추출하는 능력으로 본다. 즉, 학습자가 특정한 표현을 더 자주 접할수록 그것은 학습자 언어 체계에서 더 고착화되며 인지적 패턴이 더 확정되어 다른 언어 단위보다 더 자동적으로 처리된다는 것이다.[73]

같은 견해로 Ellis(2007)에서는 '약한 인터페이스(weak interface)' 모델을 제기하였다. 이 모델에 따르면, 새로운 언어 항목이 학습자에게 이미 한 번이라도 주의를 받으면 암묵적 획득 메커니즘이 해당 항목을 인수할 수 있다. 이러한 암묵적 메커니즘은 '통계적' 성격을 지닌다. 예를 들어, 학습자는 무의식적으로 어떤 언어 항목과 해당 언어 항목이 담화에서의 의미 기능을 집계할 것이다. 그러나 이러한 누적 학습 프로세스가 효과적으로 작동하기 위해서는 해당 언어 항목과의 충분한 수의 접촉이 필요하다. 또한 Nation(2013)에서도 반복이 우연적 학습을 강화할 수 있고 더 많은 반복이 더욱 큰 학습 가능성을 낳는다고 주장하

73 이와 관련하여 김동환·이미영 역(2016:97)에서는 빈도가 고착화의 원인임과 동시에 그것의 결과임을 언급한 바가 있다.

면서 반복적인 입력의 중요성을 강조한 바가 있다.

위와 같은 논의들은 모두 학습자가 시간 표현을 습득하기 위해서는 충분한 입력이 필요함을 암시해 준다. 따라서 학습자에게 주된 입력 매체인 교재에서는 대화문이나 읽기 텍스트 등의 학습 내용을 통해 학습 중요성이 높으면서 학습자가 어려워하는 시간 표현을 여러 번 반복적으로 제시하여야 한다.

2.2. 교육 내용의 설계 방향

(1) 개념적 은유 이론을 활용한 명시적 교육

이해나 산출에 어려움이 없는 표현에 대해서는 심층의 개념적 은유에 초점을 둘 필요가 없다. 이와 반대로 이해나 산출에 어려움이 있는 시간 표현의 교수에 있어서는 단순 암기를 위주로 하는 학습법이 아닌 개념적 은유를 활용한 명시적 교육이 필요하다. 즉, 본 연구에서는 어려움이 있는 시간 표현의 의미를 사전적 정의로 제시하기보다는 은유적 의미의 구성 원리를 그림이나 장면으로 제시하는 것을 제안하고자 한다.

언어에 대한 정의는 언어 습득에 대한 관점과 교수 방식에 대한 시각에 영향을 줄 수 있다(Larsen-Freeman, 2004:21). 객관주의 언어학에서는 언어를 인지와 무관한 추상적 원리에 기초한 자의적 형태의 체계로 묘사하곤 한다. 따라서 그간 객관주의 언어학 관점을 수반하는 언어 학습의 접근법에서의 시간 은유 표현은 종종 암기해야 하는 대상이 되어왔다. 그러나 대부분의 학생들은 언어에 대한 임의적인 사실들을 열정적으로 배우는 것 자체를 힘들어하며 기계적으로 암기하는 것도 꺼린다(Larsen-Freeman, 2004:46). 또한, 암기 위주의 교육 방식은 무엇보다도 학습자들의 기억력 한계로 인해 학습의 지속성이 약하다는 문제점을 안고 있다. 전통적인 암기 방법을 통해서 시간 표현을 배운 학습자가 시간 표현을 이해하거나 산출하는 것에 있어 낮은 정답률을 보였다는 본 연구의 결과는 암기 교수법의 한계점을 보여 준다.

객관주의 언어학과 달리 인지언어학에서는 언어를 그 자체의 규칙 체계를 가진 별도의 고립된 체계가 아니라 일반적인 인지 과정을 반영하는 것이라고 본다. 따라서 인지언어학 관점에서 언어를 연구하는 것은 개념화의 패턴을 연구하는 것이며, 외국어를 배우는 것은 바로 그 언어 사용자의 개념화 패턴을 이해하는 과정이라 할 수 있다. 인지언어학의 핵심 이론은 바로 개념적 은유 이론이다. 앞서 2장에서 검토하였듯이 개념적 은유 이론을 기반으로 하는 교수법은 언어를 내재화하는 것을 용이하게 하고 더 나아가 학습자의 어휘 추론 능력을 기르는 데 기여하며 문화적 이해를 강화할 수 있다.[74] 요약하자면, 인지언어학적 관점에서 언어를 배운다는 것은 단순히 어휘나 문법만을 배우는 것이 아닌 표현에 내재된 사고방식을 배우는 것이라고 할 수 있다. 개념적 은유를 활용하면 학습자로 하여금 한국어 모어 화자들의 시간 개념 구성 방식을 경험하게 하여 학습자가 시간 표현을 내재화하는 것을 용이하게 할 수 있다.

그러나 개념적 은유는 신체적 경험을 추상적인 층위에서 구조화한 인지적 도구라는 점에서 다소 추상적이므로 은유 원리를 설명할 때 그림이나 장면으로 제시하는 방법을 취하는 것이 적절하다. 즉 학습자들의 시간 경험을 동원하여 시간 표현과 구체적이고 생동적인 장면을

74 이러한 인지적 교수법은 학습자에게 인지적 부담을 준다는 의견이 있을 수 있다. 그러나 중국 대학에서 한국어를 전공하는 학습자가 인지적 능력이 발달한 성인이고, 성인 학습자의 특성상 세상사 지식에 대한 풍부한 배경 지식을 갖추고 있다는 점(구본관, 2017:6)에서 인지적 교수법은 한국어교육에서 활용할 만하다.

연결하도록 하는 것이다. 예를 들어 '시간에 쫓기다'를 제시할 때 사람이 시간에 쫓기는 장면과 함께 보여줄 수 있다. 그리고 신체 동작도 활용할 만하다. Wilson & Gibbs(2007)에서는 'grasp a concept(개념을 파악하다)'와 같은 은유 표현에 대한 사람들의 이해가 처음에 쥐기 동작을 했거나 그렇게 하는 것을 상상할 때 촉진되었다는 것을 발견하였다. 즉, 적절한 신체 동작이 은유 의미를 이해하는 데 도움이 된다는 것이다. 시간 표현은 신체적 경험에 바탕을 두므로 신체 동작을 활용하는 것이 가능하다. 예를 들어, [이동하는 사람] 은유와 관련된 표현을 교육할 때, 교실 바닥을 시간으로 하고 교사가 시간상에서 걸어가는 사람 역할을 하여 '시간이 걸리다' 등 표현의 의미 원리를 제시할 수 있다.

(2) 시간 표현을 은유 유형별로 제시하기

시간 표현의 교육 내용을 제시할 때 개별 시간 표현의 교육 내용을 따로 구축하거나 은유적 의미 유형별로 교육 내용을 제시하거나 은유 유형별로 교육 내용을 제시하는 등의 여러 방안이 있는데 본고에서는 후자를 선택하고자 한다. 그 이유에 대해서 설명하겠다.

목표영역을 개념화하는 과정은 근원영역의 특정 개념자질이 목표영역으로 전이하는 과정이다. 이러한 개념적 전이는 바로 개념적 은유이다. 근원영역과 목표영역 간에는 세분화된 특정 층위의 개념적 은유 여러 개가 존재한다. 아동의 은유 발달을 연구하는 Keil(1986)에서는 아동이 두 개념 영역 간의 개념적 은유를 하나만 알게 되면 두 개념 영역 간에 존재하는 다른 개념적 은유도 쉽게 이해할 수 있다고 밝혔다. 그에 따르면 개념적 은유가 근원영역과 목표영역 간의 상호작용을 반영하기 때문에 두 개념적 영역 간에 개념적 전이가 하나만 이루어지면 다른 개념적 전이가 어렵지 않게 실현될 수 있다는 것이다. Keil(1986)의 주장은 제2언어 교육에 암시하는 바가 크다. 여러 개념적 은유가 하나의 총칭 층위의 은유에 포함되어 있으므로 수많은 은유 표현들이 종종 동일한 총칭적 개념적 은유에서 비롯된다. 이러한 점에서 볼 때, 총칭 층위의 은유별로 은유 표현들을 교육하면 특정 층위의 여러 개념 전이를 쉽게 유발할 수 있어 교육 효과를 기대할 수 있다.

Boers(2000a)에서도 본고와 같은 견해를 보였다. Boers(2000a: 553)에 따르면, 여러 개념적 은유가 하나의 은유 유형[75]에 포함되어 있으므로, 반복적으로 나타나는 은유 주제는 세분화된 특정 층위의 은유를 통합하는 틀을 제공할 뿐만 아니라, 여러 은유 표현의 통합을 위한 틀로 가능할 수 있다. Boers(2000b)에서는 실험을 통해서 이와 같은 방법의 효율성을 검증하기도 하였다. 이 연구에서 실험 집단의 학습자는 은유 유형에 의해 분류된 은유 표현 목록을 받았다. 예를 들어 'I was boiling with anger.'나 'She flipped her lid.'와 같은 표현은 공통적으로 [분노는 용기 안에 있는 뜨거운 유동체]로 분류되어 제시된다. 통제 집단의 학습자는 은유적 의미에 의해 분류된 은유 표현 목록을 받았다. 예컨대 화를 과정으로 표현하는 표현으로 'I was boiling with anger.'나 'She flipped her lid.' 등이 있다고 제시한다. 두 그룹은 10분 정도 은유 표현을 읽고 15분 정도의 토론 시간을 가졌다. 마지막으로 빈칸 채우기 테스트를 통해서 은유 표현에 대한 두 집단 학습자의 기억 점수를 측정하였다. 그 결과, 은유 유형에 의해 정리된 표현 목록을 학습한 학습자는 은유 의미에 의해 정리된 표현 목록을 학습한 학습자

75 앞서서 밝혔듯이 본고에서는 'metaphoric theme'를 '은유 유형'으로 번역하기로 한다.

에 비해 통계적으로 유의미한 높은 점수를 받았다. 이러한 발견은 은유 유형별로 은유 표현을 제공하는 것이 은유 표현에 대한 기억을 용이하게 할 수 있다는 주장을 뒷받침해 준다.

앞서 살펴보았듯이 시간 표현도 대체로 자원화, 이동화, 공간화라는 세 가지 은유 유형으로 분류된다. 따라서 시간 표현 교육에서도 학습자에게 시간 표현을 은유 유형별로 제시할 수 있다. 가령 '시간이 길다, 시간이 짧다, 시간을 채우다' 등은 [시간이 공간이다] 은유를 공유하므로 학습자에게 함께 제시할 수 있다. 이렇게 하면 기존에 배웠던 해당 시간 은유 유형에 관한 지식을 활용하여 새로운 시간 표현에 대한 이해를 촉진할 수 있으며, 머릿속 사전에 이미 존재하는 시간 표현과 새로운 지식을 통합하는 데에도 도움이 될 것이다.

(3) 한중 시간 은유 대조를 활용한 교육 내용

앞서 Ⅲ장에서 확인하였듯이 한국어와 중국어는 공유하는 시간 은유나 시간 표현이 많다. 중국어에서 한국어로의 긍정적 전이를 도모하는 것이 학습 과정을 가속화할 수 있기 때문에 두 언어에서 공유되는 은유나 표현을 인식하는 것은 학습자에게 도움이 될 수 있다. 따라서 교육 내용을 제시할 때 학습자에게 양국 시간 은유와 표현의 공통점을 제시하는 것이 효율적일 것이다.

한편으로 학습자가 시간 표현을 습득하는 데 모국어 시간 은유와 언어화 방식의 간섭을 받는다는 본 연구의 결과는 인지적 대조언어학적 관점에서 정리된 양국 시간 표현의 차이 역시 학습자에게 제공하여야 함을 시사해 준다. 다시 말하자면, 개념적 은유가 서로 다른 경우에는 서로 다른 근원영역과 목표영역을 수업 중에 명시적으로 부각하여야 하며, 동일한 개념 은유가 목표어와 모국어 언어에서 다르게 실현되는 경우에는 언어 실현 방식의 차이를 명시적으로 제시하여야 한다.

(4) 이해 학습과 산출 학습으로 구분된 차별화된 교육 내용

전술하였듯이 Nation(2013:73)에서는 산출을 위해서는 이해를 위한 학습만으로는 충분하지 않은 경우가 많다는 점에서 교수학습에서 이해를 위한 학습과 산출을 위한 학습에 대한 구분이 중요하다고 주장하였다. 학습자가 시간 표현을 이해하고 산출하는 데 간극을 보이는 표현이 존재한다는 본 연구의 결과는 이해와 산출로 구분되는 차별화된 학습의 필요성을 지지한다. 이해와 산출 모두에 어려움이 없는 표현에 대해서는 교육 내용을 간략하게 제시하면 되지만, 산출에만 어려움이 있는 표현에 대해서는 생산적 학습을 하도록 교육해야 한다. 그리고 이해와 산출 모두에 어려움이 있는 표현에 대해서는 이해를 위한 학습과 산출을 위한 학습을 병행하게 하는 것이 더 적절하다.

(5) 기타

이상으로 중국인 학습자를 위하여 교육 내용을 마련하는 데의 주요 설계 방향을 살펴보았다. 주요 방향 외에 아래와 같은 몇 가지도 고려해야 한다.

먼저 시간 표현에 쓰인 공기어의 문자적 의미에 대한 교육 내용을 마련하여 은유 교육에 앞서 제시해야 한다. 앞서 4장에서 확인하였듯이 문자적 의미만 다른 표현이 은유와 문자적 의미 모두가 다른 표현보다 정답률이 낮았으며 이는 학습자는 은유를 수반하는 문자적 의미를 알아야 함을 시사해 주기 때문이다.

그리고 은유 표현이 사용되는 맥락을 제공해야 한다. 언어 교육에서 맥락을 함께 제공하는 것이 필요하다고 주장하는 연구가 많았다. 예컨대 강현화(2012)에서는 모어 화자들의 언어 수행 패턴을 교육하는 것이 언어 학습자들의 의사소통 효율성을 제고하는 데 유리하다고 주장하였으며 주경희(2009)에서는 한국어 사용과 그 원리 설명에서 맥락이 필요하며 실제 상황을 고려한 표현을 통해 교육의 효율성을 높일 수 있다고 하였다. 박은경(2019)에서는 한국어 학습자를 대상으로 하는 실험을 통해 상황학습 이론을 적용한 수업이 학습자들의 학습 동기 유발 및 이해도를 높여줄 뿐만 아니라 학습에 대한 흥미와 만족도도 높인다는 것을 확인하였다. 이렇듯 언어 교육에서 맥락을 제공하는 것이 효율적인 교육이 이루어지는 데 도움이 된다. 은유는 인지 현상이자 담화 현상과 사회 현상(Deignan, 2008b)이고은유의 사용이 담화 맥락과 화자의 의도에 의해서 결정된 것이라는 점에서 은유 표현 교육에서 상황 맥락의 제공이 역시 중요하다. 따라서 시간 표현의 교수에 있어서는 학습자에게 해당 표현이 어떠한 상황에서 주로 쓰이는지 제시해야 한다. 그러기 위해서는 맥락을 함께 제공하는 것이 필요하다.

또한, 유의관계에 있는 표현들의 차이에 대한 설명을 제공해야 한다. 중국인 학습자들은 유의관계에 있는 표현의 관습성 차이, 사용역 차이, 혹은 미세한 의미 차이를 구별하지 못하여 오류를 범하곤 한다. 예컨대 '시간을 보내다'와 '시간을 지내다'의 대치 오류, '시간이 나다'와 '시간이 있다'의 대치 오류, '시간이 되다'와 '시간이 있다'의 대치 오류, '시간이 나다'와 '시간이 생기다'의 대치 오류, '시간이 되다'와 '시간에 도착하다'의 대치 오류, '시간이 걸리다'와 '시간이 필요하다'의 대치 오류, '시간이 있다'의 첨가 오류, '시간을 감소하다'와 '시간을 줄이다'

의 대치 오류 등이 나타났다. 이러한 오류를 방지하기 위해 유의관계에 있는 표현에 대한 변별 정보를 제시해야 한다.

마지막으로 시간 표현에 관한 정보가 학습자가 가지고 있는 선지식과 연계성을 가질 때 유의미한 학습이 될 것이므로 새로운 시간 표현은 학습자가 이미 알고 있는 시간 개념이나 다른 시간 표현과 관련을 맺도록 교수되야 한다. 가령, '시간에 쫓기다'를 가르칠 때 학습자로 하여금 이전에 학습한 시간 이동화 은유와 이 은유 유형에 속하는 시간 표현을 환기하도록 할 수 있다.

3. OHE 모형을 활용한 시간 은유 표현 교육 방안 및 실제

3.1. OHE 모형을 활용한 시간 은유 표현 교육 방안

앞서 언급하였듯이 본 연구는 개념적 은유를 사고의 도구로 활용하여 시간 표현을 교육하는 것을 제안한다. 이와 같은 제안에 맞추어서 OHE 모형을 활용한 시간 표현 교육 방안을 제안해 보고자 한다. OHE 모형은 관찰(observation), 가설(hypothesis), 실험(experiment)의 단계로 구성된다. 관찰은 학습자가 언어 현상을 인식하는 단계이다. 가설은 학습자가 다양한 학습 자료를 분석함으로써 언어 현상에 대한 가설을 세워 보는 단계이다. 실험은 앞서 관찰을 통해 가설을 세운 언어 항목을 사용하게 되는 탐구와 시도 단계이다. 다시 말하자면 OHE 모형은 학습자가 스스로 자료를 분석하고 문제를 발견하여 해결해 나가는 학습자 중심 모형이다. OHE 모형을 활용하여 시간 은유에 대한 학습자의 관찰과 탐구 활동을 마련하면 학습자의 깊은 인지처리를 활성화하여 장기

기억 효과를 기대할 수 있다. 그리고 이 모형에서 학습자들이 능동적으로 문제를 해결하는 주체가 되므로 학습자의 관심을 유발하고 능동성을 살려 학습 효과를 높일 수 있다.

그리하여 본 연구에서는 OHE 모형을 일부 수정하여 '관찰-가설-가설 검증-연습'의 세 단계로 구성된 시간 표현 교육 방안을 제시하고자 한다. 우선 관찰 단계에서는 학습자에게 시간 은유의 존재와 시간 은유에서 비롯된 시간 표현이 일상 언어에 편재한다는 것을 인식하게 한다. 가설 단계에서 문자적 의미를 바탕으로 은유적 의미와 은유를 추론할 수 있도록 시간 표현에 쓰인 공기어들 중에 난도가 높은 공기어의 문자적 의미를 제시한다.

가설 단계에서는 시간 은유에 대한 나름의 가설을 세우고 시간 은유들이 은유별로 분류할 수 있다는 것을 인식하게 하는 단계이다. 먼저 학습자가 주어진 자료를 분석하여 시간 은유에 대한 나름의 가설을 세우게 한다. 시간 표현이 대부분의 경우 개념적 은유에 의해 동기화될 수 있다는 것은 이미 앞서 여러 차례 확인하였다. 교사나 사전을 찾기 전에 개념적 은유를 활용하여 시간 표현의 요소들을 분석하고 의미를 독립적으로 알아내도록 하는 탐구 활동을 마련할 수 있다. 이러한 탐구 활동은 분석적인 주의 집중을 요구하는데 Boers & Lindstromberg(2009: 89-91)에 따르면 의도적이고 분석적인 주의 집중이 은유 표현의 학습을 상당히 쉽게 만들 수 있다. 또한 익숙하지 않은 비유적 표현의 의미를 추론하는 것은 인지적 노력을 필요로 하고 깊은 인지적 처리를 수반하므로, 기억 저장의 가능성을 높일 수 있다(Boers, 2004:213). 또한, 은유 유형별로 시간 표현을 학습하는 것이 학생이 은유 표현을 통합하는 틀을 만드는 데 도움이 되고 이러한 틀이 장기기억에 도움이 되므로 학생에게 시간 표현을 은유 유형별로 분류하게 하는 활동을 가설 단계에서 마련할 수 있다.

가설 검증 단계에서는 세워진 가설을 검증하고 중국어 시간 표현과의 차이점을 인식하게 한다. 학생이 앞선 단계에서 세운 가설이 정확했다면 교사는 긍정적 피드백을 주며 해당 시간 표현에 관한 정보를 제시한다. 학생이 근원영역을 잘못 선택하거나 학생의 의미 해석이 정확하지 않았다면 교사는 정확한 답을 산출하도록 유도한 다음에 해당 표현에 관한 정보를 제시한다. 여기의 정보에는 그림이나 장면, 또는 신체 동작으로 제시된 해당 표현의 은유 의미 구성 원리, 사용된 상황 맥락, 중국어 시간 표현과 차이점, 유의어와의 변별 정보 등이 포함된다.

연습 단계에서는 배운 지식을 내재화하는 통제 연습과 생성 연습을 진행한다. 통제 연습에서는 이해 연습과 산출 연습으로 구분된 차별화된 연습을 한다. 이해 연습에서는 대화를 읽고 주어진 여러 시간 표현 중에서 가장 적합한 표현을 선택하도록 하는 선다형 연습 문제 등을 마련할 수 있고, 산출 연습에서는 대화를 읽고 빈칸에 알맞은 시간 표현을 채우도록 하는 빈칸 채우기 연습 문제 등을 진행할 수 있다. 통제 연습에 이어 학습자의 의사소통 능력을 제고하기 위하여 말하기나 쓰기 등 언어 기능과 연계하는 생성 연습을 마련해야 한다. 수업의 마지막에서 학생이 개념적 은유를 낯선 은유 표현의 의미를 추론하는 인지 도구로 활용할 수 있도록 교사는 수업에서 배운 은유 지식을 활용하여 시간 외에 다른 종류의 은유에 대해 추론하는 활동을 마련할 수 있다.

3.2. 실제: 중급 수업을 중심으로

이 절에서는 앞 절에서 제시한 모형을 토대로 중급 단계에 초점을 맞춘 실제 수업 계획안과 교안을 구성하면서 초급과 고급의 교육에도 적용할 만한 수업을 제안하고자 한다.[76]

(1) 수업 계획안

중급 수업 계획안은 아래 <표 V-5>에 제시한다.

〈표 V-5〉 중급 수업 계획안

학습 목표	'시간이 흐르다(시간의 흐름, 시간이 흐르-), 시간이 필요하다, 시간을 낭비하다, 시간을 갖다, 시간에 맞추다, 시간을 내다, 시간이 가다, 시간이 넘다, 시간을 벌다, 시간을 채우다, 시간을 들이다'를 이해하고 표현하기.	
수업 단계	학습 요소	학습 활동
관찰 (10분)	· 시간 은유의 존재 인식 및 흥미 유발 · 문자적 의미 학습	· 시간 은유에 대한 지식 알아보기 · 학습자 자신 SNS에서 평상시에 사용하는 시간 표현 찾기 · 공기어의 문자적 의미 제시하기
가설 (25분)	· 시간 은유 유형 파악하기 · 시간 은유에 대한 가설 세우기	· 주어진 설명하는 글을 읽고 시간 은유의 유형 파악하기 · 주어진 대화에 포함된 시간 표현을 분석하여 의미 구성 원리에 대한 가설을 세우고 발표하기
가설 검증 (20분)	· 세운 가설 검증하기 · 모국어와의 공통점과 차이점 인식하기	· 교사가 그림 등을 활용하여 시간 은유 표현을 유형별로 제시하고 설명하고 필요 시 중국어 표현과의 차이점을 설명하기

76 본 연구에서 제시하는 계획안과 같이 별도의 수업 시간을 구성하여 한꺼번에 체계적이고 집중적으로 교육하는 것이 좋으나, 그렇게 별도의 수업 시간을 배정하지 않고 관련 표현이 등장할 때마다 확습의 일환으로 가르쳐도 된다.

		· 학생이 시간 표현의 은유 원리를 설명하게 하기
연습 (20분)	· 표현별 이해와 산출 지식 함양 · 의사소통 능력 신장 · 개념적 은유를 어휘 학습 전략으로 활용	· 이해와 산출로 구분된 차별화된 연습 · 시간과 관련된 말하기 과제 수행 · 사랑 은유에 대해 추론

우선 관찰 단계에서는 학생에게 시간이 무엇인지라는 질문을 던져서 학생의 흥미를 유발한다. 몇 가지 시간 표현을 예로 들면서 시간 은유의 존재 및 유형에 대해서 간단히 설명해 준다. 이어서 학생에게 자신의 SNS에서 평상시에 사용하는 시간 표현을 찾게 함으로써 시간 은유가 언어생활에 편재하는 것을 인식하게 한다. 이때 학생들은 많은 시간 표현을 찾을 수 있을 것이다. 평상시에 많은 시간 표현을 사용하고 있다는 것을 느끼게 함으로써 시간 표현이 편재하는 것을 인식하게 한다. 마지막으로 학생이 어려워할 것으로 예상되는 공기어의 문자적 의미를 제시한다.

관찰 단계에서는 시간 은유에 대해 간략히 알아본 다음에 가설 단계에서는 우선 '시간 은유'라는 읽기 자료와 이해를 도와주는 그림을 제시함으로써 시간 은유의 유형에 대해 자세히 알아보는 시간을 갖는다. 그다음에 시간 은유에서 비롯된 여러 시간 표현이 포함된 대화 자료를 읽고 시간 표현을 찾게 한다. 이어서 대화에서 찾은 표현을 은유 유형별로 분류하고 각 표현의 은유 원리에 대한 가설을 세우게 함으로써 학습자의 깊은 인지 처리를 활성화시키는 활동을 마련하다. 구체적으로 먼저 학습자가 스스로 표현을 찾고 은유 유형별로 분류하며 원리를 탐구한다. 이어서 그룹 내 공유하고 정리한다. 각 그룹에서 찾은 표현을 칠판에 그린 근원영역 동그라미(아래 <그림 V-2>)에 붙이게 한다. 이어서 해당 그룹의 학생이 다른 학생에게 해당 시간 표현의 의미가 무엇인지, 근원영역과 관련지어 은유 의미가 생성되는 원리가 어떠한지, 그리고 문자적 의미와 개념적 은유 측면에서 중국어 시간 표현과의 차이점이 무엇인지에 대해서 설명하게 한다. 이와 같은 사고 과정에 대한 훈련을 거침으로써 시간 은유에 대한 깊은 인지처리를 유발하여 장기기억에 도움이 되며, 모국어와의 비교를 통하여 모국어 간섭으로 인한 오류를 방지할 수 있을 것이다.

가설 검증 단계에서는 먼저 교사가 그림이나 신체 동작 등을 활용하여 앞 단계의 대화 자료에서 관찰되었던 시간 표현을 유형별로 제시하고 그 은유 원리를 설명한다. 앞서 Ⅳ장 실험에서 모국어 간섭으로 인해 정답률이 낮았던 표현이 나오면 중국어 대응 표현의 차이점을 비교하여 설명한다. 은유 원리에 대한 지식을 강화하기 위해서 '시간 표현 맞추기' 활동을 진행한다. 구체적으로 학생에게 수업에서 배운 시간 표현 중에서 하나를 선택하게 한다. 학생이 칠판에 그림을 그리거나 신체 동작을 보여 주어서 다른 학생이 이 표현이 무엇인지를 맞추도록 한다. 학생이 그림을 그리거나 신체 동작을 하는 과정에서 해당 시간 표현에 대한 깊은 인지 처리가 일어나 기억하는 데 도움이 된다. 또한 이 활동은 배운 시간 표현의 형식과 소리를 머릿속 사전에서 찾아내도록 하는 생성 활동이므로 산출 지식을 배양하는 데 도움이 될 것이다.

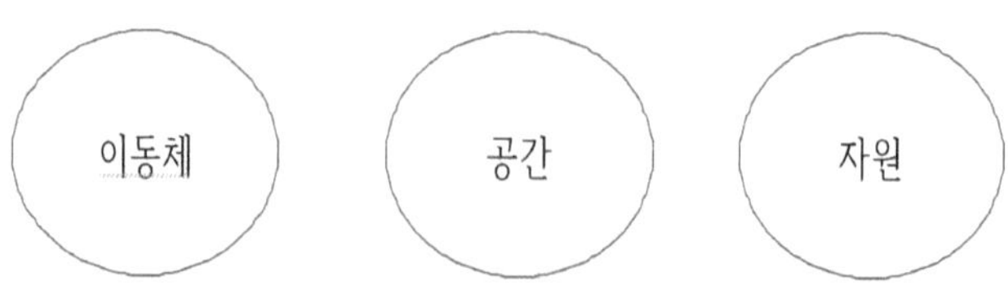

〈그림 Ⅴ-2〉 가설 단계의 수업 도구

연습 단계에서는 먼저 통제 연습을 진행한다. 이때 이해와 산출 모두에서 어려움을 보이는 표현에 대해서는 맞는 표현 고르기 연습과 문장 만들기 연습을 모두 진행하는 반면에 산출에만 어려움을 보이는 표현은 문장 만들기 연습만 한다. 통제 연습에 이어서 생성 연습을 진행한다. 생성 연습 단계에서는 먼저 시간에 관한 말하기 활동을 한다. 마지막으로 개념적 은유를 활용하여 시간 표현 외에 다른 은유 표현에 대한 추론 능력을 배양하기 위해서 사랑에 관한 은유 표현을 생각해 보게 하는 말하기 활동을 마련한다.

(2) 교안 및 수업 자료

이 절에서는 앞서 세운 수업 계획안을 바탕으로 시간 표현에 대한 교수·학습이 실제 중급 수업에서 구현되는 모습을 아래와 같이 제시한다.

〈표 Ⅴ-6〉 중급 수업을 위한 교안 및 수업 자료

단계	내용
관찰 (10분)	**<생각해 봅시다>** • 교사: 여러분, 시간은 우리의 삶과 아주 가까운 관계가 있지요? 그러면 시간은 무엇일까요? • 학생: 시간은 안 보이고 안 들려서 어려운 것 같아요. • 교사: 네, 시간은 보이지도 않고 들리지도 않아서 아주 추상적인 것이에요. 그래서 시간은 말로 설명하기가 어렵죠. 그래서 시간을 이해하기 위해서는 시간을 다른 쉽고 익숙한 것으로 생각해야 해요. 여러분, 잘 생각해 보세요. 우리는 시간을 무엇으로 생각하는 것 같아요? • 학생: 잘 모르겠어요. • 교사: '시간이 지나다'라는 표현을 생각해 보세요. 시간을 무엇으로 이해

하는 것 같아요? '시간이 길다'는요? '시간이 많다'는요?

- 학생: 시간을 보이는 물건처럼 생각하는 것 같아요.
- 교사: 네, 맞아요. '시간이 지나다'는 시간을 이동하는 물건으로 생각하는 거예요. '시간이 길다'는 시간을 공간으로 이해하는 거예요. '시간이 많다'는 시간을 '돈이 많다'처럼 자원으로 이해하는 거예요.
- 교사: 여러분, 지금 위챗이나 카카오톡 채팅 기록 검색창에 '시간'을 검색해 보세요. 어떤 표현이 나왔어요? 여러분이 시간을 무엇으로 이해했어요?
- 학생: 아~ 물건처럼 이해했어요. 아~ 돈!! 그러니까 자원처럼 이해했어요.
- 교사: 네, 우리는 시간을 이렇게 다양한 것으로 이해하고 언어로 표현해요. 추상적인 것을 쉬운 것, 눈에 보이는 것으로 이해하는 것을 은유라고 해요. 시간을 눈에 보이는 것으로 이해하는 것은 시간 은유라고 하죠.
- 교사: 오늘 배울 단어를 알아볼까요?

배울 단어: 흐르다, 맞추다, 갖다, 벌다, 들이다, 채우다, 맞추다

<분석해 봅시다>

- **가설 단계의 진행 흐름:** 시간 은유 원리에 대한 읽기 자료 보여주기 → 교사 질문하기 → 시간 은유 표현이 포함된 대화 자료 보여주기 → 학습자가 스스로 표현을 찾고 은유 유형별로 분류하며 원리 탐구하기 → 그룹 내 공유하고 정리하기 → 그룹별 발표하기 → 교사 피드백

가설 (25분)

- **가설 단계에서 사용하는 언어 자료:**

수업 자료 1: <읽기>

시간 은유

시간은 너무 추상적이라서 우리가 쉽게 시간이 무엇인지를 이해하기는 어렵다. 그래서 우리는 시간을 눈에 보이는 것으로 바꾸어 생각한다. 특히 '움직임'과 관련해서 시간을 많이 이해한다. 이는 '움직임'이 우리의 눈에 바로 보이는 것이기 때문이다. 그런데 우리가 '움직임'과 관련해서 시간을 이해하기 위해서는 시간과 시간을 관찰하는 사람의 위치를 생각해야 한다. 일

반적으로 사람이 서 있는 위치를 기준으로 보면 지금 서 있는 위치는 '현재'로, '미래'는 지금 사람이 서 있는 위치보다 앞에 있는 것으로 '과거'는 뒤에 있는 것으로 생각할 수 있다.

시간의 움직임은 사람의 움직임과 함께 변한다. 이때 우리는 세 가지의 경우를 생각할 수 있다. 첫째, 시간은 움직이지만 사람은 멈춰 있는 경우이다. 이때 시간은 멈춰 있는 사람을 향해서 움직이는 것으로 볼 수 있다. 이것을 우리는 '시간의 경과'라고 한다. 둘째, 사람은 움직이지만 시간은 멈춰 있는 경우이다. 이때는 사람이 멈춰 있는 시간을 향해서 움직이는 것으로 볼 수 있다. 이것도 우리는 '시간의 경과'로 본다. 마지막으로 시간과 사람이 함께 움직이는 경우이다. 이때는 시간과 사람이 같이 미래를 향해 움직인다.

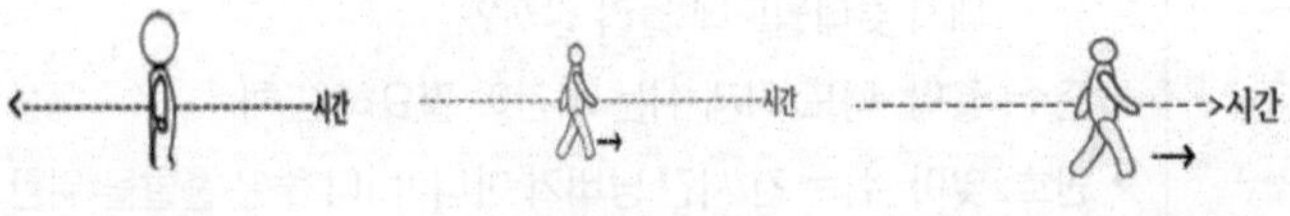

또한, 공간은 눈으로 볼 수 있기 때문에 우리에게 시간보다 익숙하다. 따라서 우리는 시간을 공간처럼 이해한다. 그리고 시간은 돈처럼 자원으로 생각되기도 한다. 돈은 모두에게 필요한 만큼 있는 것이 아니다. 누군가에게는 많고 누군가에게는 적다. 그래서 현대 사회에서는 이 돈을 더 갖기 위해서 일하고 노력한다. 현대 사회에서는 시간도 돈처럼 정해진 것이기 때문에 더 갖기 위해 노력해야 하는 것으로 생각된다.

시간은 공간이다　　　시간은 자원이다

질문: '시간은 움직임, 공간, 자원으로 생각된다.'라는 생각을 하도록 하는 표현은 무엇입니까?

<table>
<tr><td></td><td>
수업 자료 2: <대화>
• 민호: 기말시험 성적 나왔어. 준수 너는 성적 잘 나왔어?
• 준수: 응. 이번에 1등을 했어.
• 민호; 우와, 일등이라니 축하해.
• 준수: 고마워. 사실 공부할 시간을 벌려고 며칠 동안 점심도 안 먹고 매일 10시간 넘게 공부했어. 시간을 들인 만큼 성적도 잘 나와서 정말 다행이야.
• 민호: 역시 공부는 시간을 채우는 것이 가장 중요해.
• 준수: 그나저나 벌써 내일부터 방학이라니, 시간이 이렇게 빨리 흘러갈 줄 몰랐어.
• 민호: 맞아. 준수 너는 내일 뭐 할 거야? 그동안 고생했으니까 내일 시간 내서 롯데월드에 놀러 갈까?
• 준수: 좋아. 나도 이제 쉬는 시간이 필요하긴 해.
• 민호: 맞아. 쉬는 건 시간 낭비가 아니야. 더 좋은 출발을 위한 충전이지. 내일 몇 시에 갈까?
• 준수: 오전 9시 30분이 개장 시간이래. 우리 개장 시간에 맞춰서 들어갈까?
• 민호: 그래. 좋아. 우리 동네에서 롯데월드까지 버스 타면 한 시간 걸리니까 8시 30분에 출발하자.
• 준수: 그래! 정말 얼마 만에 놀러 가는 건지 모르겠다. 역시 사람은 이런 충전의 시간을 가져야 해.

탐구 활동:
1. 대화를 잘 읽고 시간을 다른 것으로 이해하는 은유 표현을 찾아보십시오.
2. 찾은 표현이 어떤 은유에서 나오는지 왜 그렇게 생각하는지 그룹별로 토론해 보십시오.
3. 칠판에 시간 은유 동그라미 밑에 해당 은유 표현을 쓰시고 은유 원리를 발표하세요.
</td></tr>
<tr><td>가설
검증
(20분)</td><td>
<정리해 봅시다>

- 가설 검증 단계의 흐름: 교사 제시 → 시간 표현 맞추기 활동
- 가설 검증 단계에서의 제시 내용:
</td></tr>
</table>

[움직이는 시간]: 시간이 가다, 시간이 흐르다

[움직이는 시간] 은유에서 시간은 사람을 지나쳐 움직이는 것으로 이해된다. 이것을 우리는 시간의 '경과'라고 한다. 이전에 배웠던 '시간이 지나다, 시간이 지나가다', 그리고 오늘 배울 '시간이 가다'는 모두 이 은유에서 나온 것이다. '시간이 가다'에 대응되는 중국어는 '时间过'이다. 일반적으로 '시간이 갈수록'이나 '시간이 가는 줄 모르다'로 쓰인다.

시간은 움직이는 대상인데, 특히 흘러가는 물로 이해되기도 한다. '시간이 흐르다'라는 표현이 대표적이다. '시간이 흐르다'에 대응되는 중국어는 '时间流逝'이다. 그러나 '时间流逝'는 구어에서 많이 쓰이지 않지만 한국어 '시간이 흐르다'는 구어에서도 쓰인다. '시간이 흐르다'는 '시간의 흐름'으로 쓰이기도 한다.

[움직이는 사람]: 시간이 걸리다, 시간이 넘다

[움직이는 사람] 은유에서는 사람이 움직여서 시간을 지나쳐 가는 것도 시간의 경과로 이해한다. '시간이 넘다', '시간이 걸리다'가 대표적인 표현이다. '시간이 걸리다'에 쓰인 '걸리다'는 '스스로 걷게 하다'를 뜻하는 '걸리다'이다. 아래 예문 '민호가 지원서를 쓰는 데 두 시간이 걸렸다'를 보자. 지원서를 작성하는 데 두 시간이 걸린다는 것은 지원서를 쓰기 위해서 민호가 2시간 동안 걸었다는 것으로 생각해 볼 수 있다. 대화문에 쓰인 '시간이 걸렸-'은 중국어 '花/用时间'에 대응되고 '집에서 학교까지 한 시간이 걸린다'에 쓰인 '시간이 걸리-'는 중국 '需要时间'에 대응된다.

[시간과 사람이 같이 움직이기]: 시간에 맞추다

[시간과 사람이 같이 움직이기] 은유에서 시간과 사람이 모두 움직이는 것으로 사람이 시간보다 앞서면 시간보다 빠른 것으로 이해할 수 있고 시간보다 뒤에 있으면 시간보다 느린 것이다. 따라서 사람이 시간의 움직임에 맞춰야만 시간보다 빠르거나 늦지 않다. 그래서 '시간에 맞추다'는 이러한 은유와 관련된다.

[시간은 공간이다]: 시간을 채우다

일정한 양의 시간은 일정한 크기의 공간으로 이해된다. 일정한 크기의 공간을 채울 수 있듯이 일정한 시간도 채울 수 있다. '시간을 채우다'는 비어 있는 시간을 어떠한 일로 가득하게 만든다는 뜻으로 쓰인다.

[시간은 자원이다]: 시간이 필요하다, 시간을 낭비하다, 시간을 내다, 시간을 갖다, 시간을 벌다, 시간을 들이다

- 시간은 자원과 같이 가치가 있기 때문에 '돈'이 우리에게 필요한 것처럼 '시간'이 필요하다. 따라서 '시간'은 '필요하다'와 같이 쓰인다.
- '돈'과 같은 자원은 잘못 사용되면 낭비될 수 있다. 시간도 잘못 사용되면 낭비될 수 있다. 따라서 우리는 '시간을 낭비하다'라고 한다.
- 시간은 자원처럼 소유할 수 있는 것으로 이해된다. 따라서 '시간'은 '갖다'와 같이 사용할 수 있다. '시간을 갖다'는 대화문에서 나온 '충전의 시간을 가져야 해'와 같이 쓰일 때는 중국어 '拥有时间'에 대응된다. '쉬는 시간을 갖도록 하겠습니다'와 같이 쓰일 때는 중국어 '是...时间'에 대응된다.
- 시간은 자원처럼 남에게 줄 수 있는 것으로 이해된다. 따라서 '시간'은 '내다'와 같이 쓰일 수 있다.
- 시간은 돈으로 이해되기도 한다. 따라서 돈을 벌거나 들이듯이 시간 또한 벌거나 들일 수 있다. 따라서 한국어에 '시간을 벌다'와 '시간을 들이다'가 있는 것이다.

활동: 시간 표현 맞추기

오늘 배운 시간 표현 중에서 하나를 고르세요. 시간 표현의 원리를 몸동작, 그림, 말 등을 이용하여 다른 사람에게 설명하세요. 다른 사람은 설명을 듣고 무슨 표현인지 맞춰 보세요.

연습 (20분)

<실천해 봅시다>

- **연습 단계의 흐름**: 통제 연습 → 생성 연습(말하기)

- **통제 연습:**

1. 아래 표현을 골라서 빈칸을 채우세요.

시간이 흐르다, 시간이 넘다, 시간을 벌다, 시간에 맞추다, 시간이 가다, 시간을 들이다, 시간을 채우다, 시간을 갖다

(1) 유미: 준수야, 혹시 '1만 시간의 법칙'을 들어봤어?
준수: 들어봤지. 1만 시간을 _____(으)면 누구나 전문가가 될 수 있다는 뜻이잖아.

(2) 유미: 민호야, 내일 같이 영화 보는 걸 안 잊었지?
민호: 그럼. 내일 너 퇴근 시간에 ____아(어)서 데리러 올게.

(3) 선생님: 오늘 수업의 일 차시는 여기까지입니다. 잠시 쉬는 시간을 ____도록 하겠습니다.
학생: 네, 감사합니다.

(4) 민호: 한국어는 처음에 어려웠지만 시간이 ____ 점점 쉬워져.
유미: 맞아. 나도 같은 느낌이 들었어.

(5) 준수: 이 책은 어때? 재미있어?
민호: 맞아. 시간의 ____에 따라 주인공의 삶을 보여주는 책이라 재미있더라.

(6) 준수: 민호야, 저녁 안 먹어?
민호: 벌써 저녁 시간이야? 정신이 없어서 시간 ____ 몰랐어.

(7) 민호: 큰일났다. 나 할아버지가 아끼시는 도자기를 깨뜨렸어. 어떡해…
준수: 아, 저기 할아버지가 오고 있어. 내가 말을 걸면서 시간을 좀 ____고 있을 테니 얼른 도망쳐.

(8) 유미: 준수야, 혹시 '1만 시간의 법칙'을 들어봤어?
준수: 들어봤지. 1만 시간을 ____면 누구나 전문가가 될 수 있다는 뜻이잖아.

(9) 민호: 유미야, 이제야 일어난 거야?
유미: 응. 난 어제 너무 피곤해서 10시간 ____ 잤어.

(10) 민호: 시험에 떨어져도 괜찮아. 너무 속상해 하지 마.
유미: 어떻게 안 속상해. 내가 이 시험에 ________은/ㄴ 시간이 얼만데.

2. 아래 표현을 이용하여 문장을 만들어 보세요.

시간이 필요하다: 시간을 낭비하다:
시간이 흐르다: 시간이 넘다:
시간을 벌다: 시간에 맞추다:

시간이 가다:　　　　시간을 들이다:
시간을 채우다:　　　시간을 갖다:

생성 연습: 말하기 활동

1. 여러분은 시간이 빨리 흘러간다고 느낀 적 있습니까? 언제입니까?

2. 여러분은 시간이 소중하다고 느낀 적 있습니까? 언제입니까?

3. 시간 관리를 잘하려면 어떻게 해야 합니까?

4. 시간 외에 사랑이라는 추상적인 것도 있습니다. 우리는 사랑을 무엇으로 바꾸어 생각하는 것 같습니까?

VI

결론

시간 표현은 일상 언어생활에 널리 퍼져 있다. 그러나 중국인 학습자는 시간 인지 방식과 사회문화적 배경이 한국어 모어 화자와 다르기 때문에 시간 표현을 이해하고 사용하는 데 많은 어려움을 겪는다. 이에 따라 본 연구에서는 중국인 학습자가 시간 표현을 이해하고 사용하는 양상을 분석함으로써 효율적인 교육 방안을 마련하고자 하였다.

이를 위해 우선 Ⅱ장에서는 연구를 위한 이론적 전제를 마련하였다. 본 연구에서 사용하는 인지언어학의 핵심 이론인 개념적 은유에 대해 개관하기 위하여 개념적 은유의 정의, 보편성 및 문화적 특수성을 검토하였다. 이어서 교육 효과 검증 관련 선행 연구 검토를 통하여 개념적 은유 이론을 제2언어교육에 적용하는 데 있어서의 효율성이 무엇인지에 대해 살펴보았다. 이뿐만 아니라, 개념적 은유 이론의 효과가 전제됨과 동시에 학습자가 갖추어야 하는 은유 능력이 무엇인지에 대한 문제가 해결되어야 하기에 이를 규명하기 위하여 선행 연구를 검토함으로써 학습자의 은유 능력의 정의를 명확히 하고자 하였다.

시간 표현을 교육하기 위해서는 먼저 교육용 시간 표현의 목록이 확보되어야 한다. 따라서 Ⅲ장에서는 우선적으로 교육용 시간 표현을 선정하고자 하였다. 이를 위해 데이터의 객관성 및 신뢰성, 교육의 실제성을 확보하기 위하여 대규모 말뭉치를 기반으로 한 말뭉치 기반 접근법을 활용하였다. 이때 교육용 시간 표현의 선정을 위해서는 명확한 기준이 필요한데 t 점수가 Laufer & Nation(2012)에서 주장한 교육용 어휘 선정의 기준인 빈도와 유용성을 반영하기 때문에 이를 기준으로 삼아 교육용 시간 표현을 선정하였다. 이러한 과정을 거쳐 본 연구에서는 다루고자 하는 최종 교육용 시간 표현 33개를 선정하였다. 이렇게 선정된 33개의 시간 표현을 이동화, 자원화, 공간화로 분류한 은유 유형에 따라 나누어 살펴보았다.

학습자 언어에 나타나는 특정한 현상의 원인을 모국어 전이에 의한 간섭 현상으로 판단하기 위해서는 한중 시간 표현의 대응 양상을 분석하는 작업이 필요하다. 이를 위해 본 연구에서는 한중 병별 말뭉치를 활용하여 앞서 선정한 교육용 시간 표현에 대응되는 중국어 시간 표현을 찾아 문자적 의미, 은유적 의미, 개념적 은유라는 세 가지 매개변인을 설정하여 한중 대응 유형을 네 가지로 분류하였다. 이를 구체적으로 살펴보면 문자적 의미, 은유적 의미, 개념적 은유가 모두 같은 '문자-은유 동일' 유형과 문자적 의미와 개념적 은유가 다르지만 은유적 의미가 같은 '문자-은유 상이' 유형과 문자적 의미만 다른 '은유 동일' 유형과 한국어의 시간 은유 표현이 중국어의 문자적 표현에 대응되는 '은유 부재' 유형이다.

Ⅲ장에서 마지막으로 교육의 실태를 파악하기 위하여 6종류의 교재 어휘 목록과 전체 학습 내용으로 구성된 교재 말뭉치에서의 시간 표현 제시 양상을 분석하였다. 그 결과, 교재 어휘 목록에서 제시되는 시간 표현이 그 양과 유형 수, 등급별 제시의 비중, 개별 시간 표현의 제시

단계 등의 면에서 통일되지 않고 있음을 알 수 있었다. 제시 방식 측면에서 시간 표현을 체계적으로 제시하고 은유 의미의 생성 원리를 활용한 교재는 6종의 교재 중에서 한 교재뿐이었다. 또한 교재 말뭉치를 분석한 결과, 상위 3개 시간 표현인 '시간이 있다', '시간이 걸리다', '시간이 없다'의 빈도를 합하면 이미 전체 빈도의 55%를 상회하였는데. 이는 교재에서의 시간 표현 제시가 몇 가지의 시간 표현에 편향되어 있다는 사실을 보여 주는 것이라 할 수 있다. 이뿐만 아니라, 교재에서 제시된 시간 표현의 빈도와 t 점수 간에 유의미한 상관관계가 나타나지 않았거나 약한 상관관계를 보였으므로 시간 표현들이 t 점수에 상응하는 빈도로 충분히 반복 제시되지 못하고 있다는 사실도 알 수 있었다.

Ⅳ장에서는 중국인 학습자의 시간 은유 능력, 즉 시간 표현 이해 및 산출 양상을 고찰하였다. 이를 위해서 중국인 초·중·고급 각 39명, 40명, 30명과 대조 집단인 한국어 모어 화자 31명을 대상으로 이해 양상을 측정하는 선다형 테스트와 산출 양상을 측정하는 빈칸 채우기 테스트를 실시하였다. 결과 분석에서 우선 학습자의 이해 및 산출에 영향을 미치는 변인을 고찰하였다. 앞서 Ⅲ장에서 도출한 은유 유형, 한중 시간 표현 대응 유형과 함께 숙달도를 예상 변인으로 상정하였다. 실제 결과의 분석에서도 예상 변인 중 하나로 상정하였던 숙달도가 유의미한 변인이라는 것을 알 수 있었다. 이는 숙달도가 높은 학습자일수록 시간 표현 이해 및 산출 능력이 더 우수하다는 것을 보여 주는 것이라 할 수 있다. 반면, 은유 유형은 초급 학습자의 산출에만 영향을 미치는 변인으로 나타났다. 그러나 은유 유형과 달리 한중 대응 유형은 모든 등급 학습자의 이해 및 산출에 영향을 미치는 변인으로 나타났으며 '문자-은유 동일' 유형의 정답률이 다른 유형보다 유의미하게 높은 것으로 나타났다. 이는 학습자가 시간 표현을 이해하고 산출하는 데

모국어의 영향을 받는다는 사실을 나타내는 것으로 볼 수 있다.

한편으로 VI장에서는 이해 지식과 산출 지식 사이에 분명한 차이가 존재한다는 전제 하에 학습자의 시간 표현 이해 지식과 산출 지식을 비교하였다. 먼저 이해 정답률과 산출 정답률 간에 상관관계 분석을 실시하였으며 그 결과 모든 등급에서 유의미한 상관관계가 나타났다. 이는 시간 표현에 대한 이해를 잘하는 학습자일수록 산출도 잘한다는 것으로 해석할 할 수 있다. 그리고 중급에서 나타난 상관관계의 강도가 초급과 고급에서 나타난 상관관계의 강도보다 더 약한 것으로 나타났다. 이러한 현상은 초급에서 중급으로 올라감에 따라 산출 지식이 이해 지식의 성장을 따라가지 못하기 때문에 일어난 것으로 보인다. 언어 교육에서 이해 표현과 산출 표현에 대한 구분이 중요하므로 Mills(1983)에서 제안한 경계선 방법에 따라 이해 정답률 50%~80% 사이의 중앙값인 64.81%, 사용 정답률 50%~80% 사이의 중앙값인 55.73%를 기준으로 설정하여 이해 표현과 산출 표현을 도출하였다. 이 기준에 따라 시간 표현을 이해와 산출 모두에 어려움이 없는 표현, 산출에만 어려움이 있는 표현, 이해와 산출 모두에 어려움이 있는 표현으로 분류하였다. 이와 같은 표현 분류는 시간 표현의 난이도를 암시한다고 보았다. 즉, 이해와 산출 모두에 어려움이 있는 표현은 난이도가 가장 높은 표현이라고 보았다. 한편, 앞서 언급한 변인 외에도 학습자가 개별적인 시간 표현을 이해하고 산출하는 데 또 다른 영향 요인들이 존재할 수 있다. 따라서 이러한 세부적인 영향 요인을 밝히기 위해 개별 시간 표현의 오류 양상을 분석하여 오류 원인을 세분화하였다.

V장에서는 앞서 도출된 분석 결과를 바탕으로 중국인 학습자를 위한 교육 방안을 마련하고자 하였다. 우선 학습자가 갖춰야 할 시간 은유 능력의 범주에 대해서 검토하였으며 이를 바탕으로 시간 표현

교육의 목표를 상정하였다. 시간 표현의 위계화에 있어서는 난이도를 위주로 하되 t 점수와 교육 효율성을 고려하여 개별 시간 표현의 위계화를 조정하는 방식을 취하였다. 이어서 중국인 학습자의 이해 및 산출 양상에 대한 분석 결과를 바탕으로 교육 설계의 방향을 설정한 다음 OHE 모형을 활용하여 실제 교육 방안을 제시하였다.

본 연구는 그동안 한국어 어휘교육 연구에서 거의 다루어지지 않았던 시간 은유 표현에 대한 교육용 목록을 대규모 말뭉치를 활용하여 도출하였으며 이 목록에 대한 학습자의 이해 및 산출 양상을 밝히고 이에 근거한 교육 방안을 마련하였다는 점에서 그 의의가 있다고 할 수 있다. 그러나 교육 방안에 대한 학습자의 수용성이 어떠한지, 학습 효과나 학습 만족도가 어떠한지, 교육 방안이 개선되어야 할 점이 무엇인지 등에 대한 효과를 검증하는 연구를 진행하지 못하였다는 한계점이 있다. 이에 대한 후속 연구를 기약하고자 한다.

참고문헌

- 강범모(2011), 언어, 컴퓨터, 코퍼스 언어학, 서울: 고려대학교출판부.
- 강현화(2012), 코퍼스와 한국어 문법 교육, 국어교육연구 30, 서울대학교 국어 교육연구소, 227-253.
- 강현화(2012), 한국어교육에서의 담화 기반 문법 연구 : 부정 표현의 맥락 문법을 활용하여, 외국어교육 19(3), 한국외국어교육학회, 395-414.
- 주경희(2009), 한국어 문법 교육론: 조사를 대상으로, 서울: 박이정.
- 박은경(2019), 한국어 교육에서 상황학습이론 기반의 은유표현 교육 방안: 개념적 은유 [입은 그릇이다]를 중심으로, 코기토 88, 부산대학교 인문학연구소, 197-218.
- 구본관(2017), 단어 형성법을 활용한 한국어 어휘 교육 내용 연구: 유사 접사의 활용을 중심으로, 국어교육연구 40, 서울 대학교 국어교육연구소, 1-47.
- 권혁승·정채관·김재훈(2018), 코퍼스언어학 기초, 한국문화사.
- 김동성(2010), 언어 자료 분석을 위한 통계학, 한국외국어대학교 출판부.
- 김미형(2009), 인지적 대조언어학의 방법론 연구, 한국문화사.
- 김순자·송원찬(2013), 중국인 유학생을 대상으로 한 한국어 은유 표현 이해도 조사 및 한중 은유 표현 대조 연구, 한국언어문화 50, 한국언어문화학회, 77-105.
- 김용진(2007), 사회언어학적 코퍼스 분석의 실제, 서울: 올린 책상.
- 김진해(2010) 개념적 은유와 문법 범주 시간 은유를 중심으로, 어문론집 43, 중앙어문학회, 149-174.
- 김태규(2007), 아우구스티누스에 있어서 시간과 창조, 동서철학연구 44, 한국동서철학회,
- 김현정(2011), 외국인 학습자를 위한 한국어 은유 표현 교육 방안 연구, 계명대학교 석사학위논문.
- 김호정(2011), 한국어 학습자의 문법 지식 의미 재고, 언어과학연구 55, 언어과학회, 1-28.
- 길본일(2006), 시간 표현의 인지언어학적 연구, 경북대학교 박사학위논문.
- 나수경(2011), 매스미디어를 활용한 한국어 은유 표현 연구, 배재대학교 석사학위논문.
- 남기심(1976), 국어의 시제, 언어 1(2), 한국언어학회, 201-214.

- 남신혜(2021) 한국어교육을 위한 교육용 어휘 선정의 새로운 방법, 제35차 한국문법교육학회 학술대회, 129-137.
- 남주연(2017), 한국어 학습자의 이해 언어가 산출 언어에 미치는 영향, 한국어 의미학 58, 한국어의미학회, 125-160.
- 민현식(1990), 시간어와 공간어의 상관성(1): 품사 하위분류의 새로운 가능성과 관련하여, 국어학 20, 국어학회, 47-71.
- 민현식(2008), 한국어교육을 위한 문법 기반 언어 기능의 통합 교육 과정 구조화 방법론 연구, 국어교육연구 22, 서울대학교 국어교육연구소, 261-334.
- 박병선(2005), 한국어 계량적 연구 방법론, 역락.
- 박영순(2000), 한국어 은유 연구, 고려대학교 출판부.
- 박은미(2019), 한국어 감정의 은유 표현 교육 방안 연구, 부산대학교 석사학위논문.
- 박은미·이병운(2020), 한국어 학습자를 위한 은유 표현 교육 연구: '사랑'의 개념 은유를 중심으로, 우리말연구 60, 우리말학회, 141-170.
- 박정운(1998), 앞으로 한 달 뒤에 만납시다: 시간의 개념적 은유, 언어와 언어학 5, 언어와 언어학회, 85-110.
- 박진(2007), 유한한 인간의 조건으로서의 시간: 칸트와 독일이상주의, 하이데거에서 상상력 과 시간의 문제, 철학논총 , 3-49, 새한철학회, 157-188.
- 방성원(2004), 한국어 문법화 형태의 교육 방안: '-다고' 관련 형태의 문법 항목 선정과 배열을 중심으로, 한국어교육 15(1), 국제한국어교육학회, 1-19.
- 석수영(2014), 한·중 감정 표현의 개념화 양상, 언어과학연구 68, 언어과학회, 191-214.
- 송유나(2019), 인지언어학적 관점에서의 '마음'과 '가슴'의 의미 관계 분석 연구, 한국외국어대학교 석사학위논문.
- 송현주(2015), 인지언어학적 어휘 연구를 위한 말뭉치 기반 접근: '시간을 중심으 로, 국어교육연구 58, 국어교육학회, 171-196.
- 신자영(2010), 병렬 코퍼스 및 학습자 코퍼스를 이용한 중간언어 연구 방법론, 언어사실과 관점 25, 연세대학교 언어정보연구, 71-87.
- 신지선(2011), '구체화 이론'과 '이중 부호화 이론'에 입각한 그림책 번역전략, 번역학연구 12(2), 한국번역학회, 109-128.
- 신효필(2005) 언어 자료의 통계 분석과 관련된 몇 가지 고려사항들,

Language Research 41(3), 서울대학교 언어교육원, 655-682.

- Angela Lee Smith(2004), 한국어 능력 향상을 위한 은유 교수, 한국어교육 15-3, 320-340쪽, 한국어교육학회.
- 엄녀(2009), 한국어교육을 위한 양태 표현 교육 연구, 서울대학교 박사학위 논문.
- 왕흔(2019), 중국인 학습자를 위한 한국어 감정 은유 표현 교육 연구 : 부정적 감정을 중심으로, 경상대학교 석사학위논문.
- 유덕근(2020), 인지적 패턴으로서의 다단어 표현 연구: L1과 L2 독일어 문법연어의 실시간 처리를 중심으로, 독어교육 77(77), 한국독어독문학교육학회, 43-67.
- 윤영주(2016). 한국어 학습에 있어서 문화 간 차이에 따른 개념적 은유 표현의 이해도에 관한 연구. 인하대학교 석사학위 논문.
- 이 해 영 · Tran Thi Thu Phuong(2020), 은유 유형과 숙달도에 따른 베트남인 한국어 학습자의 한국어 은유 이해, 한국어교육 31, 국제한국어교육학회, 233-255.
- 이선희(2009), 현대중국어 '시간'의 개념화 양상, 중국어문학논집 57, 중국어문학 연구회, 51-73.
- 이연정(2011), 광고(广告)에 나타난 은유 표현(隐喻表现)의 한국어교육에서의 활용방안(活用方案) 연구, 어문연구 39-3, 467-489쪽, 국어어문학회.
- 이지용(2011). 개념적 은유를 활용한 한국어 수업 방안 연구, 어문논집, 47, 7-32.
- 이지용·심지연(2010), 인지의미론을 통한 한국어 관용어 교육의 효율성 연구, 한국어 의미학 31, 한국어의미학회, 209-249.
- 이해영(2011a), 배트남인 한국어 학습자의 추측 양태 습득, 한국어학 53, 한국어학회, 335-360.
- 이해영(2011b), 학습자 언어 연구: 오류분석과 중간언어 연구, 이중언어학 47, 이중언어학회, 307-330.
- 이해영, Tran Thi Thu Phuong. (2020). 은유 유형과 숙달도에 따른 베트남인 한국어 학습자의 한국어 은유 이해. 한국어교육, 31, 233-255.
- 이해영·김미영·김은영·이민경·이정란·이현의·정소아·조경윤·주은경·최선영·현혜미(2005), 한국어 학습자의 중간언어 연구, 커뮤니케이션북스.
- 이해영·정혜선(2019), 숙달도와 거주 경험에 따른 베트남인 한국어 학습자의 함축 이해, 외국어로서의 한국어교육 55, 연세대학교 언어연구교육원 한국어학당, 239-262.

▪ 임유미(2013), 인지의미론적 은유를 통한 한국어 은유 표현과 문화 항목의 통합교육, 한국외국어대학교 석사학위논문.
▪ 임인숙(1994), 동사 '되다'의 의미 연구, 전북대학교 석사학위논문.
▪ 임지룡(1980), 국어에 있어서의 시간과 공간 개념, 국어교육연구 12, 국어교육학회, 111-126.
▪ 임지룡(2002) 시간의 개념화 양상, 어문학 77, 한국어문학회, 201-222.
▪ 전방(2008), 한국어교육의 은유 표현에 대한 연구, 서울대학교 석사학위논문.
▪ 전은지(2012), 한국어 은유의 교육 방법 연구 : 사람의 성격 은유를 중심으로, 울산대학교 석사학위논문.
▪ 정유진(2019), 개념적 은유를 통한 한국어 어휘 교육 방안 연구: '마음' 관련 어휘를 중심으로, 한국외국어대학교 석사학위논문.
▪ 진영하(2020ㄱ), 한중 신체어에 의한 시간 표현 대조 연구: 인지언어학적 접근을 중심으로, 언어와 문화 16(1), 한국언어문화교육학회, 319-348.
▪ 진영하(2020ㄴ), 말뭉치 기반 한·중 시간 개념화 양상 대조 연구, 한국언어문화학 17(2), 국제한국언어문화학회, 217-245.
▪ 진영하(2020ㄷ), 한중 시간 개념화 양상 대조: 의존 명사 '시간/小时' 관련 표현을 중심으로, 한민족문화학 71, 한민족문화학회, 249-280.
▪ 진영하(2021ㄱ), 인지언어학 이론을 적용한 한국어교육 연구 현황, 외국어교육연구 35(2), 한국외국어대학교 외국어교육연구소, 37-51.
▪ 진영하(2021ㄴ), 학습자 말뭉치 분석을 통한 시간 은유 표현 사용 양상 연구: 중국어권 학습자를 중심으로, 외국어로서의 한국어교육 63, 연세대학교 언어연구교육원 한국어학당, 243-268.
▪ 진영하·탕이잉(2020), 중국의 한국어 듣기 교재 분석 연구, 새국어교육 124, 한국국어교육학회, 213-255.
▪ 진청(2018), 드라마 <태양의 후예>에 나타난 은유적 표현 교육 방안 연구 : 한국어 의사소통능력 향상을 중심으로, 중앙대학교 석사학위논문.
▪ 채서일(1993), 사회과학 조사방법론. 학연사.
▪ 최세원(2006), 한국어 교재의 명사 은유 표현 교육에 관한 연구, 경희대학교 석사학위논문.
▪ 최운호·강범모·차재은(2006), 코퍼스를 이용한 은유 표현의 추출과 어휘데이터베이스의 확장 연구, 한국어 의미학 20, 한국어의미학회, 257-279.
▪ 탕이잉·진영하(2021), 한국어 추측 표현과 양태 부사의 공기 양상에 대한 계량적 연구, 한국언어문화학 18(1), 국제한국언어문화학회, 297-324.

- 풍정정(2015), 한국어 공간어 '앞/뒤'와 중국어 '前/后'의 시간 개념화 양상 대조 연구, 한국언어문화 57, 한국언어문화학회, 339-364.
- 하지혜(2014), 영어권 한국어 학습자의 일상대화에 나타난 상투적 표현 이해 연구, 이중언어학 55, 이중언어학회, 435-455.
- 홍달오(2009), 한국어 시간 표현의 인지언어학적 고찰 : 동사 '보내다/지내다'의 의미 비교를 중심으로, 語文論集 14, 중앙어문학회, 127-155.
- 홍달오(2015), '시간+술어' 구성 은유의 네트워크 특성에 관한 인지언어학적 고찰, 언어 40(3), 한국언어학회, 579-599.
- Ann-Kristin H. Gujord. (2012). Crosslinguistic Influence. In S. M. Gass, & A. Mackey (Eds.), *The Routledge handbook of second language acquisition*(pp. 345-357). Routledge.
- Aitchison, J.(1994), *Words in the mind: An introduction to the mental lexicon,* Oxford, UK: Blackwell. 임지룡·윤희수 역(1993), 심리언어학: 머릿속 사전의 신비를 찾아서, 경북대학교출판부.
- Berendi, M., Csabi, S., & Kövecses, Z.(2008), Using conceptual metaphors and metonymies invocabulary teaching. In F. Boers & S. Lindstromberg (Eds.), *Cognitive linguistic approaches to teaching vocabulary and phraseology* (pp. 65-99). Berlin and New York: Mouton de Gruyter.
- Boers, F.(2001), Remembering figurative idioms by hypothesizing about their origin, *Prospects* 16, 35-43.
- Boers, F.(2003), Applied Linguistics Perspectives on Cross-Cultural Variation in Conceptual Metaphor, *Metaphor and Symbol* 18, 231-238.
- Boers, F.(2004), Expanding learners" vocabulary through metaphor awareness: What expansion, whatlearners, what vocabulary? In M. Achard & S. Niemeier (Eds.), *Cognitive linguistics, secondlanguage acquisition, and foreign language teaching* (pp. 211-232), Berlin and New York: Moutonde Gruyter.
- Boers, F.(2000a), Enhancing metaphoric awareness in specialised reading, *English for Specific Purposes* 19, 137-147.
- Boers, F.(2000b), Metaphor awareness and vocabulary retention, *Applied Linguistics* 21. 553-571.
- Boers, F.(2004), Expanding Learners' Vocabulary Through Metaphor Awareness: What Expansion, What Learners, What Vocabulary? In:

Michel Achard and Susanne Niemeier (eds.), *Cognitive Linguistics, Second Language Acquisition, and Foreign Language Teaching*, 211-232. Berlin and New York: Mouton de Gruyter.

- Boers, F., & Demecheleer, M.(2001), Measuring the impact of cross-cultural differences on learners' comprehension of imageable idioms, *ELT Journal* 55(3), 255-262.
- Boers, F., & Lindstromberg, S.(2006), Cognitive linguistic applications in second or foreign language instruction: rationale, proposals, and evaluation. In G. Kristiansen, M. Achard, R.Dirven & F. J. Ruiz de Mendoza Ibáñez (Eds.), *Cognitive linguistics: Current applications and future perspective* (pp.305-355). Berlin: Mouton de Gruyter.
- Bonato, M. & Zorzi, M. & Umiltà, C.(2012), When Time Is Space: Evidence for a Mental Time Line, *Neuroscience & Biobehavioral Reviews* 36-10, 2257-2273.
- Buckingham, L.(2006), A multilingual didactic approach to idioms using a conceptual framework, *Language Design* 8, 35-45.
- Cameron, L. & Deignan, A.(2006), The emergence of metaphor in discourse, *Applied Linguistics* 27(4), 671-690.
- Charteris-Black, J.(2002), Second Language Figurative Proficiency: A Comparative Study of Malay and English, *Applied Linguistics* 23(1), 104-133+156.
- Church, K. & R, Mercer.(1993), Introduction to the spei- cial issue on computational linguistics using large corpora, *Computational Linguistics* 19, 1-24.
- Cornell, A.(1999), Idioms: an approach to identifying major pitfalls for learners, *FRRL* 37(1), 1–21.
- Coulson, S.(2008), Metaphor comprehension and the brain. In R. W. Gibbs, Jr. (Ed.), *The Cambridge handbook of metaphor and thought* (pp. 177–194). Cambridge University Press.
- Dancygier, B.(2019), *The Cambridge Handbook of Cognitive Linguistics*, Cambridge University Press. 김동환·이승주 역(2020), 인지언어학 케임브리지 핸드북, 공감엔피엠.
- Danesi, M.(1993), Metaphorical competence in second language acquisition and second language learning: The neglected dimension. In J. Alatis

(Ed.), *Language, communication, and social meaning* (pp. 489–500). Washington: Georgetown University Press.

- Danesi, M.(1994), Recent research on metaphor and teaching of Italian, *Italica* 71, 453–464.
- Deignan, A.(2008b). Corpus linguistics and metaphor. In R. Gibbs, Jr. (Ed.), *The Cambridge Handbook of Metaphor and Thought* (Cambridge Handbooks in Psychology, pp. 280-294). Cambridge: Cambridge University Press.
- Durrant, P. & Schmitt, N.(2009), To what extent do native and non-native writers make use of collocations?, *International Review of Applied Linguistics in Language Teaching(IRAL)* 47(2), 157-177.
- E, Dabrowska. & D, Divjak.(2015), *Handbook of Cognitive Linguistics,* Berlin; Boston: De Gruyter Mouton. 임지룡·김동환 역(2018), 인지언어학 핸드북, 박이정.
- Semino, E. & Demjen, Z.(2017), *The Routledge Handbook of Metaphor and Language*, London: Routledge. 임지룡·김동환 역(2020), 은유 백과사전: 은유 탐구의 최신 방법론, 한국문화사.
- Ellis, R.(1985), *Understanding Second Language Acquisition*, London: Oxford University Press. 이종복·박현우 역(2014), 제2언어 습득의 이해, 서울: 경문사.
- Ellis, N.(2007), The weak interface, consciousness, and form-focussed instruction: Mind the doors. In S. Fotos & H. Nassaji (eds), *Form focused instruction and teacher education: Studies in honour of Rod Ellis*, 17-33. Oxford: Oxford University Press.
- Evans, V. & Green, M.(2006), *Cognitive linguistics: an introduction*, Edinburgh: The Edinburgh University Press. 임지룡·김동환 역(2008), 인지언어학 기초, 한국문화사.
- Evans, V.(2004), *The Structure of Time: Language, meaning and temporal cognition*, Amsterdam: John Benjamins.
- Evans, V.(2009), *How words mean: Lexical concepts, cognitive models, and meaning construction,* Oxford: Oxford University Press. 임지룡·김동환 역(2012), 인지언어학적 어휘의미론, 경북대학교출판부.
- Evans, V.(2010), How we conceptualize time: Language, meaning and temporal cognition.: Essays in Arts and Sciences. In *Cognitive*

Linguistics Bibliography. Berlin, Boston: De Gruyter Mouton.

- Flaherty, Michael.(1999), *A Watched Pot: How We Experience Time,* New York: New York University Press.
- Gablasova, D., V. Brezina & T. McEnery.(2017), Collocations in corpus-based language learning research: Identifying, comparing, and interpreting the evidence, *Language Learning* 67. 155−179.
- Gass, S. M., & Selinker, L.(1994), *Second language acquisition: An introductory course,* Lawrence Erlbaum Associates, Inc.
- Geeraerts, D.(2010), *Theories of lexical semantics,* London: Oxford University Press. 임지룡 • 김동환 역(2013), 어휘의미론의 연구 방법: 역사의미론에서 인지의미론까지, 경북대학교출판부.)
- Gentner, D., & Bowdle, B.(2008), Metaphor as structure-mapping. In R. W. Gibbs, Jr. (Ed.), *The Cambridge handbook of metaphor and thought* (pp. 109−128). Cambridge University Press.
- Gentner, D., Bowdle, B., Wolff, P., & Boronat, C.(2001), Metaphor is like analogy. In D. Gentner, K. J. Holyoak, & B. N. Kokinov (Eds.), *The analogical mind: Perspectives from cognitive science* (pp. 199-253). MIT Press.
- Gentner, D.(1977), If a tree had a knee, where would it be? Children's performance on simple spatial metaphors, *Child Language Development* 13, 157-164.
- Gibbs, R.(1994), *The Poetics of Mind,* Cambridge, UK: Cambridge University Press.
- Grady, J.(1997), *Foundations of Meaning: Primary Metaphors and Primary Scenes,* Doctoral dissertation, U.C. Berkeley.
- Hamaawand,Z. (2016), *Semantics: A Cognitive Account of Linguistic Meaning*, Sheffield: Equinox Publishing. 임지룡·윤희수 역(2017), 의미론: 언어 의미의 인지적 설명, 한국문화사.
- Handl, S.(2011), *The Conventionality of Figurative Language: A Usage-based Study*, Books on Demand. 김동환·이미영 역(2016), 비유 언어의 관습성: 인지언어학과 코퍼스언어학적 연구, 로고스라임.
- Haught, C.(2013), A Tale of Two Tropes: How Metaphor and Simile Differ, *Metaphor and Symbol* 28, 254 - 274.
- Hunston, S.(2002), *Corpora in applied linguistics,* Cambridge: Cambridge

University Press.

- James, C.(1998), *Errors in language learning and use: Exploring error analysis*, New York: Addison Wesley Longman Inc.
- Janda, Laura A.(2019), Quantitative perspectives in Cognitive Linguistics, *Special issue of Review of Cognitive Linguistics* 17(1), 7-28.
- Jarvis, S.(2000), Methodological rigor in the study of transfer: Identifying L1 influence in the interlanguage lexicon, *Language Learning* 50(2), 245-309.
- Kasper, G., & Rose, K. R.(1999), Pragmatics and SLA, *Annual review of applied linguistics* 19, 81-104.
- Kathpalia, S. S. & H. L. H. Carmel(2011), Metaphorical competence in ESL student writing, *RELC Journal* 42, 273-90.
- Kecskes, I.(2006), On my mind: thoughts about salience, context and figurative language from a second language perspective, *Second Language Research* 22(2), 219-37.
- Keil, F. C.(1986), Conceptual domains and the acquisition of metaphor, *Cognitive Development* 1(1), 73–96.
- Kellerman, E.(1985), The empirical evidence for the influence of the L1 in interlanguage, In Davies, Criper, and Howatt (eds.). *Interlanguage*. Edinburgh: Edinburgh University Press.
- Kellerman, E.(2001), 'New uses for old language: Cross-linguistic and cross-gestural influence in the narratives of native speakers' in J. Cen ˜oz, B. Hufeisen, and U. Jessner (eds): *Cross-linguistic Influence in Third Language Acquisition*. Clevedon: Multilingual Matters, pp. 170-91.
- Kellerman, E.(1987), *Aspects of transferability in second language acquisition,* Unpublished doctoral dissertation, Katholieke Universiteit te Nijmegen.
- Kövecses, Z.(2002), Metaphor: A Practical Introduction, New York: Oxford University Press. 이정화•우수정•손수진•이진희 역(2003), 실용입문서 은유, 서울: 한국문화사.
- Kövecses, Z.(1998), Are there any emotion-specific metaphors? In: Angeliki Athanasia- and Elzbieta Tabaskowska (eds.), *Speaking of Emotions. Concep- tualization and Expression*, 127-151. Berlin and New York:

Mouton de Gruyter.

- Kövecses, Z.(2002), *Metaphor: A practical introduction,* New York: Oxford University Press.
- Kövecses, Z. (2005), *Metaphor in Culture: Universality and Variation,* Cambridge: Cambridge University Press. 김동환 역(2009), 은유와 문화의 만남: 보편성과 다양성, 연세대학교 출판부.
- Kövecses, Z.(2010), Are there any emotion-specific metaphors?. In A. Athanasiadou & E. Tabakowska (Ed.), *Speaking of Emotions* (pp. 127-152). Berlin, New York: De Gruyter Mouton.
- Köves, N.(2002), Hungarian and American dreamworks of life, Term paper, Department of American Studies, Eötvös Loránd University, Budapest.
- Lakoff, G. & Johnson, M.,(1999), *Philosophy in the flesh : the embodied mind and its challenge to Western thought*, New York: Basic Books.
- Lakoff, G. & M. Johnson.(1980), *Metaphors We Live By*, Chicago: The University of Chicago Press.
- Lakoff, G.(1987), *Women, Fire, and Dangerous Things: What Categories Reveal About the Mind*, Chicago: The University of Chicago Press.
- Larsen-Freeman, D.(2004), *Teaching Language: From Grammar to Grammaring*, Heinle ELT.
- Laufer, B., & Nation, I. S. P.(2012), Vocabulary. In S. M. Gass & A. Mackey(Eds.), *The Routledge handbook of second language acquisition* (pp. 163-175). London: Routledge.
- Littlemore, J. & Low, G.(2006), Metaphoric competence , second language learning , and communicative language ability , *Applied Linguistics* 27(2), 268-294.
- Littlemore, J.(2010), 'Metaphoric competence in the first and second language: Similarities and differences' in M. Putz and L. Sicola (eds): *Cognitive Processing in Second Language Acquisition* (Series Converging Evidence in Language and Communication Research). John Benjamins, pp. 293-316.
- Littlemore, J.(2001), Metaphoric competence: A possible language learning strength of students with a holistic cognitive style?, *TESOL Quarterly* 35(3). 459-491.

- Low, G. D.(1988), On teaching metaphor, *Applied Linguistics* 9, 125-47.
- MacArthur, F. & J. Littlemore(2011), On the repetition of words with the potential for metaphoric extension in conversations between native and non-native speakers of English, *Metaphor and the Social World* 1, 201-38.
- Malgady, R. G.(1977), Children's Interpretation and Appreciation of Similes. Child Development 48(4), 1734–1738.
- Mauk, M., & Buonomano, D.(2004), The Neural Basis of Temporal Processing, *Annual Review of Neuroscience* 27, 307-40.
- McEnery, A. M. , Xiao, R. Z., & Tono, Y.(2006), *Corpus-based language studies: an advanced resource book.* (Routledge Applied Linguistics Series). Routledge.
- McEnery, T., & Hardie, A.(2012), *Corpus linguistics: Method, theory and practice,* Cambridge: Cambridge University Press. 최재웅 역(2018), 코퍼스 언어학: 방법·이론·실제, 고려대학교출판문화원.
- Mills, C. N.(1983), A Comparison of Three Methods of Establishing Cut-off Scores on Criterion-Referenced Tests, *Journal of Educational Measurement* 20(3), 283–292.
- Mondria, J. A., & Wiersma, B.(2004), Receptive, productive, and receptive + productive L2 vocabulary learning: What difference does it make? In P. Bogaards, & B. Laufer (Eds.), *Vocabulary in a Second Language: Selection, Acquisition and Testing* (pp. 79-100). John Benjamins Publishers.
- Nacey, S.(2013), *Metaphor in Learner English,* Amesterdam, The Netherlands: John Benjamins.
- Nation, I. S. P.(2013), *Learning Vocabulary in Another Language* (2nd ed., Cambridge Applied Linguistics). Cambridge: Cambridge University Press. 김창구·손옥현·이정민 역(2018), I.S.P. Nation의 외국어 어휘의 교수와 학습, 소통.
- O'Reilly, D. & Marsden, E.(2020), Eliciting and measuring L2 metaphoric competence: Three decades on from Low (1988), *Applied Linguistics* 42(1), 24-59.
- Paivio, A.(1971), *Imagery and verbal processes,* NY: Holt, Renehart, and Winston.

- Paivio, A.(1986), *Mental Representations: A Dual-Coding Approach*, New York: Oxford University Press.
- Petrie, H. G.(1979), Metaphor and learning. In A. Ortony (Ed.), *Metaphor and thought* (pp. 438-461). New York: Cambridge University Press.
- Philip, G.(2006), 'Drugs, traffic, and many other dirty interests': Metaphor and the language learner. Paper presented at RaAM6 Researching and Applying Metaphor, University of Leeds, UK.
- Pitzl, M.-L.(2016), World Englishes and creative idioms in English as a lingua franca, *World Englishes* 35, 293-309.
- Read, J.(2000), *Assessing Vocabulary,* Cambridge: Cambridge University Press.
- Saffran, J , R., Aslin, R, N., & Newport, E, L.(1996), Statistical learning by 8-month-old infants, *Science* 274, 1926-1928.
- Schnell, Z.(2007), Metaphor processing and the acquisition of idioms: A mentalistic model, *Acta Linguistica Hungarica* 54 (1), 73-104.
- Shutova, Ekaterina. & Teufel, S.(2010)Metaphor corpus annotated for source-target domain mappings. In Proceedings of LREC 2010, pages 3,255-3,261, Malta.
- Sinclair, J., & Carter, R.(2004), Trust the text : language, corpus and discourse, New York: Routledge.
- Siyanova-Chanturia, A., & Schmitt, N.(2008), L2 learner production and processing of collocation: A multi-study perspective, *Canadian Modern Language Review* 64, 429-458.
- Siyanova-Chanturia, A., K. Conklin, & N. Schmitt.(2011), Adding more fuel to the fire: An eye-tracking study of idiom processing by native and non-native speakers, *English Language Teaching Research* 27, 251-72.
- Steen, G., A. G. Dorst, J. Berinke Herrmann, A. A. Kaal, T. Krennmayr, & T. Pasma.(2010), *A Method for Linguistic Metaphor Identification: From MIP to MIPVU*, John Benjamins.
- Stefanowitsch, A.(2006a), Corpus-Based Approaches to Metaphor and Metonymy. In: Anatol Stefanowitsch & Stefan Th. Gries (2007), *Corpus-Based Approaches to Metaphor and Metonymy*, Germany: De Gruyter Mouton.

- Stefanowitsch, A.(2006b), Words and their metaphors: A corpus-based approach. In: Anatol Stefanowitsch & Stefan Th. Gries (2007), *Corpus-Based Approaches to Metaphor and Metonymy*, Germany: De Gruyter Mouton.
- Stites, L. & Özçaliskan, S. (2013). Teasing apart the role of cognitive and linguisticfactors in children's metaphorical abilities. Metaphor and Symbol, 28(2), 116-129
- Sun, J. & Zhang, Q.(2021), How do Mandarin speakers conceptualize time? Beyond the horizontal and vertical dimensions, *Cogn Process* 22(2), 171-181.
- Teichroew, F. M.(1982), A study of receptive versus productive vocabulary. *Interlanguage Studies Bulletin* 6, 3-33.
- Türker, E.(2016), The role of L1 conceptual and linguistic knowledge and frequency in the acquisition of L2 metaphorical expressions, *Second Language Research*, 32(1), 25-48 .
- Türker, E.(2017), A study on the acquisition and development of the Korean adverbial particle -(u)lo by L1 English learners of Korean, *Grammar Education* 31(null):371-411.
- Webb, S.(2008), Receptive and productive vocabulary sizes of L2 learners, *Studies in Second Language Acquisition* 30, 79-95
- Wilson, N. L., & Gibbs, R. W., Jr.(2007). Real and imagined body movement primes metaphor comprehension, *Cognitive Science* 31, 721–731.
- Wolter, B., & Gyllstad, H.(2013), Frequency of input and L2 collocational processing: A comparison of congruent and incongruent collocations, *Studies in Second Language Acquisition* 35(3), 451–482.
- 肖燕(2012), *时间的概念化及其语言表征*, 西南大学博士学位论文.
- 蔡淑美(2012), 现代汉语"前､后"时间指向的认知视角, 认知机制及句法语义限制, *当代语言学* 2, 129-144.

부록

中国四年制高校韩语专业本科大四（17级）学生的时间表达调查

您好，

非常感谢您的参与！本调查旨在考察国内韩语专业大四（17级）学生的韩国语时间表达使用情况。问卷结果只用于论文研究，绝不用于其他途径，请大家放心作答。

问卷为40道填空题和40道选择题，大约耗时20-30分钟。做题过程中请不要查字典，您的每一次作答都会对实验数据产生影响，请认真作答。

为了感谢您的参与，问卷提交后的2个工作日内会发送30元酬金至您的支付宝账号。

再次十分感谢您的真诚参与！

首尔大学师范学院韩国语教育专业博士研究生

陈永霞

年龄：______岁

性别：______

韩语学习高校/机构：____________

年级：____年级

TOPIK等级（若未考，请写“0”）：_________级

韩国居住时长：_____年_____月

联系方式（微信或邮箱）：__________________

支付宝账号（转账用）：____________

第一部分：请阅读对话后进行填空，不清楚的情况下可以写‘잘 모르겠다’或‘不清楚’。

1. 情景: 敏浩和尤美很怀念小学的时光。

   민호: 난 초등학교 시절 (时光) 이 너무 그리워.

   유미: 나도 할 수만 있으면 그 시절로 시간을 ________고 싶어.

2. 情景：敏浩催促尤美赶紧出发，尤美认为慢点去也可以。

   민호: 우리 빨리 출발하자. 늦을 것 같아.

   유미: 약속 시간까지 시간 많이 __________니까/으니까 천천히 가도 돼.

3. 情景：期末考试要到了，尤美想要敏浩帮自己复习。

   유미: 혹시 이번 기말 시험 좀 도와 줄 수 있어?

   민호: 응. 난 시간 ___________니까/으니까 언제든지 물어봐도 돼.

4. 情景：敏浩说他下周要去济州岛旅行，尤美表示很羡慕但是去不了。

민호: 다음 주에 친구하고 제주도로 여행 가기로 했어.

유미: 부럽다! 나도 여행 가고 싶어. 근데 시간이 ______아서/어서/여서 못 가.

5. 情景：尤美说自己太忙了导致身体不舒服，敏浩让尤美多休息。

유미: 요즘 너무 바빠서 몸이 좀 아파.

민호: 내가 보기에는 넌 쉬는 시간이 좀 ______.

6. 情景：允浩想再睡十分钟，妈妈让他赶紧起床学习。

윤호: 난 10분만 더 자면 안돼?

윤호 엄마: 시간 ______ 그만하고 빨리 공부해. (그만하다: 停止)

7. 情景：尤美和敏浩在爬山，爬了一个多小时了，尤美建议休息一下。

유미: 민호야, 우리 이미 한 시간 ______게 걸었어. 좀 쉴까?

민호: 그래, 좀 쉬자.

8. 情景：尤美上班又迟到了。

회사 상사: 유미 씨, 이렇게 매일 지각하면 어떻게 합니까?

유미: 죄송합니다. 앞으로는 정말 시간을 잘 ______겠습니다.

9. 情景：敏浩想约尤美周六一起去看电影。

민호: 이번 토요일에 시간 ______면/으면 같이 영화 볼래?

유미: 응, 좋아.

10. 情景：宋仲基荣获最佳男主角。

사회자: 송중기 씨, 팬들에게 한 마디 해주세요.

송중기: 이렇게 ____은/ㄴ 시간 동안 항상 응원해 주셔서 감사합니다.

11. 情景：公司同事让尤美明天之前完成工作，尤美表示虽然不知道能不能完成，但是会尽力的。

회사 동료: 혹시 내일까지 이 일을 마무리해 줄 수 있어요? 너무 급해서 그래요.

유미: 그렇게 ________은/ㄴ 시간 안에 가능할지 모르겠지만 일단 최선을 다 해볼게요.

12. 情景：敏浩和尤美一起做兼职，尤美感到累了想下班回去，敏浩说不能回去，干不完规定的时间不能下班。

유미: 너무 힘들어. 우리 그냥 퇴근할까?

민호: 안 돼. 정해진 근문시간 8시간을 _______지 않으면 퇴근할 수 없어.

13. 情景：火车快到出发时间了，敏浩让尤美快点到车站。

민호: 기차 출발 시간 다 ________았어/었어/였어. 빨리 와

유미: 알았어. 곧 도착해.

14. 情景：尤美和恩智在讨论爱情，尤美问世上有不变的爱情吗？恩智认为没有，一切都在改变。

유미: 변하지 않는 사랑이 있을까?

은지: 없지. 시간의 ________에 따라서 모든 게 다 변해.

15. 情景：尤美在考试中不合格，很伤心，敏浩安慰她不要伤心。

민호: 시험에 떨어져도 괜찮아. 너무 속상해 하지 마.

유미: 어떻게 안 속상해. 내가 이 시험에 ________은/ㄴ 시간이 얼만데.

16. 情景：敏浩和尤美一起去郊游，敏浩问尤美什么时候到，尤美说还得1小时。

민호: 유미야, 언제 와?

유미: 지금 가고 있어. 한 시간 정도 더 ________(으)ㄹ 것 같아.

17. 情景：科长让金代理安排明天的会议时间。

과장: 김 대리, 내일 회의 시간을 10시로 ________아/어/여 줘.

김 대리: 네, 알겠습니다.

18. 情景：金范总是很忙碌。

민호: 범이 어디 갔어? 아까 도서관에서 공부하는 걸 봤는데.

유미: 방금 영어 학원 갔어. 범이는 바빠서 항상 시간에 ________아서/어서/여서 사는 것 같아.

19. 情景：敏浩说自己太忙都不怎么运动，尤美认为再忙也要运动。

민호: 요즘 너무 바빠서 운동을 못하고 있어.

유미: 아무리 바빠도 시간을 좀 ________아서/어서/여서 운동해야 돼.

20. 情景：敏浩和金范想给尤美生日惊喜，但是眼看着尤美就要到门口了，惊喜还没有准备好，所以敏浩让朋友金范去和尤美搭话，这样敏浩可以有时间准备。

김범: 아, 유미 오고 있어.

민호: 아직 준비가 안되었는데 큰일났네. 범아 네가 나가서 시간 좀 ________.

김범: 알았어. 나만 믿어.

21. 情景：敏浩和尤美约定一起去郊游，尤美迟到了一个小时，敏浩很生气。

유미: 늦어서 미안.

민호: 난 바쁜 시간을 ______아서/어서/여서 왔는데 넌 어떻게 한 시간이나 늦니?

22. 情景：金范虽然很忙，但是一有空就锻炼。

민호: 범이는 공부하느라 바쁘지만 시간만 _____면/으면 운동하러 가.

유미: 그래서 범이는 건강하잖아.

23. 情景：敏浩问金范喜欢什么运动，金范说喜欢跳绳，因为其他运动费时间。

민호: 범아, 넌 무슨 운동을 좋아해?

김범: 나는 줄넘기를 좋아해. 다른 운동은 시간을 많이 __________니까/으니까.

24. 情景：敏浩想问前辈一个问题，并抱歉打扰到了前辈。

민호: 선배님, 혹시 질문 하나 해도 될까요? 바쁘신데 시간을 ______아서/어서/여서 죄송해요.

선배: 아니야. 물어볼 게 있으면 언제든지 물어봐도 돼.

25. 情景：尤美在打工，敏浩问尤美忙不忙，尤美说她不忙，在打发时间。

민호: 유미야, 많이 바빠?

유미: 아니, 안 바빠. 지금 시간을 ______는 중이야.

26. 情景：尤美抱怨道最近没时间学习，敏浩建议她少玩点游戏。

유미: 요즘 공부할 시간이 없어.

민호: 게임하는 시간을 ________는 건 어때?

27. 情景：老师把10分钟的课间休息时间缩短为5分钟。

민호: 쉬는 시간이 10분에서 5분으로 __________.

유미: 알았어. 빨리 교실로 갈게.

28. 情景：敏浩和尤美约定一起去看电影，但是在入场时间没能入场。

유미: 미안해. 내가 너무 늦었지?

민호: 지금이 몇 시니? 이제 입장 시간이 ____아서/어서/여서 못 들어가.

29. 情景：敏浩问尤美假期干什么了，尤美说去游乐场玩得很开心。

민호: 방학 때 뭘 했어?

유미: 놀이공원에 가서 재미있게 시간을 ________.

30. 情景：敏浩和尤美毕业叁年了。

민호: 졸업한 지 벌써 3년이란 시간이 ______.

유미: 맞아. 시간 참 빠르네.

31. 情景：尤美问老师布置的作业难不难，敏浩认为不难，只用了一个小时就写完了。

유미: 이번 숙제는 어렵지 않았어?

민호: 응. 별로 어렵지 않았어. 한 시간밖에 안 ________.

32. 情景：老师问尤美上一节课为什么缺勤。

선생님: 유미야, 왜 _______ 시간에 안 왔어?

유미: 죄송합니다. 몸이 좀 아파서 출석하지 못했어요.

33. 情景：敏浩想咨询老师一些事情，老师让敏浩上班时间去找她。

민호: 선생님, 여쭤볼 게 있는데 혹시 내일 시간 괜찮으세요?

선생님: 응. 내일 출근 시간에 ________아서/어서/여서 사무실로 오면 돼.

34. 情景：敏浩和尤美在一起聊天，不知不觉时间就过去了。

민호: 벌써 6시가 됐네.

유미: 그러게. 재미있게 이야기하다 보니 시간 ______는 줄 몰랐네.

35. 情景: 敏浩苦恼自己毕业后去留学还是就业，尤美认为这是重要的事需要好好考虑。

민호: 졸업하고 나서 유학을 갈 건지 취직할 건지 고민이야.

유미: 중요한 일이니까 시간을 ________고 잘 생각해 봐.

36. 情景：课堂上老师说先休息10分钟，十分钟后再上课。

선생님: 잠시 쉬는 시간을 ________고 10분 뒤에 다시 수업하겠습니다.

학생들: 네, 알겠습니다.

37. 情景：尤美和敏浩正在学中文，尤美觉得中文越学越难，敏浩表示认同。

유미: 중국어는 시간이 _____(으)ㄹ수록 더 어려워지는 것 같아.

민호: 맞아. 근데 더 재미있어지기도 해.

第二部分：请阅读对话后选择最合适的一项，若有其他答案，可选'기타(其他)'项，共40小题。

1. 情景：敏浩和弟弟吵架后很后悔。

민호: 난 동생한테 한 말 너무 후회해.

유미: 시간을 ______ 수는 없으니까 후회해도 소용없어.

A. 되돌릴　B. 돌아갈　C. 되찾을　D. 돌아올　E. 기타____

2. 情景：尤美和敏浩约好一起上学，但是尤美想吃完饭再去。

유미: 우리 밥먹고 가자.

민호: 안 돼. 시간 얼마 안 _____ 빨리 가자.

A. 넘었으니까　B. 남았으니까　C. 있으니까　D. 걸리니까　E. 기타____

3. 情景：敏浩问尤美周末做什么了，尤美说去了趟釜山。

민호: 주말에 뭐했어?

유미: 주말에 시간이 ________ 오랜만에 부산 갔다왔어.

A. 많이 있어서 B. 많아서 C. 내서 D. 없어서 E. 기타_____

4. 情景：敏浩想约尤美明天一起看电影。

민호: 유미야, 내일 같이 영화 볼래?

유미: 가고 싶은데 시간 _______ 못 갈 것 같아.

A. 적어서 B. 짧아서 C. 없어서 D. 걸려서 E. 기타_____

5. 情景：敏浩最近因为课题很累。

민호: 난 요즘 과제 때문에 너무 힘들어서 쉬는 시간이 _______.

유미: 그래. 곧 방학이니까 방학 때 푹 쉬어.

A. 필요해 B. 내야 돼 C. 만들어야 돼 D. 걸려야 돼 E. 기타_____

6. 情景：尤美整天玩游戏，敏浩向金范吐槽。

민호: 유미는 맨날 게임만 해.

김범: 유미는 시간을 저렇게 _____ 후회하게 될 거야.

A. 사용하다가는 B. 채우다가는 C. 낭비하다가는 D. 쓰다가는 E. 기타_____

7. 情景：尤美昨晚太累睡了十个多小时。

민호: 유미야, 이제야 일어난 거야?

유미: 응. 난 어제 너무 피곤해서 10시간 ______ 잤어.

A. 지나게 B. 많게 C. 넘게 D. 걸리게 E. 기타_____

8. 情景：尤美和敏浩约定一起去老师家做客，尤美想10分钟后再出发。

유미: 우리 10분 늦게 출발하면 안 돼?

민호: 아니야. 시간 ______ 돼. 빨리 출발하자.

A. 잡아서 B. 지켜야 C. 준수해야 D. 쫓아야 E. 기타_____

9. 情景：尤美问敏浩要不要一起喝咖啡。

유미: 민호야, 시간 _____ 커피 한잔 할래?

민호: 좋아.

A. 나오면 B. 있으면 C. 찾으면 D. 길면 E. 기타_____

10. 情景：金范失恋了很伤心。

민호: 범이는 너무 슬퍼서 _______ 시간 동안 아무 말도 안 했어.

유미: 우리가 잘 위로해 줘야겠어.

A. 많은 B. 긴 C. 충분한 D. 많이 있는 E. 기타_____

11. 情景：尤美很喜欢跳绳，敏浩问为什么。

민호: 유미는 왜 줄넘기(跳绳)를 좋아하는 거야?

유미: ________ 시간에 좋은 운동 효과를 얻을 수 있어서.

A. 긴 B. 짧은 C. 있는 D. 없는 E. 기타_____

12. 情景：尤美和敏浩一起去做兼职，尤美问敏浩几点可以下班。

유미: 퇴근 시간은 몇 시야?

민호: 일정한 근무 시간을 ________ 퇴근할 수 있어.

A. 완성하면 B. 지키면 C. 다하면 D. 채우면 E. 기타_____

13. 情景：尤美一到下课时间就去小卖店。

민호: 유미는 공부에 관심이 없나 봐.

김범: 맞아. 유미는 쉬는 시간만 ________ 매점을 가.

A. 되면　B. 지나면　C. 도착하면　D. 오면　E. 기타_____

14. 情景：尤美在看书，敏浩问这本书有没有趣。

민호: 이 책은 재미있어?

유미: 응. 시간의 ______에 따라 주인공의 삶을 보여 주는 책이라 재미있어.

A. 흐름　B. 지냄　C. 보냄　D. 지나감　E. 기타_____

15. 情景：金范觉得尤美很注重外貌。

김범: 유미는 외모에 신경 많이 쓰는 것 같아.

민호: 맞아. 유미는 매일 많은 시간을______ 화장해.

A. 들여서　B. 만들어서　C. 써서　D. 활용해서　E. 기타_____

16. 情景：敏浩问王浩的家远不远，王浩说有点远。

민호: 왕호 씨 집은 멀어요?

왕호: 네, 좀 멀어요. 학교에서 집까지 1시간 _______.

A. 필요해요　B. 사용해요　C. 써요　D. 걸려요　E. 기타_____

17. 情景: 敏浩毕业五年后在路上遇到了尤美。

민호: 유미야, 안녕. 오랜만이야. 우리 졸업한 지 5년 만에 만나는 거지?

유미: 맞아. 나중에 시간 _____ 같이 밥 먹자.

A. 벌어서　B. 뽑아서　C. 짜서　D. 잡아서　E. 기타_____

18. 情景：敏浩最近很忙。

민호: 난 요즘 너무 바빠서 정신없어.

유미: 그렇지 않아도 요즘 널 보면 ________ 것 같아.

A. 시간에 쫓기는 B. 시간을 잡는 C. 시간을 쫓는 D. 시간을 때우는

E. 기타_____

19. 情景：敏浩帮尤美搬家。

유미: 민호야, 시간을 ________ 이사(搬家) 도와줘서 고마워.

민호: 아니야. 또 도움이 필요하면 언제든지 말해.

A. 찾아 B. 뽑아 C. 짜서 D. 내어 E. 기타_____

20. 情景：敏浩把爷爷珍藏的瓷器打碎了，眼看着爷爷就要回家了...

민호: 큰일났다. 나 할아버지가 아끼시는 도자기(瓷器)를 깨뜨렸어. 어떡해…

김범: 아, 저기 할아버지가 오고 있어. 내가 말을 걸(搭话)면서 시간을 좀 ________ 있을 테니 얼른(马上) 도망쳐(逃跑).

A. 얻고 B. 벌고 C. 만들고 D. 쟁취하고 E. 기타_____

21. 情景：敏浩最近因为准备考试很累。

유미: 너 너무 피곤해 보인다.

민호: 요즘 잠자는 시간도 ______ 시험 준비를 하고 있어.

A. 쪼개서 B. 짜서 C. 뽑아서 D. 잡아서 E. 기타_____

22. 情景：敏浩告诉王浩下周他要去中国旅行。

민호: 왕호 씨, 저 다음 달에 중국으로 여행 갈 거예요.

왕호: 저도 그 때 중국에 있을 건데 혹시 시간 ______ 저희 집에 오세요.

A. 나오면　B. 오면　C. 생기면　D. 나면　E. 기타____

23. 情景：敏浩和尤美在去老师家的路上，路过化妆品店。

유미: 우리 여기 구경하고 가자.

민호: 이런 걸로 시간 ________ 안 돼. 나중에 다시 오자.

A. 걸리면　B. 내면　C. 잡아먹으면　D. 채우면　E. 기타____

24. 情景：敏浩帮尤美复习考试，尤美表示感谢。

유미: 민호야, 시험 도와줘서 고마워. 시간 너무 많이 ______ 것 같아서 미안해.

민호: 아니야. 나도 덕분에 많이 배웠어.

A. 낸　B. 사용한　C. 차지한　D. 뺏은　E. 기타____

25. 情景：敏浩问尤美最近过的怎样。

민호: 은지야, 요즘 어떻게 지내?

유미: 난 요즘 너무 심심해서 매일 영화를 보면서 시간을 _______.

A. 지내　B. 사용해　C. 채워　D. 때워　E. 기타____

26. 情景：尤美抱怨自己又要打工又要去辅导班没时间学习。

유미: 아르바이트도 해야 되고 학원도 가야 돼서 요즘 공부 할 시간이 없어.

민호: 아르바이트 시간을 _______ 게 어때?

A. 줄이는　B. 감소하는　C. 늘리는　D. 채우는　E. 기타_____

27. 情景：敏浩工作后很忙。

민호: 난 취직하고 나서 바빠서 가족들과 보내는 시간이 많이 _________.

유미: 이번 연휴 때 가족 여행 떠나는 게 어때?

A. 줄어졌어　B. 적어졌어　C. 줄어들었어　D. 짧아졌어　E. 기타_____

28. 情景：金范失恋了很伤心，敏浩安慰金范。

김범: 나는 실연 당해서 너무 슬퍼.

민호: 너무 슬퍼하지 마. 시간 _______ 다 잊을 거야.

A. 보내면　B. 지내면　C. 가면　D. 지나면　E. 기타_____

29. 情景：敏浩问尤美周末做什么了。

민호: 주말에 뭐했어?

유미: 친구들과 놀이공원에 가서 즐거운 시간을 _______.

A. 보냈어　B. 지냈어　C. 때웠어　D. 채웠어　E. 기타_____

30. 情景：敏浩和尤美结束了1年级的学习，成为了2年级的学生。

민호: 벌써 우리가 2학년이 됐네.

유미: 그러게. 1년이란 시간이 생각보다 금방 ________.

A. 보냈어 B. 됐어 C. 지냈어 D. 흘렀어 E. 기타_____

31. 情景：敏浩和尤美认为这次的课题很难。

유미: 이번 과제 정말 너무 어려운 거 아냐?

민호: 맞아. 자료를 찾는 데도 시간 많이 _______.

A. 사용했어 B. 걸렸어 C. 썼어 D. 이용했어 E. 기타_____

32. 情景：课堂伊始，老师和学生的对话。

선생님: 우리가 _________ 시간에 몇 과까지 배웠어요?

학생: 5과입니다.

A. 위의 B. 지난 C. 보낸 D. 지낸 E. 기타_____

33. 情景：课堂上，老师宣布了韩国文化课的开课时间。

선생님: 한국 문화 수업은 다음 주 화요일에 개강하니 시간에 _____ 수업을 들어오길 바랍니다.

학생들: 네, 알겠습니다.

A. 있어서 B. 맞춰서 C. 따라서 D. 쫓겨서 E. 기타_____

34. 情景：敏浩和尤美一起做兼职，到下班时间了，敏浩提醒尤美下班。

민호: 유미야, 퇴근 안 해?

유미: 벌써 퇴근 시간이네. 시간 _______ 줄 몰랐어.

A. 지나는 B. 보내는 C. 되는 D. 가는 E. 기타_____

35. 情景: 金范深思熟虑后决定去美国留学。

유미: 범이 미국으로 유학간대.

민호: 응. 범이는 유학에 대해 오랜 시간을________ 고민해 왔어.

A. 보내고 B. 이용하고 C. 걸리고 D. 두고 E. 기타_____

36. 情景：课堂上，老师介绍本节课内容。

선생님: 자, 오늘은 한국 음식에 대해서 알아보는 시간을 ________ 하겠습니다. 여러분들이 먹어 본 한국 음식 있어요?

학생: 네, 김치랑 비빔밥을 먹어봤어요.

A. 보내도록 B. 채우도록 C. 내도록 D. 갖도록 E. 기타_____

37. 情景：敏浩和尤美一起学中文，两人在讨论关于中文发音的学习。

민호: 중국어는 처음에 어려웠지만 시간이 ________ 점점 쉬워져. 유미: 나도 같은 느낌이 들었어.

A. 걸릴수록 B. 지낼수록 C. 갈수록 D. 할수록 E. 기타_____

Abstract

A Study on Korean Metaphorical Time Expressions Education for Chinese Learners

Chen, Yong-xia

Metaphorical time expressions are widely used in everyday languages, but Chinese learners can expect that there will be a lot of difficulties in understanding and calculating metaphorical time expressions because their perception of time already formed is different from that of Koreans. Starting with this awareness of the problem, this study aims to examine the aspects of Chinese learners understanding and calculating metaphorical time expressions, and to prepare effective education plans for Chinese learners based on this.

However, prior to full-scale learner understanding and analysis of output patterns, various tasks, including theoretical review, must be preceded. Therefore, this study attempted to view the concepts and types of conceptual metaphors through theoretical review and to investigate the pan-verbal universality and cultural specificity of conceptual metaphors. In addition, the category was clarified through a review of the preceding research to verify the effectiveness of applying conceptual metaphors to second language education, revealing the educational efficiency of conceptual metaphors, and identifying them together as efficiency is confirmed. Through this, it was found that metaphoric ability in a broad sense is the ability to understand and calculate metaphoric expressions, and based on this, this study attempted to understand time metaphoric ability by considering learners' understanding and calculation patterns.

In order to educate time metaphor expression, it must be preceded by selecting time metaphor expression. In this study, a corpus approach based on large corpus was used to secure the objectivity and practicality of the results in selecting educational time expressions, and a statistical tool t-test reflecting frequency and usefulness was used as a selection criterion. There may be several variables that influence learners' understanding and calculation of expression of time, but one of the most representative variables may be the type of time metaphor. Accordingly, in this study, the selected educational time analyzed the metaphorical semantic construction principles shown in the metaphorical expression and classified these expressions into 'Time Is a Moving Object', 'Time Is Resources' and 'Time Is Space' metaphors. Chinese learners are bound to be influenced by their native language time recognition and language knowledge that have already been formed in understanding and calculating metaphorical expressions in Korean. Therefore, the response type of Korean-Chinese time metaphor expression can be predicted as another variable influencing learners' understanding and calculation of metaphor expression. Therefore, in this study, the Chinese time expression corresponding to the previously selected educational time metaphor expression was derived, and the corresponding Korean-Chinese time expression was analyzed in three aspects: literal meaning, metaphorical meaning, and conceptual metaphor.

Since the textbook is the main linguistic input to the learner, it can be expected that it will have a great influence on the learner's understanding and calculation of time expression. In addition, it can be seen that it is very important to understand the current educational status through textbooks before preparing actual educational plans. Therefore, this study selected four textbooks developed in Korea and two textbooks developed in China to examine the presentation pattern of time metaphor expression in these textbook vocabulary lists and the presentation pattern in the entire textbook learning content. Through this, it was confirmed that unified time needs to select and hierarchize metaphorical expressions, and various time needs to present metaphorical expressions more actively.

In this study, a full-fledged analysis of learner understanding and calculation was conducted based on these preceding works. Understanding and calculation tests were conducted on 112 Chinese elementary, intermediate, and advanced learners and 31 native Korean speakers, and analysis of the test results was conducted. First of all, we considered what variables affect learner understanding and output, and it was found that mastery and Korea-China response types were the most likely variables. In addition, the learner's time was compared with the size of the knowledge of expression understanding and output to derive expressions that have no difficulty in both understanding and output, expressions that have difficulty in only calculating, and expressions that have difficulty in both understanding and output. This classification of expressions implies the difficulty of time expression. On the other hand, in addition to the variables mentioned above, there may be other influencing factors for learners to understand and calculate individual time expressions. Therefore, in order to identify these detailed influencing factors, the cause of the error was subdivided by analyzing the error pattern of individual time expression.

Finally, based on these discussions, the contents and plans of time metaphor education for Chinese learners were designed. First, the goal of time metaphor expression education was assumed according to the category setting of time metaphor expression ability. In addition, time metaphor expression was hierarchized in consideration of difficulty, t-score, and education efficiency, and the direction when designing educational content was presented. Using the OHE model, a class model consisting of 'observation stage for commonalities and differences between time metaphor expression and Korea-China metaphor expression', 'hypothesis stage for Korean metaphor expression', and 'differentiated practice stage divided into understanding and calculation practice' were presented.

This study is meaningful in that it revealed learners' understanding and calculation of metaphoric expression, which has rarely been dealt with in Korean vocabulary education research, and prepared educational contents and plans based on this.

key words: metaphorical time expressions, conceptual metaphor, corpus-based approach, t score, Chinese Korean learners, understanding competence, productive competence, Korean language education